새싹을
키울 공주

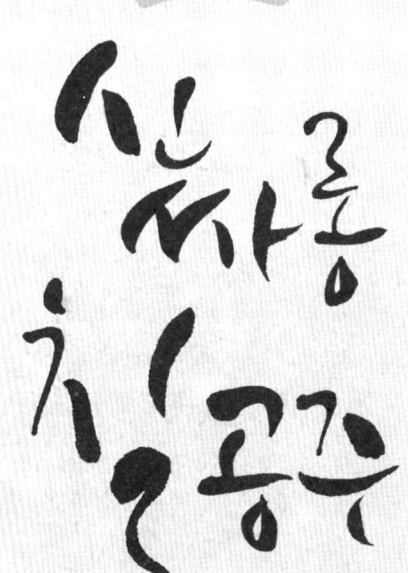

싶사롱 칠공주

윤정수 수필집

도서출판 천우

| 작가의 말 |

떨리는 마음으로 내 품에 아이를 안는 순간 이루 말할 수 없는 기쁨과 무언가 큰일을 해낸 것 같은 영광까지, 세상에서 제일 행복한 순간이었던 첫 출산 때를 지금도 잊을 수 없다. 퇴고를 마치고 나니 한바탕 산고를 겪었던 그때의 일이 떠오르며 나도 모르게 가슴이 벅차다. 개인 이름으로 내는 첫 책인 만큼 기쁘면서도 걱정되는 것이 사실이다. 미비한 점도 많고 서투른 부분도 많다. 글을 써서 누군가에게 보인다는 것은 겸손이 아닌 늘 부끄러운 일이다. 글재주가 남다른 것도 아닌 데다 혼을 다하지 않았으니 그래서 더 부끄러운지 모르겠다. 수필집이 빛을 발할 것이라는 기대는 하지 않는다. 부끄럽지 않은 내 삶을 보여주는 것만으로도 충분히 보상받았다고 생각한다. 버킷리스트 목록 1번은 죽기 전에 책을 두 권 내는 것이었다. 정신없는 상태에서 한 권을 냈으니 한 권이 남은 셈이지만, 두 권도 내겠고 세 권도 낼 것 같은 용기가 생긴다. 거만을 떠는지도 모르겠다.

이번 수필집은 가족 위주의 이야기를 담았다. 늘 애절한 마음이 드는 엄마와 1남 6녀 칠 남매 이야기를 첫 수필집에서 이야기하고 싶었다. 지금의 내가 이 자리에 있기까지 내 형제들은 든든한 삶의 원동력이었다. 엄마와의 약속을 지킬 수 있어 무엇보다 기쁘다. 작년과 또 달라진 엄마를 보면서 이별의 시간이 다가오고 있다는 생각에 마음이 급했고, 더는 늦출 수 없어 출간을 서둘렀다. 엄마에게 있어서 일곱 자식이 다 아픈 손가락이듯이 우리 칠 남매에게 있어서 엄마는 늘 생인손을 앓는 것처럼 아픈 존재다. 늘 자식들을 위해 엄마는 조상님과 가신들께 기도하신다. 자식들이 무탈하게 사는 것도 엄마의 간절한 기도 덕분이라고 생각한다. 나는 매정하게도 엄마를 위해 기도하지 않았다. 참 모자란 딸이다. 엄마에게 내 이름이 찍힌 책 한 권을 드리는 것으로 모자란 딸이라는 것을 덮어야겠다.

나이 먹는 것이 유쾌하지만은 않으나 지금의 나로 사는 것이 즐겁다. 과거는 칠 남매에 의해 추억이 만들어졌다면 새로운 추억은 결혼해서 최고의 선물인 두 아들과 함께 만들어간다. 늘 나를 응원해주는 든든한 두 아들이 있어 행복하다. 과거와 현재의 추억을 잘 담아 두었다가 미래의 시간에 잘 끄집어내련다. 이 책이 나오기까지 도와주신 『책은 망치다』의 저자 황민규 작가님, 천우출판사 김천우 대표님과 한국잡지협회 수석부회장을 맡고 계시고 우리 칠 남매의 가장 큰 어른이시기도 한 큰 형부 성기명 월간 『오디오』 발행인·대표님께 감사한 마음 전한다. 그리고 우리 형제들에게도.

2019년 가을에

| Contents |

작가의 말

01부
그녀는 예뻤다 11

관상을 봐 드릴까요? • 13
그녀는 예뻤다 • 17
그릇 욕심 • 20
김장 • 24
낯선 자의 침입 • 27
노점상 • 29
닮은꼴 • 30
미안한 마음 • 32

아버지와 딸 • 37
엄마, 치즈 스마일 • 40
우물이 있는 집 • 44
추억은 그 자리 그대로
머물러 있고 • 46
취향 저격, 엄마표 깍두기 • 50
할머니의 상냥한 맛 • 52
향수병 • 54

02부

신싸롱 칠공주 ……………………………………………… 59

가슴 뛰는 삶 • 61
가을 단상(斷想) • 64
그림자가 만든 손가락 동물 • 68
낭만 겨울 • 70
냄새 기억 전달자 • 73
도둑맞은 2cm • 76
들어봤자 쓸데라고는
없는 수다 • 81
리더가 될 수 없는,
참모로 산다는 것 • 85
망태 할아버지 • 89
봄이 기다려지는 이유 • 94
비 오는 날의 추억 • 97
빵점짜리 입담 • 100

사람보다 나은 개 팔자 • 105
시선에서 멀어져 간 • 108
신싸롱 칠공주 • 110
아랫목이 그리운 날 • 117
예쁘다, 참 예쁘다 • 119
올케 • 121
우산이 필요해 • 124
우족 미역국과 단무지 • 128
이국의 낯선 음식에 대한
불손 • 132
천둥 치는 날 • 136
콩나물국이 겨울에 더 맛있는
이유 • 138

| Contents |

03부
상고머리의 멋진 남자 · 141

공부는 평생 하는 것 · 143
기찻길 옆 오막살이에서
잠든 아기 · 145
나는 나를 못 믿어 · 147
나를 위한 맛있는 식사 준비 · 149
나에게도 일어날 수 있는 일 · 152
난장판이 된 창고 · 156
남편 엉덩이 토닥토닥 · 159
내 몸이 나이를 먹는다 · 160
내가 그리는 집 · 162
될성부른 나무는 · 165
딸 부럽지 않은 두 아들 · 167
로또 · 169
마음 따로 몸 따로 · 171
목석같은 남편 · 172
무더위의 극치를 보여준
2018, 그 여름 · 175
물음표 떼기 · 179

반려 식물 · 181
밥 차려 주는 여자 · 184
별난 감시자들 · 187
부부에게서 파스 냄새가 난다 · 189
산행 · 191
삶에 정답이 있을까? · 195
상고머리의 멋진 남자 · 198
숫자 '1'의 즐거움 · 201
시대의 흐름에 맞춰보는 것도 · 203
시어머니 입장에서 · 206
아들을 기다리며 · 210
연습 중 · 212
우산 속 허상 · 214
이 부부 · 216
트라우마 · 217
하고 싶은 일을 한다는 것 · 221
하루 · 225

04부

의지의 '빨리빨리' 한국인 ·········· 227

3천 원짜리 쉰 떡 • 229
Me-Too 열풍 • 231
개인주의가 판을 치는 세상 • 233
고려인, 디아스포라 • 238
고립무원 대한민국 • 240
괜한 기대 • 241
나만 그런 줄? • 243
당신을 닮고 싶다 • 245
덧없는 인생은 없다 • 247
도시락 • 249
마징가Z와 태권V • 251
만물 장수 할아버지 • 253
멋대로 해라 • 255
보고 싶은 것만 본다 • 257
비가 내려야 하는 이유 • 259

빨간약 • 261
아듀(Adieu),
평창 동계올림픽 • 262
아줌마 • 265
어느 비정규직 노동자의 죽음을
애도하며 • 267
어느 행려자의 흔적 • 269
위계질서 • 271
의지의 '빨리빨리' 한국인 • 274
이웃 동네 순이 • 278
인간이 망가질 수 있는 한계점 • 280
잊는다는 건 • 282
초등학교 동창이란 • 283
평화로운 날 • 285
현대판 고려장, 요양원 • 286

01부

그녀는 예뻤다

관상을 봐 드릴까요?

쌀을 씻어 밥을 안쳤습니다. 여름 내내 바구미가 나 성한 것이 없는 보리 한 줌도 깨끗이 손질해 섞었습니다. 그리고 칠십의 외삼촌이 힘들게 농사지어 주신 고구마를 한 바가지 꺼내 불에 올렸습니다. 주말이라 늦잠을 자려고 했지만, 평소처럼 다섯 시에 눈이 떠졌습니다. 밥이 되고 고구마가 익는 동안, 조선 여성에 대한 역사책을 읽었습니다. 덤으로 가져온 자주감자 몇 개 얹혀서 쪘는데 아이들 일어나면 주려고 껍질을 벗겨 접시에 담고 보니 밤고구마, 호박고구마, 자주감자 색깔이 조화를 이루며 참 예쁩니다. 고구마는 시간이 지나면 지날수록 처음 쪄 먹었을 때보다 더욱 단맛이 돕니다. 외삼촌을 생각하며 감사히 먹고 있습니다.

벌써 11월입니다. 가을 떨어지는 소리가 집 안까지 들려옵니다. 여유로운 휴일 아침은 나에 대한 반성을 하는 시간이기도 합니다. 지난 일주일은 어땠을까, 되돌아보게 됩니다. 얼마 전, 새로 들어온 동료의 말이 떠오릅니다. 서른 군데에 이력서를 넣었는데 다 떨어지고 겨우 여기에 붙어 들어올 수 있었다고 합니다. 황송한 마음으로 시키는 일은 무조건 감사하게 생각하며 한다는 그녀의 말이 좀 서글프게 다가왔습니다. 직장 구하기가 이렇게 어렵군요. 직장 생활을 하고, 이런저런 모임이 생기면서 알고 지내게 되는 사람들이 늘어 갑니다. 사람 대 사람의 관계이다 보니 때로는 작은 마찰도 생기기 마련이고, 더러 됨됨이가 틀려먹은 사람도 만나게 됩니다. 많은 인생을 살지 않았지만 어느 정도 나이를 먹고 상대방이 어떤 사람이라는 게 대충은 보여지는군요. 할머니는 무당에 가까울 정도로 사람 관상을 잘 꿰뚫어 보셨습니다. 저 사람은 어떻고 저 사람은 어떻겠다는 것을요. 그런데 신기하게도 맞는 경우가 많습니다. 관상이라 해서 상대방의 길흉화복만을 점치는 게 아니라 사람의 마음과 성격을 읽는 것이지요. 그런데 내가 이제 사람들의 얼굴뿐만 아니라 말 몇 마디 주고받는 것만으로도 알겠더군요. 아마 나뿐만 아니라 나이를 어느 정도 먹은 사람 대부분은 모두 알 것이라 봅니다. 다시 말씀드리지만, 나는 절대로 점쟁이가 아닙니다. 아마도 인생 경험에서 나온 어떤 노하우라고 해야 적절하겠군요.

각자의 직장에서만 봐도 알 수 있듯이 사람을 사귀다 보면 별의별 사람이 다 있기 마련입니다. 제일 크게 나눠보면 이기적인 사람과 이타적인 사람이 있겠지요. 왜 이렇게 어디를 가나 잘난 사람이 많은지 모르겠습니다. 뜯어보면 별것도 아닌데 목에 깁스를 한 사람이 많네요. 그런데 이런 사람이 더 잘난 사람에게는 비굴함까지 보여준다는 것입니다. 뻣뻣한 목과 허리가 어찌나 유연하게 굽어지는지 우습다 못해 입맛이 씁니다. 잘난 사람 앞에서는 실눈까지 떠가며 머릿속에서 계산해대기 바쁘지요. 반면, 약한 사람들 앞에서는 군림하기를 좋아합니다. 약자 앞에서는 눈이 저절로 거만하게 내려가지나 봅니다. 오만의 극치입니다. 이런 부류의 사람들은 끝이 좋을 리가 없습니다. 꼭 탈이 나게 마련이지요. 이런 사람들에게도 배울 것이 있군요. 반면교사로 삼게 됩니다. 겸손하며 마음이 따뜻한 아름다운 사람도 있습니다. 그나마 이런 사람이 있어 직장 생활이 할 만하고 사람 사귈 맛이 나는 게 아닌가 싶습니다. 내가 손해를 보더라도 상대방에게 기꺼이 양보하는 미덕이 참 보기 좋습니다. 이런 사람을 닮으려고 노력 중입니다.

　가끔 나 자신을 돌아보게 될 때가 있습니다. 남편이 16년 동안 장교로 군대 생활을 하면서 내 목은 뻣뻣하지 않았나 하고요. 그 당시 친정엄마보다 나이 드신 부사관 사모님들이 나에게 '사모님' 소리를 하는데 어쩔 줄 모르겠더군요. 얼마나 거북스러운지 그 자리를 벗어나고 싶을 정도였습니다. 전역할 때까지 어머니 같은 분들에게 듣는 '사모님' 소리는 늘 부담스럽기만 했습니다. 내 딴에는 장교 가족이라고 해서 한 번도 그분들을 업신여기거나 아무리 나이가 어린 가족이라도 하대하지 않았다고 생각하는데 그분들 입장에서는 나를 건방진 사람으로 여겼는지 모를 일입니다. 판단은 내가 아니라 그분들이 해야겠지요.

　남편이 진급 심사에 들어갈 당시, 선배 하나가 찾아와 조언해 준답시고 한다는 말이 윗분한테 뭉칫돈을 바치라는 거였습니다. 그 선배 틀림없이 윗사람에게 사과 상자 배달시켜서 진급했을 겁니다. 그런데 나는 그렇게 하지 않았습니다. 누가 들으면 "너 잘났다"고 할지 모르지만, 양심이 허락하지 않았습니다. 끝내 진급이 안 되어 전역하고 말았지만, 남편 능력이 부족하고 내가 내조를 못해서이지 뭉칫돈을 바치지 않은 것에 대한 후회와 미련은 전혀 없습니다. 오히려 옳지 못한 방법을 가르쳐 준 그 선배가 다시 보였을 뿐입니다. 그 선배 지금도 군대 생활 잘하고 있는지 모르겠군요.

고구마가 참 답니다. 고구마를 준 외삼촌은 멋 낼 줄도 모르는 시골뜨기 농부입니다. 인자한 눈과 편안한 얼굴을 가지고 있어 한눈에 봐도 부드러운 상입니다. 난리 통에 일찍 돌아가신 외할아버지의 빈자리를 우리 엄마와 외삼촌이 대신하며 식구들을 위해 죽어라 일만 했다는군요. 많이 배우지는 못했고, 먹고살기에 충분한 재산이 있는데도 결코 유세를 부리거나 으스대지 않습니다. 인상만큼이나 마음과 미소가 참 아름다운 분입니다. 여러분은 어떤 인상을 가지고 있나요?

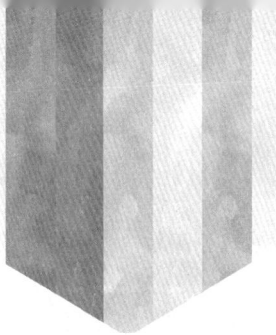

그녀는 예뻤다

　파스텔톤의 하늘이 더없이 아름다운 오후, 무리에서 이탈한 가녀린 코스모스는 살랑살랑 불어오는 산들바람에 한들거리는 모습이 더 애처롭기만 하다. 꽃이기에 아름다우나 외따로 핀 가엾은 코스모스에 연민을 느끼며 걷고 있을 무렵, 내 쪽을 향해 저만치서 걸어오는 여인에게 시선을 쫓는다. 올해 몇이나 되었을까. 내 눈이 정확하다면 팔십은 넘었으리라. 노 여인이 두른 나풀나풀 나부끼는 머플러가 파스텔톤의 하늘보다 붉은 코스모스보다 더 아름다웠다. 그리고 한껏 멋을 낸 맵시, 하늘거리는 연한 갈색톤의 쉬폰 블라우스에 베이지색 정장 바지로 멋들어지게 차려입은 저 할머니, 아니 저 노 여인은 누구일까?
　찰나였지만 내 옆을 스치는 순간 얼굴을 훔쳐보았다. 걸음을 돌려 뒤를 쫓고 싶은 충동을 느꼈다. 검은 머리카락은 보이지 않는 백발에 깊지 않은 주름, 쌍꺼풀 없는 고운 눈매, 오뚝한 코, 야한 듯 야하지 않은 빨간색 립스틱을 바른 입술 등 조화로운 얼굴이 처녀 때엔 더 예뻤으리라. 세월을 곱게 먹었다는 생각이 들었다. 한참을 지나도록 멀어져 가는 여인을 보고 또 보았다. 쫓아가서 나이를 묻고 싶었다. 어떻게 하면 그렇게 곱게 나이를 먹을 수 있는지 묻고 싶었다. 그것은 나 자신을 원망하는 뜻이 숨어 있었고, 친정엄마를 의식한 뜻이 숨어 있었다.

저녁을 하면서도 낮에 보았던 노 여인의 모습이 자꾸 눈에 아른거렸다. 노 여인이 목에 둘렀던 머플러를 엄마에게도 하나 사서 선물해야겠다는 마음이 들었다. 어떻게 관리했기에 곱게 늙어 갈 수 있을까, 비결이 있을까. 나이 먹어 가는 것이 두렵고 서러운 것도 모자라 몸까지 부실해져 더 서럽게만 느껴지는 요즘이다. 타고난 건강 체질이라 자부하며 살았던 무서울 게 없었던 젊음, 감기를 앓아도 남들처럼 입맛이 없어 밥을 못 먹는다거나 얼굴이 핼쑥해질 정도로 아프지도 않았다. 젊음이 모든 걸 이길 수 있었던 강력한 무기였다는 말은 이제 남의 이야기가 되어 버렸다. 중년으로 접어든 내 나이를 생각하다가 노인이 되어 일곱 자식을 애처롭게 바라보고 있는 친정엄마가 마음 쓰였다.

풋풋한 청춘이 내게도 있었던 것과 같이 엄마에게도 꿈이 있고 젊음이 무기였던 때가 있었을 테지. 어려운 살림이었어도 부모님 앞에 재롱을 부리는 귀여운 딸이었던 때가 있었을 테고, 산들거리는 가을바람에 이유 없이 눈물 흘리던 사춘기를 보냈을 것이며, 사랑하는 남자와 백년가약을 하고 아들딸 잘 낳아 행복하게 살겠노라 미래를 그려봤을 아름다운 청춘의 시기가 있었을 것이다. 봄이면 동무들과 바구니를 허리춤에 차고 홑잎나물, 취나물, 다래 순, 고사리를 뜯었을 테고, 여름이면 마루에 동생들과 둘러앉아 단옷날 해다 놓은 마른 쑥을 태우며 어머니에게서 옛날이야기를 들었을 테지.

양 갈래로 딴 긴 머리를 앞으로 얌전히 하고 굳게 다문 입술과는 달리 눈이 초롱초롱해 분명 어른들로부터 총기 밝다는 소리도 수없이 들었을 사진 속 엄마는 예뻤다. 나만 해도 1년 전 사진 속의 내 모습을 보고 젊다고 생각하는데 엄마는 흑백 사진 속 당신의 모습을 보고 어떤 생각을 할까? 젊음을 느낄 수 없는 나이 먹음에 대한 서러움이 크리라. 귀밑머리 파뿌리가 되도록 잘 살겠노라고 꿈꾸었던 결혼이 어느 날 그것은 환상이었음을 알고 좌절하진 않았을까? 일곱 아이의 엄마로 산 세월을 탓한 적은 없었을까? 여자이기 때문에 약할 수 있었지만, 엄마이기 때문에 강해질 수밖에 없었던 시간. 젊음과 낭만이 서서히 지는 것도 모른 채 바쁘게 산 세월, 어느 날 돌아보니 일에 찌들어 사는 당신 모습을 보고 회의적인 기분이 들었을 것이다. 구릿빛보다 더 짙게 그을린 피부와 깊게 파인 주름, 말을 듣지 않는 위장까지 도무지 마음에 드는 구석이 없는 당신 모습이 끔찍하게 싫다고 하시지만 여전히 예쁜 당신은 "우리 엄마입니다."

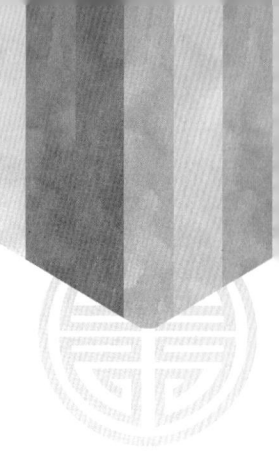

그릇 욕심

　앞 동에 사는 동생네서 별식으로 준비한 저녁을 함께하자고 불렀다. 꺼내놓고 쓰는 숟가락 개수까지 알 정도로 자주 왕래했음에도 불구하고 부엌 분위기가 평소와는 다르다는 것을 느꼈다. '무얼까? 뭐가 달라 보이지?' 정수기도 예전 위치 그대로고 딱히 가전제품이 자리를 옮긴 것도 아닌데. 두리번거리다가 겨우 발견. 음식이 담겨 있는 접시가 전에 쓰던 그릇이 아니었다. 잔잔하고 고급스러운 꽃문양이 들어간 것이 가격 꽤나 줬을 것 같았다. 기분 전환 겸 새로 샀단다. 베란다에 냄비 세트도 바꿨다며 문을 열어주면서까지 보여 주었다. 벌써 그릇 바꾼 게 몇 번인지 손가락으로 꼽아보는데 자꾸 접혀졌다. 부부가 돈을 잘 벌어서이기도 하지만 가끔 동생은 기분 전환으로 부엌살림을 바꾼다거나 커튼을 바꾸는 등 집 환경을 새로운 분위기로 연출하는 것을 좋아한다. 동생과 달리 나는 여력도 없고 그런 취미와는 거리가 멀다. 자매들이나 지인들과 살림 이야기를 하다 보면 의외로 그릇 욕심을 가지고 있는 사람들이 많다는 걸 알 수 있다. 쓰던 냄비는 버리고 쇼핑몰에서 나온 광고를 보고 세트로 구입해서 쓴다거나 고가의 그릇 세트를 새로 구입했다는 자랑을 늘어놓는데 그 기회에 남편까지 갈아 치우고 싶지만 그럴 수는 없고 그릇이라도 바꿔줘야 새로운 활력이 샘솟는다나 뭐라나.

결혼 생활 25년이 넘었지만 내 살림 도구는 그야말로 오래된 것투성이다. 대부분이 결혼 준비하면서 구입한 그릇 그대로 버리지 않고 쓰고 있다. 바뀐 것이라고는 설거지하면서 깨 먹거나 이가 나가는 바람에 짝을 맞추느라 바꾼 밥공기와 국그릇 세트 정도. 결혼 생활도 스테인리스처럼 강하고 튼튼하게(?) 할 생각으로 5중 냄비 세트를 구입해 아직도 가스레인지 위에서 가족들의 맛있는 찌개를 끓여주는 역할을 게을리하지 않고 있다. 먹어 없어지는 음식도 아닌 데다 써서 쉽게 다는 물건이 아니다 보니 한 번 사용한 살림 도구들은 쓸 수 없을 정도로 고장이 나지 않는 이상 부엌에서 쫓아내지 않고 있다. 창고에는 아직 뜯지 않은 냄비가 여러 개 있고, 사용하지 않은 공기 그릇이나 접시, 반찬 통 등 자리 차지하고 있는 것들이 꽤 있다. 천수를 누린 사람을 가리켜 복 받은 사람이라고 하듯이 살림 도구들도 우리 집에 들어온 이상 쉽게 버려지지 않고 오래도록 그것들 나름대로 역할을 다하고 있으니 좋게 생각해 보면 쉽게 버려지는 물건에 비하면 행복하지 않을까.

아파트 분리수거 하는 날에 나가보면 멀쩡한 살림 도구들이 버려진 걸 쉽게 볼 수 있다. 마음 같아서는 주워와 내가 쓰고 싶지만, 남편이나 아이들이 "우리가 거지냐"고 발끈할 게 뻔해 그냥 두고 오지만 누가 주워가도 주워갈 것이다. 형편들이 여유로워 수시로 바꾸는 것도 있겠지만, 워낙 TV 등 쇼핑몰 광고가 시각적 효과뿐만 아니라 유혹에 쉽게 넘어가게끔 만들어지다 보니 충동구매를 하는 경향이 크다. 언젠가 TV 리모컨을 이리저리 돌리던 남편이 어느 프로엔가 꽂혀 정신없이 보고 있기에 무언가 봤더니 쇼핑몰에 쏘옥 빠져 있는 것이 아닌가. 당장이라도 주문할 것처럼 보여 리모컨을 뺏어 다른 데로 돌려버리니 본인도 광고에 빠져버린 자신에게 깜짝 놀랐는지 겸연쩍게 웃은 일이 있었는데 여자들이야 오죽할까. 내가 TV 쇼핑몰을 보지 않는 이유도 혹시나 유혹에 넘어가는 한 사람이 되지 않을까 싶어서다.

예전에 나만큼이나 그릇 욕심이 없었던 친정엄마에게 귀하게 여기던 물건이 하나 있었다. 워낙 오래된 일이라 어떤 계기와 경로를 통해 그 그릇을 구입하게 되었는지 모르지만, 꽃문양이 예쁜 잉꼬 법랑 냄비였다. 라면 두 개 정도 끓일 수 있는 크기의 그 냄비는 오래도록 식구들 먹는 밥상 위에 오른 적이 없었고 우리가 함부로 쓸 수 있는 물건도 아니었다. 진열장 속에 장식용으로 애지중지 모셔져 있다가 귀한 손님이 왔을 때나 드물게 밥상 위에 오를 수 있었다. 오래도록 신줏단지 모시듯 법랑 냄비를 아끼던 엄마의 모습이 무척 의외의 일로 남아 있다.

그릇 욕심을 안 갖는다는 게 이상할지 모르지만, 가끔 기분 전환으로 사는 옷과 달리 굳이 그릇을 풀 세트로 바꿔야 할 필요성은 가져보지 않았다. 몇백만 원짜리 명품 그릇을 샀다는 지인의 자랑도 부럽지 않다. 그릇도 유행을 타 신혼 초 비전 냄비가 판칠 때도 얼마 뒤 코렐이 집마다 점령할 때도 일본식 그릇이 유행을 시킬 때도 너도나도 투박한 도자기 그릇에 눈이 꽂혀 있을 때도 눈 하나 꿈쩍하지 않았다. 나도 살림하는 주부다 보니 예쁜 접시나 그릇을 보면 저절로 눈길과 손이 간다. 몇백만 원짜리 수입 냄비를 사는 사람들에 비하면 한 개에 1~2만 원 하는 접시쯤이야 살 수 있지만, 이것도 쓸데없는 낭비라는 생각에 행여 깨질까 봐 살살 아기 다루듯이 내려놓으며 미련 없이 그 자리를 벗어난다. 아마 나처럼 살림 도구 안 샀다가는 그릇 가게 모두 문 닫을 판이다. 얼마 전 친척 오빠에게 보험 들어주고 냄비를 두 개나 받았다. 남도 아니고 동생이라 그런지 신경 써서 준비한 게 느껴질 정도로 싸구려 티가 나지 않은 고급 냄비였다. 쓰기 아까워 뜯지도 않고 상자째 잘 뒀다. 아들 결혼하면 며느리에게 줄 생각이다.

김장

　허리 병이 다시 도지는 바람에 며칠째 침을 맞아 봤지만 차도가 없다. 나을 만하면 다시 도지기를 반복하고 있다. 한의원에서는 설거지조차도 하지 말라는데 집에 가면 나를 향해 입 벌리고 있는 장정의 남자들이 셋이나 있으니 어디 가당키나 한 말인가. 팔자 좋게 공주과로 태어나지 못하고 무수리로 태어난 죄도 모자라 일복 많은 것도 복이라고 여기며 끊어질 것 같은 허리를 부여잡고 부엌으로 향했다. 어쩔 수 없는 성격이니 누굴 탓하겠는가. 그것보다 부엌 베란다에 두 자루나 담겨 있는 무가 계속해서 신경 쓰였다. 주말에 하는 김장에 쓰려고 결근까지 하면서 비를 흠뻑 맞아가며 손질한 무다. 며칠 전부터 체기로 고생하고 계신 친정엄마에게 맡길 수 없어 반 뚝 덜어 나오긴 했지만, 제대로 앉아 있기조차 힘들 정도로 허리 병이 단단히 났으니 무를 볼 때마다 한숨부터 나오던 차였다. 벼룩도 낯짝이 있다는데 가져 나온 것을 후회한다면 벼룩만도 못한 염치없는 사람일 터, 전전긍긍하던 차에 생각지 않게 남편이 무를 썰어주겠다고 나서는 바람에 그제야 한숨 돌리게 됐다. 어찌나 야무지게 채를 써는지 무 꽁지만 겨우 남길 정도로 알뜰하게 썰어 주었다. 야무진 손을 왜 그동안 마누라 힘들 때 외면했을까 싶은 생각이 들었지만, 결정적인 순간에 남편의 도움은 나를 살렸다.

그동안 친정 식구들 덕분에 결혼해서 25년 동안 편하게 김장을 받아먹은 거나 다름없으니 이번 나의 수고야 당연하다 할 것이다. 밭에서 배추를 따다 절이고 파 다듬고 마늘과 생강 다듬어 쪄놓고 갓 씻고 이런저런 자질구레한 것까지 전 과정을 이번 기회에 처음 했다는 것이 오히려 부끄럽다. 남편 따라 외지 생활을 할 때도 김장철이 되면 당연히 엄마가 해주는 것으로 여기며 콩고물 받아먹듯 편하게 있었다. 지금 생각하면 엄마의 수고비쯤으로 여기며 얼마 되지 않은 용돈을 생색내듯 부친 나의 시건방지기 짝이 없던 행동을 생각하면 낯이 뜨거울 정도다. 엎어지면 코 닿을 정도로 친정과 가까운 곳으로 이사 와 살면서도 딱히 달라진 건 없었다. 직장 다니는 게 무슨 큰 벼슬이라도 되는지 그나마 김장하는 날 딱 하루 들어가 거들 뿐, 작년까지만 해도 엄마와 올케 그리고 김장을 같이하는 동생이 와서 모든 김장 준비를 해왔다. 며칠 전 엄마가 갑자기 아프신 바람에 엄마 대신 내가 들어가게 되었지만, 어쩌면 잘된 일이다. 계속해서 꾀를 부리며 나잇값 못하는 염치없는 사람이 될 뻔했으니 말이다. 일주일 전부터 김장 준비를 하면서 허리 병을 앓기는 했지만 이번 일을 통해 부끄럽던 나를 돌아볼 수 있는 좋은 기회가 되었다.

예전에 비하면 지금의 김장은 소꿉장난에 비유해도 좋을 정도의 단출한 양이다. 대식구였던 어렸을 때만 해도 김장은 집안의 큰일 중 하나였다. 당시 월동 준비의 세 가지 필수 품목은 쌀과 땔감 그리고 김치였다. 이 세 가지만 충족되면 겨울나기는 문제없었다. 삼백 포기가 넘는 어마어마한 양의 배추는 마당에 태산을 이루었을 정도였다. 김장 하루 전날 저녁, 무를 썰기 위해 모인 품앗이를 온 이웃집 아주머니들이 안방에 둘러앉아 간식으로 쪄낸 고구마를 먹으며 나누는 야한 농담이나 남편과 시댁 흉은 귀를 쫑긋 세우고 듣는 재미가 있었다. 너부러지게 절여진 배추에 고무장갑 없이 시뻘겋게 버무린 양념을 문질러 땅에 묻어 놓은 대형 항아리에 차곡차곡 쌓으면 월동 준비 하나는 끝났다.

그 당시 품앗이를 해주던 이웃집 아주머니들은 '격세지감'이라는 말처럼 이미 돌아가셨거나 허리가 구부러진 팔십 대 할머니가 되었다. 먹을 것이 넘쳐나고 김치만 먹고 사는 시대가 아니다 보니 배추 포기 수가 줄어든 김장이 간편해지기야 했지만 양만 줄었을 뿐이지 똑같이 준비하는 과정과 수고는 다를 바 없다. 엄마야말로 시집와서 처음으로 편한 김장을 했다. 엄마와 바꾼 내 수고의 결과는 뜨거울 정도로 욱신거리는 허리이긴 하지만 마음은 편했다. 김장이 끝나기가 무섭게 서둘러 한의원에 가서 침을 맞고 겨우 진정되었지만, 앉으나 서나 통증은 여전하다. 시간이 약이 되리라. 그동안 시집간 딸 년 김장해주시느라 엄마의 허리는 얼마나 휘셨을까.

낯선 자의 침입

 친정집에 있는 암컷 고양이 한 마리는 엄마의 좋은 친구다. 몇 년 전 집도 절도 없이 뒷산에서 떠돌던 녀석에게 먹이를 주면서 엄마와 인연을 맺게 되었다. 주인 잘 만나 들고양이 신세는 면한 복 받은 녀석이다. 새끼도 여러 차례 낳았다. 그동안 밥 먹여준 엄마에게 인사 없이 슬그머니 사라진 새끼 고양이들이 야생으로 돌아갔는지 모르지만, 엄마가 첫정을 준 그 고양이만큼은 엄마를 배신하지 않고 옆에 딱 붙어 있다. 그 녀석에게 이름을 지어주진 않았다. 엄마는 단순하게 '나비'라 부른다.

 나비를 가만히 살펴보는 재미가 쏠쏠하다. 엄마가 장독대를 가든지 뒷마당을 가든지 간에 귀찮을 정도로 엄마 뒤를 졸졸 따라다닌다. 잰걸음을 쳐야 하는 바쁜 일이 있을 때는 나비의 이런 행동이 귀찮을 때가 있단다. 엄마 발에 걸릴까 봐 겁도 나고 걸음 속도를 마음대로 낼 수 없으니 일이 늦어지기도 하지만 소일거리 없이 적적하게 앉아 있을 때면 슬쩍 다가와 엄마 다리에 털을 비비며 애교를 떤단다. 아버지 돌아가시고 빈집에 혼자 적적하실 것 같아 반려견 키우시라고 자식들이 성화를 했는데도 뿌리치시더니 대신 나비를 반려동물로 키우고 있는 셈이다.

나비는 나를 경계한다. 특히 엄마와 함께 앉아 있으면 저만치서 바라만 봤지 엄마 옆으로도 오지 않는다. 친해지고 싶어 고양이가 좋아하는 비릿한 생선이나 고기가 들어간 음식을 갖다줘도 멀뚱히 쳐다만 볼 뿐 당최 다가오려 하지 않는다. 가끔 장난기가 발동해 골려줄 생각으로 마루에 앉아 그 녀석을 쳐다보지 않은 척 가만히 있으면 슬슬 걸음을 뗀다. 이때다 하고 마루에서 벌떡 일어나 한 발자국 떼는 동시에 나비는 화들짝 놀라 꽁지 빠지게 줄행랑을 쳐버린다.

나비와는 정식 인사는 없었지만 서로 보고 지낸 시간이 얼만데 아직까지 곁을 주지 않는지 참 얄미운 녀석이고 성격이 나 못지않게 까칠한 녀석이다. 여지껏 내가 자기의 끼니를 챙겨주는 주인의 딸이라는 걸 모르는 모양이다. 괘씸하기까지 하다. 나비는 내가 이 집의 침입자로 생각하는 것일까. 난 이미 친정집을 나온 지 오래고, 나비는 엄마 혼자 살 때 이 집에 들어왔으니 충분히 그럴 만도 하겠다. 굴러온 돌이 박힌 돌 뺀다더니 딱 그 짝이다. 내가 굴러온 돌이고 나비가 박혔던 돌인지, 아니면 나비가 굴러온 돌이고 내가 박혔던 돌인지 도무지 모를 일이다. 분명한 건 나와 나비는 절대로 친해질 수 없는 사이라는 사실이다.

노점상

　변변한 자리 하나 없이 시장 초입에 겨우 앉을 만한 자리 하나 마련해 꾸깃꾸깃한 신문지 위에 시들해진 채소를 깔고 오지 않는 손님을 기다리는 노점 상인을 본다. 피 한 방울 섞이지 않은 남인데 왜 내 마음이 아린 걸까? 해가 저물 때까지 펼쳐놓은 채소들을 다 팔 수 있을지. 새벽잠도 설친 채 마을버스 첫차로 보따리와 함께 나왔을 게 틀림없다. 채마밭에서 해왔을 열무며 오이, 호박, 풋고추는 주인만큼이나 풀이 죽어 있다. 무심하게 지나가는 사람들을 향해 열무단을 흔들어 대는 상인의 열 손가락이 휘어졌다. 차라리 보지 말 것을.

　밝기 전 열무단을 이고 새벽이슬을 밟으며 나갔던 엄마, 끝내 못 팔고 되가져온 시들한 열무단을 보기 싫은 듯 한쪽 마루에 밀어 넣는 할머니. 당신 며느리 고생하는 모습이 속상해서이리라. 엄마의 손끝에서 떨리던 밥숟가락이 왜 그렇게 처량하던지. 노점 상인의 휘어진 열 손가락에서 엄마의 굴곡진 과거를 보았다. 난 엄마를 부끄럽게 생각했던 못난 딸이다.

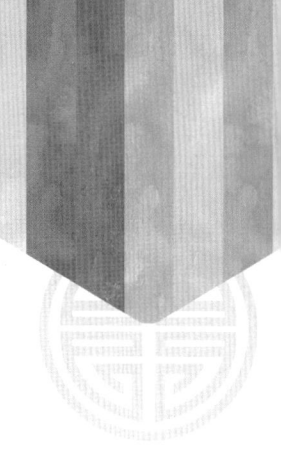

닮은꼴

　옛것을 중하게 여기셨던 할머니가 엄마를 시키든 손수 해서 만드시든 희한하기 짝이 없는 음식을 해 드시곤 했다. 호박죽에나 쓸 것 같던 늙은 호박을 크게 썰어 찌개를 해 드신다거나 막걸리에 밥을 말아 드시는가 하면 개천에서 오려온 이상야릇한 냄새가 나는 미나리를 데쳐 고추장에 넣어 쓱쓱 비벼 드셨다. 저런 것 따위를 사람이 먹는다는 게 믿어지지 않았고 더욱 놀란 것은 내 할머니가 너무 잘 드신다는 게 놀라웠다. 그때 내 나이, 손수건을 가슴에 달기도 전인 유년.

　할머니를 닮아 가는지 엄마도 가끔 놀라운 모습을 보여주었다. 할머니가 드시던 음식을 그대로 답습하듯 해 드셨고 심지어는 풀리지 않은 된장 덩어리를 밥에 넣고 비벼 드셨다. 된장 독에서 스멀스멀 기어 다니던 가시가 된장 덩어리에 숨어 있으면 어쩌려고 저걸 그냥 드실까. 엄마의 독특한 식성이 이상하게 보였다. 내 나이 이미 가슴에서 손수건을 떼어 버린 지 오래인 초등학교 때였다.
 농사짓는 언니가 애호박 몇 개를 따서 보냈다. 두 주먹 크기만 한 애호박이 참 맛있게도 생겼다. 받자마자 깍둑깍둑 크게 썰어 냄비에 넣고, 양념이라곤 달랑 새우젓으로만 간을 하고 보글보글 끓여 그걸 다 해치우고 말았다. 설컹거릴 정도로 익은 호박 씹는 맛이 참 좋다. 호박을 좋아하지 않는 아이들이 의아한 표정으로 나를 본다. 저 표정, 예전에 할머니와 엄마가 내가 먹지 못하던 그 음식들을 드실 때 의아하게 쳐다보던 내 표정과 흡사하다. 가족은 먹는 것도 닮는가 보다.

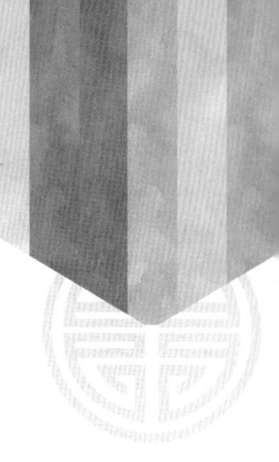

미안한 마음

 상을 하나 받았습니다. 나름대로 정성을 다해 써낸 작품이지만, 상을 받으리라고는 전혀 기대하지 않았기 때문에 기분은 날개를 단 듯 공중에 둥둥 떠 있습니다. 작은 규모의 대회이긴 하지만 가족들의 따뜻한 격려와 칭찬들이 더욱더 나를 들뜨게 한 것 같습니다. 주제는 친정엄마에 관한 이야기였습니다. 엄마 덕분에 당선된 것이나 다름없지요. 저녁에 엄마에게 전화했습니다. 이런저런 얘기를 시작으로 아무 날이 친척 결혼식인데 내가 함께 가 주었으면 하는 뉘앙스가 느껴져 같이 가겠다고 하니 무척 반가워하십니다. 오랜만에 엄마와 나들이하고 싶은 마음에 선뜻 가겠다고 했습니다. 차를 가져가면 편리하겠지만, 주차하기가 어려우니 기차를 타고 가자고 했지요. 고모들도 함께 간다는 말에 둘이서만 가자고 떼를 썼습니다. 왜냐하면, 나이 드신 분들 틈에서 거북할 것 같기도 한 데다 무엇보다 나이 드셔도 여전한 시누. 올케 사이를 분명하게 그으려는 고모들의 모습이 싫기 때문입니다. 연세가 드신 엄마는 예전과 달리 조그마한 일에도 섭섭해하시는데 혹시 상처라도 받게 될까 봐 걱정이 되었습니다. 딸 편에 서 준 엄마 덕분에 오랜만에 단둘이 데이트하게 되었습니다.

평생을 농사만 짓고 사신 분답게 창밖에 펼쳐진 가을 들녘 풍경에 당신의 생각을 말씀하시겠지요. "여기도 가을걷이가 끝났구나." "저기 저 배추는 참 탐스럽기도 해라. 저 큰 논 좀 봐라. 저런 논 하나 가지고 있으면 농사지을 맛이 나겠다."는 둥, 이야깃거리가 끊임없이 나올 것입니다. 엄마와 단둘이 먼 거리를 가 본 적이 있기나 한지, 기억을 더듬으며 멈춘 시간은 색이 바래 버렸습니다. 중학교 3학년 어느 겨울 저녁, 맹장에 걸려 데굴데굴 구르는 바람에 택시를 불러 타고 엄마 몸에 기대어 서울에 있는 병원으로 달려갔던 일이 있습니다. 연신내 박석고개 아래 큰 병원에서 수술을 받았는데, 일주일 동안 입원해 있으면서 80만 원이라는 거금을 까먹었습니다. 그 당시 부모님은 당 이름은 모르겠지만 당원증을 가지고 있었습니다. 의료보험 혜택이 잘 되어 있지 않을 때였는데 그 당원증 덕분에 어느 정도 병원비를 할인받을 수 있었지요. 어린 마음에도 병원비가 부담되었는데 미안한 마음을 조금이나마 덜 수 있었습니다. 엄마와 함께 있었던 병원에서의 일주일은 여행도 아닌데 이것밖에 떠오르지를 않으니 그동안 딸로서 무엇을 했나 싶을 정도로 제 자신이 한심스럽습니다.

전화를 끊기 전, 엄마에게 상을 탄다고 말했습니다. 어떤 규모의 상인지, 몇 등인지, 상패는 있지만, 상금은 얼마인지 모르겠다고 했습니다. 좋아하는 엄마 목소리가 갑자기 울먹이는 소리로 변합니다. "미안하다. 대학 보내 달라고 할 때 보내줬으면 지금쯤 글 쓰는 재주꾼이 되었을 텐데……. 그때는 먹고살기 위해 어쩔 수 없었다. 낳기만 했지 제대로 가르치지 못했으니 난 어미도 아니구나. 정말 미안하다."고 말씀하시며 내 마음을 흔들어 놓고 말았습니다. 추억의 더께를 한 꺼풀 벗길 때마다 도사리고 있던 슬픔이 먼지처럼 일어나는지 괜히 엄마 마음만 아프게 한 것 같아, 끊고 나서도 마음이 개운치 못했습니다.

그러고 보니 오늘은 엄마 생신이기도 합니다. 다들 생활이 바쁘다는 이유로 미리 지난주에 친정집에 모여 고기를 구워 먹기는 했지만, 생신은 초라하기 짝이 없었습니다. 농사를 짓는 둘째 언니네와 막냇동생이 가을걷이로 바빠서 빠졌고, 큰언니네는 제주도 여행 중이라 또 빠졌으며, 인천에 사는 셋째 언니네도 사정이 있다며 빠졌습니다. 일곱 남매 중 첫째, 둘째, 셋째, 일곱째가 빠진 조촐하다 못해 초라하게 느껴질 정도로 볼품없는 모임이었습니다. 아이들 머릿수가 어른보다 더 많아 북적대어 좋았지만, 술잔이 오가고 웃음이 오가는 그런 자리가 안 되어 엄마 볼 면목이 없었습니다. 시끌벅적할 거라는 기대에 떡까지 준비했는데, 나눠 줄 식구가 많지 않은 것에 내심 섭섭하지나 않으셨는지 모릅니다. 은근히 부아가 나서 동생에게 화풀이했습니다. 내년부터는 집에서 이러지 말고 근사한 식당 얻어 엄마가 좋아하는 음식 먹자고 했습니다. 매년 바쁘다고 이런 식으로 집에서만 생신 모임을 한다면 엄마는 죽을 때까지 대접 한 번 못 받고 돌아가실 게 틀림없습니다. 그 자리에 올케도 있었는데 아마 올케는 이 소리가 듣기 싫었을 겁니다. 사실 올케 들으라고 한 소리니까요.

어릴 적 기억이 납니다. 학교를 마치고 돌아오면 마루에 보따리가 여러 개씩 쌓여 있었습니다. 열무단 보따리 몇 개. 얼갈이 또한 마찬가지로 만들어 놓은 보따리 몇 개. 여지없이 다음 날 아침은 할머니가 우리를 챙겨 학교에 보냈습니다. 엄마는 우리가 일어나기도 전에 아침 일찍 리어카에 그것들을 싣고 시장으로 나가야 했으니까요. 시장까지의 거리는 아주 멀었습니다. 엄마 걸음이 아무리 재도 두 시간은 넘게 걸릴 그 먼 길을 여자의 몸으로 리어카를 끌고 가는 것은 힘든 노동이었을 겁니다.

할머니가 끓여 준 된장찌개와 밥을 먹고 학교까지 30여 분을 걸어가는 동안 엄마와 마주치질 않았다는 것은 채소를 다 팔지 못해 장에서 발이 묶여 있거나, 아니면 시든 채소 단처럼 지친 몸으로 빈 리어카를 끌고 어디쯤 터덜터덜 걸어오고 있다는 것입니다. 마을 어귀에서 엄마를 만나면 한달음에 달려가 껴안을 수도 있겠지만, 학교에서는 그러지도 못했습니다. 쉬는 시간에 복도에서 놀다 보면 학교 앞을 지나는 엄마를 보기도 했습니다. 작은 소리로 불러도 다 들릴 정도로 가까운 거리임에도 엄마가 나를 먼저 알아볼까 싶어 내가 먼저 외면하고 교실로 들어온 적도 여러 번 있었습니다. 우리 집에 자주 놀러 왔던 아이들이 엄마를 알아보고 그 애들이 먼저 엄마에게 인사를 했지만 나는 들은 척도 하지 않고 딴청을 피웠습니다. 창피했습니다. 농사짓는 엄마가 창피한 게 아니라 리어카를 끌고 가는 엄마의 모습이 창피했던 것이었지요. 아버지가 경운기를 산 뒤로는 리어카 대신 아버지와 함께 다녔기 때문에 엄마 다리는 여유를 부릴 수 있었지만, 여전히 엄마 손에서는 일이 떠나지 않았습니다. 종종 늦은 오후가 되어서야 겨우 한술 뜨는 아침 겸 점심은 제비 새끼처럼 앉아서 지켜보고 있는 우리에게 반 이상을 뺏기곤 했습니다.

고등학교 때 내 성적은 좋았습니다. 농협에서 주는 장학금도 매년 받아 엄마의 부담을 덜어 주곤 했습니다. 싫었던 영어나 체육 과목만 빼고 통지표는 대부분이 수·수·수였습니다. 그때도 엄마는 내 성적표를 보고 울었었지요. "일만 시킬 줄 알았지, 공부하라는 소리 한 번 안 했는데 이렇게 공부를 잘하다니, 참 대견하구나."라고요. 고3이 되어서 대학에 들어가겠다고 몇 날 며칠을 엄마를 쫓아다니며 떼를 써댔습니다. 아버지는 엄마 눈치만 보느라 아무 말씀 없었습니다. 안 된다고 한마디로 거절하는 엄마. 공부 잘한다고 칭찬할 때는 언제고, 왜 하고 싶은 공부 안 시켜 주느냐고 울면서 고래고래 소리를 질렀습니다. 엄마도 자식 일곱을 가르치기가 얼마나 어려운지, 내가 대학 가면 형제 중 유일하게 남자인 막내는 대학을 보낼 수가 없다고 오히려 저를 잡고 사정했습니다. 다른 집은 땅 팔고 소 팔아 자식들 가르치는데 엄마는 두 가지 다 가지고 있으면서 왜 못 해주느냐고 나도 지질 않았습니다. 결국, 이 싸움은 엄마가 이기고 말았지만, 엄마는 아마도 지금까지 이 일이 마음에 응어리처럼 맺혀 있는 모양입니다. 엄마는 가르치지 못해 미안해하고 나는 엄마의 마음을 헤아리지 못한 미안함을 서로가 갖고 있던 셈이지요. 어느덧 그 당시 엄마의 나이가 되어버린 지금, 살아온 강어귀 어디쯤 도사리고 있을 나의 슬픔을 이제는 미련 없이 떠내려 보내야겠습니다.

아버지와 딸

　마트 안으로 팔짱을 끼고 들어서는 아버지와 딸의 모습이 정겹다 못해 참 예쁘면서도 부럽다는 생각이 든다. 딸은 입을 다물 줄 모르고 계속 아빠를 향해 재잘거리고 이야기를 들어주는 아빠의 표정에서는 흐뭇함과 행복함이 느껴진다. 모자가 됐건 부녀가 됐건 간에 가족들이 함께 다니는 모습은 참 보기 좋다. 나만도 두 아들을 데리고 나가면 이상하게 어깨부터 힘이 들어가게 된다. 천군만마를 얻은 기분이랄까. 하지만 나는 친정아버지가 돌아가실 때까지 결코 친한 사이가 못 되었다. 일본이 가깝고도 먼 나라듯이 친정아버지도 가깝지만 항상 멀게 느꼈던 분이었다. 아버지는 '다정다감'과는 거리가 멀었다.
　어린 시절부터 내가 부러워했던 것 중 하나가 아버지와 딸이 즐겁게 얘기를 나눈다거나 딸들이 '아빠'라는 호칭을 쓸 때였다. 유감스럽게도 나는 한 번도 아버지에게 '아빠'라고 불러본 적이 없다. '아버지'라는 호칭보다 '아빠'라는 호칭이 더 익숙해진 현대. 내가 어렸을 때만 해도 열 명 중 한두 명 정도만 '아빠'라고 불렀을 정도로 아버지라고 부르는 것이 일반적인 일이었다. 아버지를 아빠라고 부르는 아이들은 도회지에서 전학을 온 아이들이나 아버지의 직업이 군인인 경우가 많았다. 시골에서 나고 자란 아이들에게는 아빠라는 호칭이 세련된 단어라는 것을 알면서도 시골스러운 '아버지'라는 표현이 부르기도 더 편했을지 모른다.

아버지는 무척 권위적이고 보수적인 분이었다. 성격도 조용한 데다 평소에는 말수가 없다. 연필이 부러진 게 없는지 먼저 필통을 뒤져 낫으로 연필을 깎아 주신다거나 겨울이면 우리들이 놀 썰매며 윷을 만들어 주는 일만큼은 연중행사처럼 빠뜨리지 않고 해 주셨다. 그림 그리기 대회에서 상을 받아 온다거나 성적을 잘 받아와도 머리라도 쓰다듬어 주실 거라 잔뜩 기대했지만, 소리 없이 웃으시며 딱 한마디만 하셨다. "기특하네." 그나마 다행이라면 외출했다 돌아오시는 길에 우리가 먹을 샤브레나 버터링 같은 고급 과자를 한 아름 사가지고 오셨다는 것이다. 아마 이것도 딸들보다는 귀하디귀한 외아들을 먹이기 위한 계산이 깔려 있었을 것이다. 우리는 막내 남동생 덕분에 덤으로 얻어먹은 셈이다.

부모님은 우리에게 공부해야 출세할 수 있다는 가르침을 주지 않았다. 먹고사는 문제가 더 시급했기 때문이었겠지만 두 분이 사는 삶 자체가 우리에게는 산교육이었다. 대신 아버지는 양반 가문이라는 걸 앞세워 밥상머리에서나 가족들이 모여 앉아 TV를 보는 시간을 이용해 수시로 훈계하시곤 했다. 동네 사람들 보면 인사 잘해라, 행실이 바라야 한다, 예의를 지켜라, 부모 얼굴에 먹칠하는 경우 없는 짓은 하지 마라, 밤늦게 쏘다니지 마라 등등 귀에 딱지가 앉도록 들은 보수적이고 유교적인 냄새가 짙게 깔린 이야기들. 잔소리 같기만 했던 이런 말이 우리 칠 남매도 모르는 사이 각인되어 성장하는 데 긍정적인 영향을 미쳤다는 것을 나이를 더 먹고 나서야 비로소 깨닫게 되었다. 여전히 아버지를 향한 섭섭하고 아쉬운 마음은 있다. 조금만 더 자상하고 딸들을 좀 사랑해줬으면 좋았을 것을.

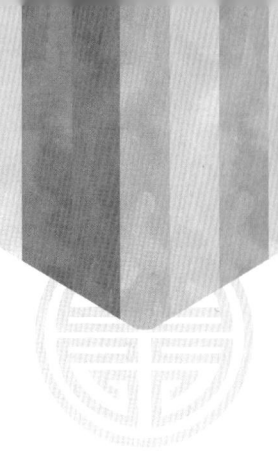

엄마, 치즈 스마일

　이 긴 시간을 착각 속에 산 것 같아 마음이 낭떠러지 밑으로 곤두박질친 기분이다. 착각을 덮은 흔적들은 고스란히 살아남아 나를 괴롭히고 있다. 지금 알고 있는 걸 그때는 왜 몰랐을까? 치킨과 햄버거, 치즈를 좋아하고 남들과 똑같이 먹을 줄 안다는 사실을. 너무 오랫동안 난, 엄마가 밥만 제일 좋아하는 사람이라는 어리석은 착각을 했다. 내가 결혼하기 전까지 기억으로는 엄마가 맛있게 구워진 생선을 당신 손으로 살 한 점 베어 먹는 모습을 본 적이 없다. 가족들이 뜯어 간 너덜너덜해진 뼈와 대가리에 붙어 있는 약간의 살점을 물린 상을 정리하면서 뜯어 먹던 엄마의 모습. 당신 손으로 준비한 밥상임에도 당당히 먹지 못할 정도로 궁색한 살림도 아니었는데 엄마는 늘 죄지은 사람처럼 감히 밥그릇조차 밥상 위에 올려놓고 먹지 않았다.
　더위를 부르는 매미가 요란스럽게 우는 여름이면 벌겋게 익은 토마토를 엄마보다 더 큰 함지박에 잔뜩 담아 머리에 이어다 팔았고, 토마토보다 더 익어버린 얼굴을 수돗가에 쭈그리고 앉아 씻어내던 뒷모습을 마루에 앉아 물끄러미 바라보고는 했다. 무엇이든지 돈이 되는 것들을 팔았고 계절에 상관없이 하루하루가 늘 바빴던 엄마. 목적 없는 삶이 어디 있겠냐만, 엄마의 목적은 단 하나, 기죽지 말고 자식들과 살아야 한다는 것이었다. 선천적으로 작았던 엄마 키는 장터로 함지박을 이고 나갔다 올 때면 더 작아져 보였다. 엄마가 장에 나갔다 오면서 사 오는 간식거리가 기다려졌지만, 다음 날 학교에서 친구들이 엄마를 보았다는 말은 얼굴이 붉어질 정도로 창피하게 느껴졌고 간혹 창문 너머로 학교 앞을 지나가는 엄마의 무거운 발걸음을 보면서도 손 한 번 흔들어 주지 못하고 외면해 버렸다. 엄마는 행상하며 악착같이 돈을 모았고 열심히 살았다.

왜 그렇게 자주 앓아누웠을까? 머리를 꽁꽁 싸매고 앓고 있으면 의사 대신 이웃집에 사는 무당이 왔다. 조상 중 비명횡사한 귀신이 붙었다며 귀신을 쫓아 버리기 위해 엄마 몸에 시퍼런 부엌칼을 들이대고 알아듣지 못할 주문을 외웠다. 안마당에 던져진 칼끝이 밖으로 향해서야 그 주술적 행위는 멈췄지만, 엄마는 며칠을 더 끙끙 앓았다. 언제 아팠냐는 듯 자리 털고 일어난 엄마는 또다시 억척스럽게 일을 했다. 고단한 생활만큼이나 무거웠을 삶의 무게. 동네 사람들은 억척스러운 살림꾼에다 여장부라고까지 했지만, 외갓집 식구들은 마음 아파했다. 엄마의 고왔던 처녀 적 생활을 눈물로 이야기해 주던 이모, 그래서 외갓집 식구들은 우리를 애틋한 눈빛으로 보았는지 모른다.

이를 악물고 살 수밖에 없을 정도로 삶의 무게가 버거웠던 건 사실이다. 엄마는 우리 집을 바라보는 호기심으로 가득한 주위의 차가운 시선들을 의식하지 않을 수 없었을 것이다. 그리고 죽을 만큼 힘들거나 아플 때면 입버릇처럼 되어버린 개나 물어갈 빌어먹을 팔자타령을 어린 자식들 앞에서 거침없이 내뱉고는 했다. 어떻게든지 집안을 일으키고 잘 살아야 그 무서운 시선으로부터 헤어 나올 수 있다는 사실을 아버지에게 시집오면서 바로 알아차렸을 것이다. 당신 입에 들어가는 맛난 것들은 사치였다. 욱여넣는 밥은 살기 위해 먹을 뿐이었다. 그때는 이해하지 못했던 것들이 너무 많았다. 난 어렸고 엄마보다는 칠 남매가 나눠 먹어야 하는 음식에 더 마음을 썼는지 모른다.

아버지의 간식거리는 늘 풍족했다. 당신이 좋아하는 것들은 원 없이 드셨다. 자식들 간식은 빼 먹어도 아버지가 좋아하는 소시지나 빵은 떨어뜨리지 않았다. 성인이 된 일곱 자식은 엄마의 간식은 안 사도 아버지가 좋아하는 것들을 사서 대기 시작했다. 아버지가 엄마만큼이나 좋아서 사다 드린 건 아니었다. 가슴속 한 귀퉁이에 자리 잡은 아버지를 향한 미운 감정은 언제든지 폭발할 수 있는 시한폭탄 같았지만, 역시 피는 물보다 진했고 그것은 미운 감정보다 우선이었다. 아버지는 햄버거를 좋아했다. 햄버거를 사면서도 엄마는 생각하지 않았다. 어쩌면 "양놈 냄새가 나는 게 뭐가 맛있냐"던 엄마의 말을 햄버거를 살 때마다 머리가 기억했고 몸은 그걸 충실히 따랐는지 모르겠다. 그렇게 늘 엄마는 자식들로부터 뒷전이었.

아버지가 돌아가시고 나서야 빈집을 쓸쓸히 지키고 있는 엄마를 위해 이것저것 챙겨 들어갔다. 당신 위해서 사 온 간식거리를 보면 늘 하는 소리.

"돈 없애고 그걸 왜 사와. 너희도 돈 귀할 텐데."

가끔은 이런 말이 짜증스럽다. 그리고 더 화가 나는 한마디는

"엄마는 그런 거 안 먹어도 돼."

왜 엄마는 그런 거 먹으면 안 되는 것일까? '엄마'라는 의미부여 때문은 아니었을 터, 엄마는 몇십 년을 다른 엄마들이 누리고 살았던

것들을 제대로 누리지 못하고 살았다. 갇혀 산 삶이라 해도 지나치지 않을 정도로 엄마는 지금도 집을 떠나면 큰일 나는 줄 안다. 엄마가 지금껏 살아온 삶과 엄마 자신이 믿고 살았던 삶의 방식이 옳은 것만은 아니라는 사실을 알면서도 이 못난 딸은 외면했다. 결혼해서 새로운 가정을 꾸린 내 삶이 더 중요했고, 바뀌지 않는 당신만의 의지만을 믿고 사는 고집스러움이 질렸는지도 모른다. 변화가 있다면 예전에는 외식하자고 하면 극구 사양했고 대문 앞에 서서 떠나는 자식들 차만 물끄러미 바라보던 엄마였다. 그런데 얼마 전부터는 외식하자고 옷 챙겨 입으시라고 하면 어떤 옷을 입을까 많지 않은 옷 몇 가지를 들고 기분 좋은 고민을 하고 신발을 신으면서도 "난 안 가도 되는데" 하시며 따라나선다. 엄마의 이런 행동에 웃음이 나오다가도 평생 이렇게 사신 엄마가 너무 가엾어 마음이 찢어지는 기분이다.

요즘에는 엄마의 간식거리가 풍족하다. 일곱 자식이 이것저것 사와 쟁여 놓고 간다. 돈 없애고 사 왔냐는 습관성 말도 이제는 애교쯤으로 받아들인다. 평생 농사일을 놓지 않으셨던 분이었는데 언제부턴가 조금씩 짓고 있는 텃밭마저도 힘겨워하신다. 세월에 휘어진 엄마의 열 손가락이 다시 펴지기야 하겠냐만 일을 줄인 것은 백번 잘한 일이다. 냉장고 문을 열어보니 치즈는 떨어지고 없다. 영양 간식이라며 적극 치즈를 권한 뒤로 열심히 드시고 있는 모양이다. 치즈를 비롯해 아이스크림이며 요구르트 등을 냉장고에 넣으며 부지런히 드시라고 했다. 엄마가 거의 드시기야 하겠지만 동네 아주머니들이 놀러 오면 풀어 놓는 것 같다. 직접 눈으로 확인은 못 했지만, 분명히 이 한마디 툭 던지셨을 것이다.

"잡숴 봐. 자식들이 주전부리를 떨어뜨리지 않고 사다 놓네."

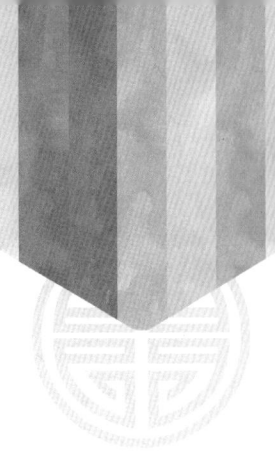

우물이 있는 집

　이글거리는 태양이 벌써 중천에 자리를 잡고 빨강 기와지붕과 안마당을 데울 무렵, 들에 나간 아버지가 소여물로 쓸 풀을 한 지게 풀어 놓는다. 땀에 흠뻑 젖은 구멍이 숭숭 난 흰 것도 아니고 누런 것도 아닌 대체 색을 분간할 수 없는 메리야스를 벗어 버리고 안마당 우물가에 엎드리는 아버지. 무언의 눈빛이라도 교환한 것일까? 점심 준비를 하던 엄마는 얼른 마중물을 부어 펌프질을 부지런히 한다. 여름더위를 식혀 줄 시원한 물줄기가 큰 대야에 넘쳐흐른다. 속살이 훤하게 드러난 아기의 몸처럼 부끄러움을 느끼지 않는 투명한 저 물빛. 그 깨끗함과 순수함이 더욱 영롱하다.
　울긋불긋 맺힌 땀띠의 흔적을 고스란히 보인 아버지의 등이 참 희다. 마음이 안 맞을 땐 두 분 서로 웬수 같더니 이때만큼은 일심동체. 45도 자세의 아버지 허리춤부터 물세례를 받는다. 한여름이라지만 몇백 미터를 뚫고 끌어낸 지하수는 소름 끼치도록 차다. 첫 바가지에 잠시 놀란 아버지의 외마디 비명은 물소리에 묻히고 두 번째 바가지부터는 땀띠를 진정시켜 줄 정도로 시원함을 느낀다. 마른 수건으로 송글송글 맺힌 물방울을 닦는 아버지의 얼굴이 환해 보이고, 시중을 드는 엄마의 표정이 행복해 보이는 여름날. 점심상 물리고 나면 이어질 꿀맛 같은 아버지의 낮잠. 아버지의 등목에 쓰고 남은 우물가의 물은 또 다른 주인을 기다리며 햇빛에 일광욕을 즐긴다.

추억은 그 자리 그대로 머물러 있고

 나이를 먹어가는 것에 대해 어떤 두려움이나 미련이 없다면 그건 거짓말이리라. 요즘 거울에 비친 내 눈 밑의 주름과 점점 아래로 쳐지는 눈을 보고 있으면 괜스레 심술이 나 도움도 안 되는 거울 너머의 낯익은 얼굴을 바라보며 한숨짓기 일쑤다. 지금 이 나이에 새삼스럽게 뜨거운 가슴으로 연애해 보고 싶다는 욕심 같은 것은 없지만, 뜬구름 잡듯 세월을 되돌리고 싶은 욕심을 갖게 하는 것이 있다. 그것은 올봄 짝을 잃은 엄마와 언니 동생들을 보면서 나이를 먹었다는 사실을 실감할 때다. 무엇보다도 제일 마음이 아픈 일은 우리 칠 남매 중 유일한 남자인 막냇동생. 엄마가 살아가는 이유가 아들 때문이라는 사실을 부정할 수 없을 정도로 귀하게 자란 동생은 아직도 엄마뿐만 아니라 여섯 누나에게는 특별하다. 늘 젊을 것 같던 엄마의 배신에 이어 남동생도 배신을 시작했다. 아픔을 서로 어루만져 주는 돈독한 사이의 우리 칠 남매. 결코, 행복했다고 자신 있게 말할 수 없는 유년과 청소년기를 보냈지만, 열한 명이라는 대식구가 빨간 기와지붕 아래에서 함께 지냈던 시간이 요즘 가슴 아리도록 그립기만 하다. 아파 상처가 되었던 기억마저 추억이 되어 나를 감상 어린 못난 사람으로 만들어 놓는다. 바로 앞의 기억은 새까맣게 잊기 일쑤면서 칠 남매가 함께했던 묵은 기억을 조금씩 들추다 보면 두 눈가에 눈물이 흐르는 것은, 이제 나도 추억을 먹고 사는 그런 나이가 된 것일까?

바가지를 엎어 놓고 자른 듯 촌스러운 머리에 언니가 입고 물려 준 색이 바랜 누런 원피스를 입고 어린 동생들 손을 잡고 재미있는 구경을 하고 있었다. 체를 이용해 모래를 걸러내는 아저씨의 동작과 갠 시멘트를 발라가며 벽을 쌓는 미장이 아저씨의 손놀림이 놀라워서였다. 사랑채를 짓고 있었다. 방 두 개에 부엌, 곳간, 외양간을 갖추고 있던 'ㄱ' 자 모양의 집은 사랑채가 새로 지어지면서 'ㅁ' 자 모양의 집이 되었다. 사랑채가 지어진 뒤로 우리 방이 새롭게 꾸며지기는 했지만, 안방 생활이 익숙해져 버린 탓인지 사랑방에 적응하는 데 긴 시간이 걸렸다. 넓은 안마당, 그리고 마중물을 부어 펌프질하면 시원한 물줄기가 쉴 새 없이 뿜어져 나오던 우물이 있는 빨간 기와집 우리 칠 남매는 추억을 차곡차곡 만들며 자랐다.

봄이면 집 안과 밖은 꽃의 천국이었다. 뒤뜰의 백합과 라일락은 꽃향기가 얼마나 진하던지 문에 들어서기 전부터 향기에 취할 정도였다. 철쭉과 작약은 집 안을 더욱더 화사하게 만들었고, 집 주위에 심은 복숭아나무와 배나무 등 여러 종류의 과실수가 좋은 먹거리를 제공해 주었다. 매미가 요란을 떨며 울기 시작하는 여름, 들에 나간 어른들 대신 언니와 부엌에 들어가 점심 준비를 했다. 밥이 되는 동안 감자와 호박을 볶고, 노각을 채 썰어 갖은양념으로 요리해 상을 차려 놓으면 들에서 돌아온 어른들은 고추장에 비벼 맛나게 드셨다. 장마철이면 처마 끝으로 떨어지는 굵직한 빗줄기를 함지박에 가득 담아 한 번도 가보지 못한 수영장을 상상하며 물놀이를 즐겼다. 여름날 저녁, 아버지가 단옷날 베어다 말린 쑥을 피워 모기를 쫓으며 마루에 앉아 봉숭아물을 들이며 사랑이 뭔지도 모를 어린 나이임에도 첫사랑이 이루어지게 해 달라고 소원을 빌었다.

가을이 오기 시작할 무렵이면 밤송이가 토실토실해지면서 아람이 벌어지기 시작했다. 밤나무 가지를 흔드는 바람 때문에 떨어진 알밤은 지붕 위를 구르며 요란한 소리를 냈는데, 새벽녘에 듣는 그 소리가 어찌나 무섭던지 곧잘 할머니의 젖무덤을 파고들고는 했다. 날이 밝기도 전에 엄마는 손전등을 비춰가며 밤나무 주위 풀숲을 샅샅이 뒤졌다. 가을날 새벽녘 작은 시골 동네는 흔들거리는 손전등 불빛이 소리 없는 요란을 떨어댔다. 겨우내 대식구가 먹을 김치의 양도 어마어마했다. 두 사람은 족히 들어갈 정도로 큰 항아리를 두세 개씩 땅에 묻고, 맛있게 버무린 김장김치를 차곡차곡 채웠다. 시원하게 익은 동치미도 찐 고구마와 먹으면 그 맛이 아주 기가 막혔다. 월동 준비가 끝나고 나면 아버지는 타작하고 쌓아 둔 볏짚을 손질해 새끼를 꼬거나 수수 빗자루를 엮었는데 날씨가 추워 나가지 못하고 아버지 옆에 앉아 구경하는 재미도 특별한 재미였다.

변함없이 오고 가는 계절 속에 사춘기다운 반항도 해보고 짝사랑의 몸살을 앓으며 시간은 그렇게 속절없이 흘러갔다. 우리에게 풋풋한 젊음을 선사한 시간은 대신 아버지와 엄마의 젊음을 빼앗아 갔다. 그리고 한둘씩 떠난 우리. 칠 남매가 모두 떠난 그 자리에 아버지와 엄마는 떠난 우리를 기다리며 그곳을 지켰다. 그리고 올봄 아버지는 진달래가 막 피기 시작할 무렵 우리 곁을 영원히 떠나갔다. 생전에 당신 좋아하던 진달래를 꺾어다가 아버지 병상 머리맡에 놓았지만, 끝내 활짝 핀 진달래를 보지 못한 채 떠나갔다. 꽃 관에 꽃상여를 타고 떠난 아버지가 그리워 한동안 칠 남매는 아버지 주위를 서성이기도 했지만, 아버지가 병상에서 자식들에게 남겨 준 위대한 유산이 무엇인지 알았기에 감사의 마음으로 아버지를 보낼 수 있었다.

아버지의 꼼꼼한 손길을 비롯한 우리의 모습이 그 자리 그대로 머물러 있는 곳. 엄마와 할머니가 가족의 안녕을 위해서 터주신, 성주신, 조왕신께 촛불을 켜고 빌던 곳. 돈을 벌기 위해 대구 친척 집으로 떠난 큰언니를 그리움으로 기다리던 곳. 시장으로 채소 단을 이고 팔러 간 엄마를 기다리던 곳……. 남루한 삶의 얼룩들은 추억 아닌 것이 없다.

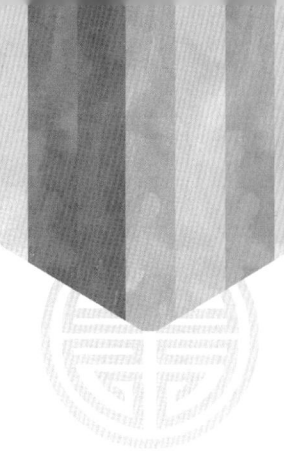

취향 저격, 엄마표 깍두기

"와, 이 맛이야. 당신도 장모님 돌아가시기 전에 이 기술 좀 전수받아."

남편 딴엔 장모님의 깍두기 솜씨를 극찬한다는 말이겠지만, 딸인 나는 '돌아가시기 전'이라는 말이 걸려 잠깐 인상을 썼다. 남편 말처럼 이 기술은 엄마만 낼 수 있기 때문에 가능한 일인지 모르겠다. 저녁상에 둘러앉아 친정엄마가 해 준 깍두기 하나로 밥을 비벼 먹는 식구들의 얼굴이 행복해 보일 정도다. 식성 좋은 남편은 엄마의 솜씨를 극찬하며 두 그릇을 비웠다. 매년 추석과 설 명절이면 엄마표 깍두기가 빠짐없이 등장한다. 특별할 것 없는 고작 깍두기에 불과하지만, 우리에겐 특별대우를 받는 반찬이다. 단연 명절날 인기 음식도 갈비나 올케의 특별 요리도 아닌 엄마가 직접 담근 깍두기다. 온 가족들이 제일 많이 찾고 제일 맛있게 먹는 명절 특별 음식. 양념을 아끼지 않고 듬뿍 넣은 빨간 고춧가루와 새우젓 덕분에 칼칼하고 시원한 맛이 나는 깍두기는 손주들까지 모두 좋아한다. 처음에는 명절 때 먹을 양만 하셨는데 워낙 인기가 좋다 보니 대량 생산까지 하게 되었다. 대식구가 명절날 먹는 양도 적지 않은데 일곱 자식 각 가정에 먹을 양까지 하면 완전 큰일이 아닐 수 없다. 한두 개도 아니고 몇십 개나 되는 무를 손질하고 버무리는 단계가 결코 쉬운 일은 아니다. 명절을 대비해 이것저것 준비할 것도 많은데 깍두기를 담그는 일만큼은 자식들과 손주들 생각에 힘든 줄 모르고 기분 좋게 담그게 된단다.

 엄마만의 특별한 깍두기 맛을 전수 받기 위해 엄마 옆에 지키고 서서 자세한 설명과 하나하나의 손놀림까지 지켜보고 따라 해 봤지만, 엄마표 깍두기 맛은 흉내도 못 낸다. 음식 솜씨 좋은 큰언니도 매번 실패를 본단다. 벌써 반이나 줄어버린 깍두기가 긴 연휴가 끝나기도 전에 없어질 판이다. 아끼고 싶어도 아낄 틈 없이 사라지는 식구 모두를 취향 저격시킨 엄마표 깍두기는 다음 추석을 기다리는 수밖에.

할머니의 상냥한 맛

　아무것도 없는 집안으로 시집와 자식들과 먹고살기 위해 억척스럽게 살지 않으면 안 될 정도로 어려웠던 그 시절. 눈을 씻고 찾아봐도 융통성이라고는 전혀 없는, 할머니의 말을 빌리자면 가진 것이라고는 불알 두 쪽밖에 없는 샌님 같은 남편을 의지하기에는 입 벌리고 쳐다보는 자식들을 굶겨 죽일 것만 같아 생활 전선에 뛰어들어 시작한 일은 보따리 장사. 간과 쓸개는 집에 두고 이 집 저 집 기웃거리며 당신처럼 없는 놈들 등골 빼먹는 것도 못할 짓이었단다. 그렇게 모진 고생을 하며 억척스럽게 돈을 모으고 그 돈으로 땅을 사고 치열하게 살았다던 신파극 같은 할머니의 처절한 삶의 현장 이야기는 눈물 없이 들을 수 없었다. 순정의 처녀 적 삶을 서럽게 그리워하며 억척스러워진 당신의 삶이 기구하기만 했단다. 당신이 어렵게 살았던 탓일까. 어려운 사람을 어루만져 주고 인정을 베풀었던 할머니. 길손에게 기꺼이 따뜻한 밥 한 그릇 내줄 수 있는 마음의 여유로

움까지, 할머니에게서 인정을 배웠다고 해도 지나치지 않으리라. 투박한 할머니의 손에서 탄생한 팥죽과 콩죽, 손두부 그리고 한여름 더위를 시켜 주었던 콩국물까지 맛없는 게 없었다. 인심 또한 후했던 까닭에 할머니의 음식은 이웃들과 길손에게 상냥한 맛으로 전해졌다. 비가 내리는 오늘 같은 날, 할머니가 상냥하게 빚은 호박 만두 한 그릇 먹었으면.

● ● ●
향수병

  알은 둥지에서 어미 새의 따뜻한 온기를 받고 태어나 일정한 시기가 되면 어미 새를 떠나 새 둥지를 튼다. 엄마 배에서 태어난 아기는 엄마 젖이 되었든 분유가 되었든지 간에 엄마 품에 안겨 사랑을 듬뿍 받으며 성장하게 된다. 사람도 여느 짐승과 마찬가지로 일정한 시기가 지나면 떠나기 마련. 가슴이 녹아드는 슬픔을 눌러가며 손을 흔드는 어머니의 마음과는 달리 손을 흔드는 건지 내젓는 건지 모르는 애매함으로 안녕을 고하는 자식은 그저 무덤덤할 뿐이다. 부모와 자식 간의 관계가 실처럼 툭 하고 끊어버리는 관계가 아니다 보니 각자의 생활에 충실하며 살다가도 문득문득 짝사랑처럼 생각나고 걱정되기 마련이고 적절한 표현을 전하지 못하는 부담감에 미안해하는 것 또한 인지상정인 것을. 뒤도 안 돌아보고 제가 살던 둥지를 다시 찾지 않는 사람 구실 못하는 뻔뻔한 인간이 아닌 다음에야 어찌 인연의 끈을 놓을 수 있단 말인가. 당연히 부모는 자식을 그리워하고 자식은 부모를 그리워할 수밖에 없는 것이 세상 이치라는 생각이 든다.

  2년 동안 같은 공간에서 함께했던 원어민 선생님이 다음 해에도 있겠다는 기약을 어기고 고향인 미국으로 돌아간단다. 떠나기까지 몇 개월이 남았지만, 동료 모두 갑작스러운 발표에 아쉬워했다. 새 진로를 찾아 필요한 공부를 하겠다는 것이 미국으로 돌아가는 이유라지만 속내를 알고 난 뒤에는 더 마음이 짠하고 가만히 다가가 안아주고 싶었다. 갈 수밖에 없는, 가야 나을 수 있는 향수병에 걸려버린 것이다. 한국이 좋아 김치와 매운 음식도 스스럼없이 집어 먹던 모습이 떠올라 어찌나 측은하던지, 엄마가 있는 고향으로 돌아가고 싶다는 말을 들었을 때는 애잔하기까지 했다. 얼마나 그리웠을까. 향수병이라는 것이 같은 나라 안에서도 충분히 걸리는 병인데 타국에서 앓는 향수병은 오죽할까 싶다. 원어민의 마음을 충분히 알고도 남는다.

  그 몹쓸 향수병을 나도 크게 앓았던 때가 있었다. 군인이었던 남편을 따라 전국 안 다녀 본 곳 빼고 이곳저곳 다 다녀봤을 정도로 이사가 잦았었다. 16년 군 생활을 하면서 열여섯 번을 했으니 일 년에 한 번꼴로 이사를 한 셈이다. 손가락보다 더 큰 지네가 천정이고 벽에서 수시로 튀어나와 늘 긴장해야 했던 여수, 대도시의 부산, '원통해서 못 살겠네, 인제 가면 언제 오나'라는 말로 유명한 강원도 원통 등 충청도 지방만 빼고 산골짜기건 도시건 간에 상관없이 국가의 명령에 따라 굵직굵직한 지방은 다 다녀봤다. 어렸던 큰아들은 이사에 익숙해 그런지 일정 시기가 되면 이사 언제 가냐며 물었다. 친구들과 정들만 하면 보따리를 싸다 보니 큰아들은 초등학교 단짝 친구가 없다. 늘 큰아들에게 미안한 부분이다.

1년도 안 되게 살았던 부산에서의 생활은 최악으로 기억된다. 부산이 고향인 분들에겐 미안한 얘기지만, 군인 아파트가 없어 일반 주택에 전세로 살았는데 옆집과 손이 닿을 정도로 너무 붙어 있어 문을 열어놓고 살 수도 없었고 안방은 옆집에 가려져 한낮에도 불을 켜고 살아야 할 정도로 음침하고 컴컴했다. 게다가 부산 인심이 서울깍쟁이보다 더하면 더했지 절대 덜하지 않았는데 양보라고는 털끝만큼도 없는 부산 사람들의 운전 습관만 보더라도 붙일 정이 없었다. 이웃도 사귀지 못했고 아침에 출근한 남편만 아이와 함께 앉아 종일 기다리는 처량한 신세를 보내기 일쑤였고, 그나마 조금 숨통이 트였던 것은 지척에 친정 작은아버지가 계셔서 일부러라도 들러 주시고 우리도 놀러 간 덕분에 타지에서의 외로운 생활에 그나마 위안 삼을 수 있었다.

향수병이 찾아온 곳은 강원도 인제에서였다. 지금도 잊히지 않는데 창원에서 받은 다음 발령지는 강원도 인제였다. 손 없는 날을 피해 이사 다니는 신세도 아니라 이삿짐센터 차량만 확보되면 보따리를 쌌다. 밀레니엄을 맞는다고 전국이 떠들썩하던 1999년 12월 31일, 우리는 강원도 인제 골짜기에 자리 잡은 아파트로 이사를 했다. 공기 좋고 물 맑고 시골 인심 나쁘지 않은 촌 동네가 싫지 않았다. 단지 버스가 자주 다니지 않는 원활하지 못한 교통 문제 때문에 운전을 배우지 않았을 때였으니 읍내로 나가는 일은 불편을 감수해야 했다. 답답할 정도로 빽빽하게 둘러싼 산이 흠이라면 흠일까, 봄날 저녁이면 개구리 소리가 남들은 소음이라고 했지만, 고향에서 듣는 것처럼 정겨웠고, 한여름의 열대야는 느끼지 못할 정도로 시원했다. 가을로 아름답게 물든 산과 들은 만추의 설악산 못지않았으며 온 천지가 눈 덮인 겨울 풍경은 또 얼마나 절경이었는지 사계절이 나무랄 데 없이 마음에 쏙 들었다. 내가 자란 시골과 닮아도 너무 닮은 그곳이 푸근하고 정겨웠지만, 그런 이유에서인지 그만 향수병이 찾아오고 말았다.

군인 가족생활이라는 게 한곳에 정착하며 사는 것이 아닌 그야말로 떠돌이 생활이다. 정 붙일 만하면 떠나고 새롭게 사귄 사람들과 친해질 만하면 또 다른 곳으로 가야 하는 신세, 그래도 동병상련이라고 타지에서 같은 마음으로 군인 가족끼리 어울리고 친하게 지내는 것이 그나마 고향을 잊고 살아가는 데 힘이 되고 위로가 된다. 또한, 든든한 남편이 있고 아이들 키우다 보면 시간은 금세 지나가기 마련이다. 향수병이 찾아들지 못할 정도로 지루한 나날을 보내는 것도 아닌데 몹쓸 고향에 대한 그리움이 마음속에 떡하니 한자리 차지하고 들어서는 바람에 눈물로 찔끔찔끔 흘리는 일이 잦게 되었다. 이웃의 군인 가족이 찾아오는 것도 싫었고 두 아들을 학교와 유치원에 보내고 나면 문을 꼭꼭 걸어 잠그고 청승을 떨었다.

오직 생각나는 것은 고향. 수없이 걸었던 집으로 이어진 신작로와 오솔길이 그리웠고 형제들과 함께 장난치며 놀았던 때가 그리웠다. 해 질 녘 마을 어느 집 농부가 태우는지 베란다 창문을 뚫고 스멀스멀 들어오는 나무 타는 냄새는 왜 그렇게 좋은지, 친정집 안방 아궁이에서 탁탁 소리를 내며 타는 참나무 냄새와 동일시되어 더욱 고향을 생각나게 했다. 더 참을 수 없는 존재, 엄마였다. 엄마의 품 냄새와 손길이 그리웠다. 땀 냄새와 옷에 스며든 불 냄새가 적절히 조화되어 나는 엄마에게서만 맡을 수 있는 특유의 냄새를 한 번만 맡는다면 속이 뻥 뚫릴 것 같았다. 친정에서 부쳐 온 김치가 담겼던 상자에 적힌 '파주 지내울'이라는 글자가 왜 그렇게 반갑던지 꿈틀대는 지렁이처럼 천천히 썼을 엄마의 글씨체가 투영되어 한참 동안 주소 한 줄을 만지고 만졌다.

멀리서 놀러 오겠다는 친정 동생의 통보가 있으면 며칠 전부터 흥분됐다. 좁은 공간이지만 모처럼의 대식구가 부쩍부쩍 들끓으면 그렇게 좋을 수가 없었다. 보내고 난 뒤 더 잘해주지 못한 미안함도 컸지만 떠나고 난 뒤의 휑한 집안 분위기가 싫었다. 천진한 아이들마저도 이모와 사촌들이 덮고 간 이불 냄새를 맡으며 이불에서 이모 냄새가 난다며 아쉬워했고, 여행 보따리 속에 내 몸을 숨겨 동생 차 편으로 가지 못한 것이 아쉽고 아쉬웠다. 엄마와 형제들, 나를 키운 빨간 기와집만 생각해도 눈물이 주르르 흐르기 일쑤였던 날들. 밥을 씹어도 모래알을 씹는 기분, 엄마가 손수 지은 고슬고슬 윤기 나는 밥 한 공기만 먹어도 입맛이 돌아올 것 같았다.

언제까지 향수병에 매달리며 살 수 없어 단박에 훌훌 털지는 못했어도 흐르는 시간 속에 차차 마음을 달래고 묻히게 되었지만, 타지에서 최고로 길게 살았던 강원도에서의 5년은 그리움에 운 날이 많았던 곳으로 지금도 기억되고 있다. 원어민 선생님도 나와 비슷한 그리움에 시달리고 있을 것이다. 미국에서 엄마가 다녀간 지 오래되지 않은 터라 엄마를 보내고 난 뒤의 허전한 마음이 더욱 향수병을 불러일으켰을 것이다. 본인의 거듭날 수 있는 좋은 기회에 응원의 박수를 보내고 싶다. 어찌 됐든 돌아가는 그 날까지 향수병에서 하루빨리 벗어나기를 바라본다.

02부

신 싸 롱 칠 공 주

가슴 뛰는 삶
— 가슴 뛰는 인생 제2막

　일주일 전 큰아들이 입대를 했다. 얼떨결에 연병장 안으로 밀어 보낸 뒤 당분간 아들을 볼 수 없다는 사실을 뒤늦게 깨달으면서 안아주지 못하고 보낸 것이 아직도 가슴 찢어지는 아픔으로 남아 있다. 아들이 쓰던 텅 빈 방에서 지워지는 아들의 냄새를 맡으며 아들의 흔적을 찾아내는 것이 우선이라는 생각에 열심히 돌아가는 동영상 속 교수님의 움직임도 교과서의 글자들도 허공으로 흩어져 버렸다. 이대로 있다가는 시간 속에 갇혀 정신 못 차리고 허우적거릴 것 같아 자신을 위로하고 다시 정신을 차리기로 했다. 인제야 겨우 교수님의 강의와 교과서 내용이 머리로 들어오기 시작했다. 1분 1초가 아까운 지금 일주일간의 시간은 나름대로 사랑하는 우리 아들을 위한 값진 시간으로 간직하리라.

평정심을 찾고 일상으로 돌아온 지금, 요즘처럼 하루 24시간의 단 1초라도 귀중하지 않은 날이 없다. 정신없이 아이들 낳아 키우는 시간과 과정은 흐뭇함과 사랑의 교감이 오가는 시간이었다면, 지금의 시간은 오직 나 자신을 위해 투자해서 얻어내는 시간이라고 할까? 다시 시작한 공부. 죽기 전까지 대학 문은 넘어보고 죽었으면 좋겠다는 생각은 고등학교 졸업하면서 다시 공부를 시작하기까지 늘 가슴에 품었던 바람이자 간절함이었다. 인생 제2막이 시작된 것이다.

서점이나 도서관에 들어가는 것만으로도 즐거운 비명이 나올 정도로 책을 좋아하는 나는, 올해 방송대를 선택했고 망설임 없이 국문학과를 지원했다. 친정엄마에게는 숨기고 시작한 대학 생활이었다. "애들이나 잘 키우지, 그 나이에 무슨 공부냐?"라는 말이 불호령처럼 떨어질 것 같았기 때문이었다. 엄마와 고등학교 3학년 때부터 빚어진 대학 진학 문제는 두고두고 엄마를 향해 원망과 서운함이 앙금처럼 남아 있었고, 엄마는 엄마대로 내가 공부 얘기라도 하게 되면 표정이 굳어지고는 했다. 계속해서 엄마에게 섭섭함을 보인 것은 어쩌면 엄마의 사과를 받고 싶어서였는지도 모른다. 얼마 뒤 우연히 알게 된 엄마는 예상과는 달리 첫마디가 "내가 죽기 전에 해 줘야 할 일을 네가 하는구나. 미안하다."였다. 엄마의 그 한마디는 얼었던 마음의 응어리를 녹아내리게 했다.

직장과 병행해야 하는 부담감과 공부 시간이 부족하다는 것이 큰 걱정이었다. 다행히 새벽 5시에 일어나 책을 읽는 습관 덕분에 일찍 일어나는 어려움은 없었고 한 시간을 더 앞당겨 4시에 일어나 공부를 했다. 얼마간은 한 시간 일찍 일어났다고 몸이 짜증을 부리기도 했지만, 며칠 버티고 나니 적응이 되었다. 그리고 퇴근 후 저녁을 먹으면 TV는 거의 보지 않고 애들 책상이 비면 거기에 앉고, 아들에게 책상을 빼앗지 못했을 때는 식탁 위에 앉아 공부했다. 자신감으로 충만했던 공부가 자만심으로 바뀌었는지 쉽게 생각하고 기말고사를 준비했지만, 장학금을 받을 수 있는 상위 7% 이내에는 들었어도 자신 있던 여러 과목에서 예상보다 낮은 점수를 받는 바람에 한동안 속이 상해 있기도 했다. 일반적인 대학 생활이 아닌 직장 다니면서 주로 방송 강의와 교재로만 의지해 공부해야 하는 특성상 스스로 열심히 해야겠다는 각오 없이는 절대로 좋은 점수를 얻을 수 없는 것이 방송대학교의 특징이다.

가족의 응원과 격려가 있을 때마다 쑥스럽기도 하고 별것 아니라고 받아넘겼지만, 마음속에서는 나 자신이 무척 대견스러웠다. 정상적으로 캠퍼스에 나가 강의를 듣는 일반 대학생에게는 방송대 공부가 별것 아니고 우스울 수도 있을 것이다. 다짐하고 덤빈 공부였지만 방송대 공부가 절대 쉽지 않다는 것을 알았다. 수준도 높고 혼자 공부하며 실력을 쌓아야 하는 부담, 개인에 따라서 살림하랴, 직장 다니랴 이중·삼중적인 부담을 안으면서 공부하는 것은 말처럼 쉬운 일이 아니다. 힘들지만 다시 공부하고 있다는 사실 하나만으로도 가슴이 뛴다. 가끔 나 자신에게 주문을 건다. '정수야, 잘하고 있어. 엄마를 원망하면서까지 네가 그렇게 하고 싶었던 공부잖아. 힘내. 너를 응원해 주는 가족이 있고 네가 행복해하는 모습이 얼마나 좋니? 넌 잘할 수 있어. 이 열정 그대로 하면 되는 거야.'

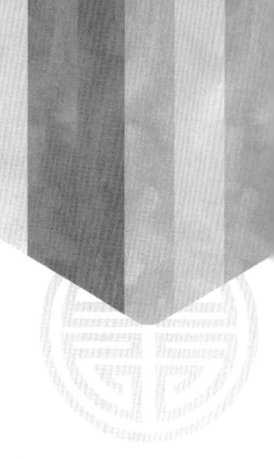

가을 단상(斷想)

　피할 수 없는 한철 무더위와 열대야에 기운이 소진되어 허덕대고, 무섭게 퍼붓는 폭우의 위력에 기가 꺾여 뻥 뚫린 하늘을 향해 결실의 대가로 땀을 선사한 동생의 논밭만은 제발 무사하게 해 달라고 기도하며, 그렇게 짧은 계절을 길게 보낸 것 같은 여름. 올해 여름은 늦게까지 긴 더위가 지속할 거라는 기상청 예보만 믿고 있다가 갑자기 선선해진 기온에 당황하며 부랴부랴 가을옷을 꺼내 입었다. 기세등등하게 주인의 자리를 지키던 여름의 위엄은 사라졌지만, 계절의 끝자락에 아슬아슬하게 아웃사이더로 걸터앉은 더위가 간혹 가을 옷차림을 무색하게 만들고는 한다. 여름이 양보한 그 자리에 가을이 말없이 아주 자연스럽게 들어서고 있다.
　가을. 가을. 아무리 불러 봐도 질리지 않을 '가을'이라는 단어. 언제 들어왔는지 화단 틈바구니에서 제 몸을 숨긴 가을 풀벌레는 소리를 뽐내고 싶은 욕심만큼은 저버리지 못하고 새벽녘에 유독 울어대고 있다. 저 작은 몸집에서 어떻게 저런 우렁차고 청아한 소리가 나올 수 있을까? 풀벌레가 토해내는 향연에 빠져드는 것도 잠시, 또 다른 그 무언가가 마음 한자리를 비집고 들어와 어수선하게 만든다. 왠지 시간을 재촉하는 야속함이라고 할까, 밥투정하는 아이처럼 먹고 싶지 않은 나이를 억지로 먹어야 하는 거북스런 기분과 또 뜯어내고야 만 몇 장 남지 않은 얄팍해진 달력을 보고야 만다.

시간의 지배자는 침묵을 지키며 오늘도 나에게 가용의 시간을 허락했다. 평범한 일상이지만 하루의 감사를 잊지 않는다. 공부와 책을 마음에 두고자 시작한 이른 기상. 이제는 일상이 되어 새벽 4시에 눈을 뜨고, 구식 입맛 탓에 쓰디쓴 '아메리카노'보다는 프림과 설탕이 가미된 커피 한 잔과 함께 조용한 분위기에서 두 시간여 책을 읽는 것으로 나의 싱그러운 아침은 시작된다. 반복되는 일상이지만 그 어느 때보다 지금의 '나'로 사는 즐거움이 큰 요즘이다. 오롯이 나를 위해 시간을 투자하는 기쁨, 나를 위한 것들—요가·헬스·독서·글쓰기는 가족 그 이상의 선물이다.

존재해야 하는 또 다른 이유가 우리 칠 남매 때문이 아닌가 싶을 정도로 우애로 똘똘 뭉쳐져 하루가 멀다고 아버지를 주제로 엄마를 주제로 우리가 살아온 지난날을 주제로 이야기하고, 때로는 무작위로 선택한 특정 인물을 가십의 대상으로 삼아 이야기가 아닌 수다가 되어 버리기도 하지만 어쨌든 내 주위의 모든 것을 '알아차림'으로 인식할 때면 '촌년 윤정수, 너 참 많이 세련돼졌고 삶을 즐기고 있구나'를 느낀다.

좋았던 기억들, 떠올리기조차 싫은 어둠의 기억들조차 지금의 나를 지탱해 주는 좋은 밑거름이 되었다. 잃어버린 과거는 안타까운 미련을 낳기 마련, 감상에 젖게 하는 지난날의 시간은 그 얼마나 소중한가. 추억을 먹고 사는 이 나이에 머리가 커 버린 자식들보다는 유년을 함께했던 내 형제들이 더 애틋한 이유인지 모르겠다. 나 자신 내세울 정도로 잘한 것도 없고 잘나지도 않았기에 과거를 보상받고 싶은 생각은 없지만, 소박하게 살아온 삶과 간혹 못난 행동은 했을지언정 남의 눈에 피눈물 나게 한 파렴치한 행동은 안 하고 산 그야말로 '열심히 산 죄' 밖에 없기에 과거로 돌아가고 싶은 욕심을 굳이 숨기고 싶지 않다.

"사십까지가 인생이고 사십 이후부터는 여생이다."라고 표현한 시인 피천득의 말이 곱씹게 들릴 수밖에 없는 100세 시대를 사는 지금 내게도 있었던 청춘이 사라졌다는 것은 슬픈 일이 아닐 수 없다. 몸살처럼 앓은 사춘기와 두 번 다시 돌아오지 않을 아름다움으로도 표현하기조차 아까운 '청춘'의 시간이 내게도 있었지. '첫사랑은 이루어질 수 없다'는 말처럼 첫사랑의 아픔도 겪었지만 아픔만큼 정말 성숙해졌는지는 글쎄······. 분명한 건 뜬구름 잡듯 허공에 대고 헛손질을 해댄 시간이 너무 길었다는 사실이다. 무엇을 잡으려 했던 것일까? 유년은 철부지 없기에 용서할 수 있었겠지만, 성인이던 그때는 왜 목적 없이 방황하며 청춘을 보냈었을까? 목적의식은 없고 안일함만 추구하려 했던 청춘의 시기, 만약 목적만 뚜렷했더라면 내 삶은 달라졌을 것이다. 어제의 일도 후회스럽기는 마찬가지지만 저 멀리 과거를 돌아보면 뼈에 사무치도록 후회로 가득하다. 지금 다시 30여 년 전의 그때로 돌아갈 수만 있다면, 나는 실패하지 않고 성공한 삶을 살 수 있으리라. 단, 조건이 있어야 한다. 지금 이 마음과 다짐을 기억한 채 되돌아가는 것.

먼저 사십 줄에 비로소 시작했던 대학 공부를 정상적인 궤도대로 스무 살에 시작해 캠퍼스의 정원을 누빌 것이며 꿈까지 이루게 해 준다면 교사가 되어 있으리라. 좋아하는 사람과 데이트도 하고 혼자 만의 여행을 즐길 것이다. 겨울 바다를 보고 만추의 산을 오르며 우리나라 구석구석을 다니며 여행을 원 없이 즐기리라. 기타와 데생을 배우리라. 결혼은 틀림없이 할 것이지만 절대로 일찍 하지 않을 것이다. 아이를 낳아 지금보다 더 잘 키워보리라. 삐뚤어진 교육관으로 아이들을 강압적으로 키웠던 때를 반성하고 있는 지금, 공부보다는 흙을 많이 만지며 뛰어놀 수 있게 할 것이며 예술을 사랑하는 아이라면 돈이 많이 든다 해도 그 방면으로 키울 것이다. 결혼하지 않는 종교인으로서의 삶을 선택한다면 흔쾌히 찬성하리라. 그리고 절대로 하지 않을 행동, 시험을 못 봤다고 회초리—여기서는 회초리보다 매가 되겠지—를 들지 않을 것이다. 얼마나 발칙한 바람인가?

1년 만에 맞이하는 가을, 물질적인 것들의—단풍이 들고 낙엽이 지고 살이 통통하게 오른 벼가 겸손히 고개를 숙이는—가을을 작년과 마찬가지로 보겠지만 마음으로 찾아오는 가을은 2년 전의 가을이 1년 전과 다르듯 이 가을도 다르리라. 마음이 좀 더 성숙해진 가을을 보냈으면. 내가 아는 모든 이에게 가을 안부를 전하고 싶은 그런 날, 잡념인지 모르나 이런저런 생각이 많아지는 가을에 잠시 단상에 빠지는 그런 날, 바로 오늘이다.

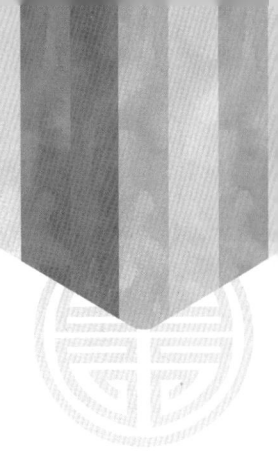

그림자가 만든 손가락 동물

　매년 여름이면 심심치 않게 뉴스거리로 나오는 정전 사태. 선풍기나 에어컨에 의지해 잠을 자야 하는 무더운 여름날 하필 아파트 정전이 될 게 뭔지, 뉴스 속 인터뷰하는 입주민의 목소리는 욕만 안 했을 뿐이지 단단히 뿔딱지가 나 있다는 걸 알 수 있다. 다행으로 이런 상황이 내가 사는 아파트에서는 한 번도 일어나지 않은 터라 저 사람들의 마음을 다 안다고는 할 수 없지만 짜증 나는 더위를 더 짜증 나게 하는 것만은 틀림없다. 세상 좋아진 요즘에도 정전 사태가 왕왕 일어나고 있는 이유는 전력 공급보다 전기 수요가 크기 때문이다. 가정마다 에어컨 보급이 늘어난 데다 점점 뜨거워지는 여름을 식혀 줄 대안이라는 게 선풍기 아니면 에어컨이다 보니 당연히 일어날 수밖에 없는 현상일 것이다.

　세상 살기 좋은 지금도 이렇게 시대에 뒤떨어진 정전으로 인해 마음 구기기도 하는데 어려서 정전은 밥 먹듯이 일어나는 늘 있는 일상적인 현상이었다. 비가 오는 굳은 날이면 경험에서 깨달은 것은 곧 정전이 될 거라는 사실이다. 그래서 누가 시키지 않아도 먼저 생각한 사람이 초를 꼭 챙겨 두고는 했다. 날씨에 영향을 받지 않은 멀쩡한 날에도 갑작스럽게 정전이 되고는 했는데 가정에서 필수품으로 꼭 챙겨놓아야 하는 것 중 하나가 초였다.

정전이 길어지는 시간에는 쉽게 오지 않는 잠을 억지로 청하지 않고 할머니의 옛날이야기를 듣는다거나 손가락을 이용한 그림자놀이를 하고는 했다. 벽에 나타난 여우, 새, 소, 오리 등을 만들어도 보고 전혀 비슷하지 않은 동물의 형상이라고 빡빡 우기는 통에 형제간 다툼이 일어나고는 했지만, 지루한 시간을 보내기에는 이것만 한 것이 없었다. 벽에 비치는 손가락 형상이 거기서 거기겠지만 유독 손가락이 긴 동생이 만든 동물은 내 것과는 전혀 달랐다. 벽에서 춤을 추는 자식들의 손가락 동물 움직임에 구경하는 아버지가 투박하게 새를 만들어 날갯짓하면 덩달아 새를 만들어 나는 흉내를 내고는 했다. 추억이 있는 놀이라선지 결혼해서도 어린 두 아들과 밤에 곧잘 그림자놀이를 하고는 했다. 지금은 하고 싶어도 이런 놀이를 같이 즐기기에는 아이들이 커버렸다. 게임을 즐기는 아이들을 볼 때마다 아쉬운 마음이 드는 이유도 내 아이들과 함께했던 과거가 돼버린 이런 놀이가 그리워서인지도.

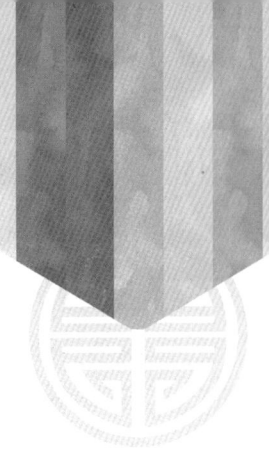

낭만 겨울

　영롱했던 하늘이 갑자기 변덕을 부리더니 금세 눈을 뿌렸다. 올겨울은 얄미울 정도로 유난히 춥더니 눈 소식도 잦다. 퇴근을 앞둔 시간이다 보니 여기저기서 퇴근길을 걱정하는 볼멘소리가 터져 나온다. 나야 차가 없는 신세라 눈길에 차바퀴가 제대로 굴러갈 걸 걱정이야 없지만 차를 가지고 다니는 남편이나 아들 퇴근이 걱정돼 그칠 기미 없이 눈을 뿌려대는 하늘을 야속하게 바라본다. 아마 내 걱정처럼 두 남자도 퇴근을 걱정하고 있을 것이다. 어느 지역보다 제설작업이 잘되는 편이지만, 사각지대는 항상 눈길 사고가 도사리고 있다 보니 눈이 내렸다 하면 운전자나 그 가족들은 비상 아닌 비상이다. 낭만의 대명사 눈이 이럴 때면 천덕꾸러기 신세인 건 어쩔 수 없나 보다.

　'눈'이라는 것이 비와는 달리 백색의 깨끗함과 순수함의 이미지까지 더해 낭만과 감성적인 기분을 갖게 하지만 이건 어디까지나 추상적일 뿐 현실은 전혀 그렇지 않다. 바람에 이리저리 제멋대로 날리는 당최 힘이라고는 눈을 씻고 찾아봐도 없지만, 저들끼리 똘똘 뭉쳐 힘을 발휘하면 건물까지 허무는 대단한 위력의 소유자다. 순백의 눈이 내리면 난 아직도 사춘기 소녀의 마음처럼 두근거리고는 한다. 내 마음이 야누스 같은 건지 아니면 눈이 야누스적인지 모르겠지만 눈이 두 얼굴을 가진 건 분명한 것 같다.

여전히 내 가슴과 머리가 기억하는 겨울의 눈은 '낭만적'이라는 것이다. 너무 과장된 표현일지 모르지만 나는 눈에서 경외감까지 느꼈었다. 20대 초반에 가졌던 그 경외심을 안타깝게도 그 후로는 다시 가져보지 못했다. 어제 본 듯 분명히 떠오르는 그 기억. 결혼하기 전까지 부지런히 다녔던 투박하고 지루할 정도로 길었던 시골길. 하지만 눈 온 뒤 길 위의 풍경은 전혀 다른 모습을 했다. 하얗게 바뀐 풍경. 눈이 그친 뒤 차분하게 가라앉은 들판은 보석을 박아놓은 듯 유리알같이 반짝이고 백석 시인이 메밀꽃을 소금에 비유했다면 나는 이 눈을 흰 설탕에 비유하리라. 백설이 가슴을 요동치게 할 정도로 영롱해 감사의 눈물로 보답하고 싶을 정도로 황홀한 지경이었다. 그 생생한 순백의 아름다운 풍경은 어느 것과 절대 비교할 수 없다. 전혀 다른 나쁜 이미지를 만들어 내는 눈에 대한 기억들, 가령 사람이 많이 지나다니는 눈길에서 미끄러져 웃음거리가 됐던 일이나 차를 끌고 가다가 미끄러지는 통에 위험에 빠졌던 일과는 비교하기 싫다. 아름다운 것만 기억하고 싶을 뿐이다.

그때는 눈도 자주 내렸고 내렸다 하면 폭설일 정도로 많이 내렸다. 온종일 눈이 내리는 날은 모든 식구가 눈 치우느라 바쁘기도 했지만, 별식을 만들어 먹는 날이기도 했다. 늙은 호박으로 호박죽을 쑤어 먹거나 이웃들과 나눠 먹을 정도로 푸짐하게 만두를 빚어 끓여 먹고는 했다. 비탈진 좁은 길을 치우는 수고는 식구 모두의 몫이었다. 당시 할아버지는 풍을 앓고 계셨는데 눈이 내리는 날이면 그 불편한 몸으로 직장에 나간 둘째 언니를 위해 먼 신작로까지 길을 내고 혹시나 손녀가 도깨비가 아닌 눈에 홀리기라도 할까 봐 어둡고 추운 겨울밤을 작대기에 의지한 채 마중을 나가고는 하셨다.

깊은 산골은 아니지만, 산으로 둘러싸인 시골의 겨울은 금세 해가 떨어졌고 게다가 눈이 내리는 밤은 왜 그렇게 스산하던지 늦은 밤이면 뒷산인지 앞산인지 모를 어디선가 짐승의 울부짖는 소리에 잠을 설치기도 했다. 늑대 울음소리처럼 기분 나쁘게 들리는 그 짐승을 어른들은 마승갱이라는 놈이라고 했지만 직접 본 적은 없다. 그 마승갱이라는 놈이 행여 울타리를 넘어 방문을 확 열고 들어와 날카로운 입으로 우리 가족을 잡아먹지 않을까 하는 공포감에 시달리기도 했다. 날이 새기가 무섭게 언니와 동생을 깨워 아직 사람의 발자국이라고는 전혀 찍히지 않은 집 주위를 돌며 어느 집 똥개가 이미 왔다 간 발자국인지도 모를 일을 밤새 마승갱이가 왔다 갔다고 호들갑을 떨기도 했다. 눈 못지않게 특별했던 겨울의 냄새. 아궁이에서 나오는 나무 타는 냄새와 툇마루 화로에서 굽던 자반 굽는 냄새는 어느 계절에 맡는 냄새와는 달랐다. 뭐라 표현해야 할까? 조금씩 조금씩 사방으로 깊게 퍼지는 냄새. 그 냄새들과 어우러진 지질이 궁상스럽다고 느꼈던 그때의 내 모습, 지금은 궁상스럽게 그 기억을 더듬는다.

냄새 기억 전달자

 '거꾸로 매달아도 국방부 시계는 돌아간다'는 말처럼 사람을 통째로 집어삼킬 것 같은 끔찍했던 여름 더위가 시간을 거역하지 않고 때를 알고 물러났다. 대기는 더없이 맑고 투명한 가운데 강렬한 태양 아래 서 있어도 어디 한여름 같을까, 그지없이 높은 하늘이 아름다운 요즘이다. 아직 시간은 새벽, 여름과 다르게 밖은 아직 어둑어둑하다. 요즘은 아침마다 집 앞에 있는 남동생의 논을 바라보는 재미가 쏠쏠하다. 어제와 또 다르게 변한 누렇게 익어가는 벼를 바라보며 농부의 자식이라는 사실을 숨길 수 없다. 계절을 알아챈 풀벌레는 베란다 어딘가에 숨어 열심히 울어댄다. 풀벌레 소리에 맞춰 열어 놓은 창문 틈으로 익숙한 새벽 공기가 신선하다. 어디서 느껴봤던 그 익숙함. 그래, 바로 새벽이슬을 맞으며 풀숲을 헤쳐가면서 알밤을 주웠을 때 그 새벽 공기다.
 풀벌레의 소리도 이 새벽 공기도 오래전부터 듣고 느꼈던 익숙한 것들이다. 가끔 나는 냄새를 통해 잊고 있었던 과거로의 냄새를 찾아내고는 한다. 절대 잊을 수 없는 것들. 양식을 파는 음식점 앞을 지나칠 때 코끝을 자극했던 그 특유의 냄새는 우체국 교환원으로 있던 큰언니가 놀러 온 어린 동생들을 위해 자취방에서 해주던 음식 냄새였다. 향신료 냄새인지 모를 그 냄새를 놀랍게도 뇌가 기억하고 있었다. 가끔 물가 옆을 지날 때의 비릿한 냄새는 분명히 익숙한 냄새다. 어디서 맡았던 냄새였을까, 떠오를 듯 하면서도 도무지 기억 나지 않아 그대로 묻어 둔다. 그러던 어느 날 요란하게 내리는 빗물이 학교 운동장에 작은 내를 이루고, 코끝에 스친 물비린내가 묻어 두었던 그 냄새를 끄집어냈다. 아, 그 냄새였다. 유년 시절 여섯 살 터울 남동생과 장마가 한창이던 여름날, 물고기를 잡으러 개울에 나갔다가 거센 물살에 무섭게 떠내려가는 남동생의 하얀 고무신 한 짝을 잡으려다 넘어지며 코로 스며든 그 비릿한 개울 냄새. 끝내 눈앞에서 사라져가는 고무신을 멀뚱히 지켜봐야 했던 유년의 기억. 기억 또 하나. 저녁상을 물린 뒤 잠시 외출했다가 현관문을 열고 들어온 순간 환기를 미처 시키지 못해 집에 갇혀 있던 묵은지 찌개 냄새. 그것은 어려서 안방 화로 위에서 장에 나간 엄마를 기다리다 졸아버린 그 묵은지 냄새였다. 허기진 엄마의 손끝에서 떨리던 밥숟가락이 묵은지를 건져낼 때마다 그 냄새는 더 강렬했다.

  내가 기억하는 것들은 오롯이 나만의 것들이다. 추억이나 기억은 경험한 사람에 따라서 편향적이고 편의적일 수밖에 없을 것이다. 그리고 같은 경험 속에서 사람에 따라 기억하고 싶은 것만 기억하려는 것은 당연한 일일 것이다. 내가 40년 전의 큰언니가 해주던 음식 냄새를 기억하고 있지만, 그 자리에 함께 있던 셋째 언니와 내 동생은 그 냄새를 기억 못 할 수도 있다. 버스를 타고 큰언니와 함께 갔던 공중목욕탕. 처음 가보는 공중목욕탕에서 옷을 벗는 것이 부끄러워 구석에 숨어 벗은 뒤 김이 모락모락 나는 후끈한 수증기 냄새와 사람들이 벗어 던진 때가 한데 어우러진 목욕탕 안에서의 꿉꿉한 첫 냄새를 잊지 않고 있다. 마른 고춧가루 씨를 태우는 냄새는 기억하고 싶지 않다. 엄마가 아프거나 집에 우환이 있을 때면 할머니는 액운을 막기 위한 방법으로 마른 고춧가루 씨를 집안 곳곳에서 태우셨다. 미신을 맹목적으로 믿으셨던 할머니 나름의 액막이였지만, 실제 효과가 있었는지는 기억에 없다.

 기억하고 싶은 냄새 하나를 더하자면 유년 시절에 이불이 닳도록 맡고 빨았던 이불 냄새다. 빨간색의 잔 꽃무늬가 있는 이불은 하도 맡고 빨아 내 전용 이불이 되었고, 자면서 그 이불 없이는 잠을 못 잤다. 이불 끝에 코와 입을 대고 동시에 맡고 빨면 어찌나 좋던지, 어른들이 나의 버릇을 고쳐 주려고 무진 애를 쓰셨지만 초등학교 들어가서도 고쳐지지 않았다. 자연스럽게 없어지기는 했지만 아직도 그 이불 냄새를 왜 좋아했는지 이유는 모른다. 동생 보느라 젖을 일찍 떼서 그렇다는 어른들의 말을 믿을 수밖에. 냄새만으로 추억이 될 수 있음을 알았다. 다락방에서 나던 쥐 오줌 냄새, 곳간에서 나던 그 특유의 냄새, 농기구와 연장이 걸려 있던 창고에서의 냄새 모두 그리운 것투성이다.

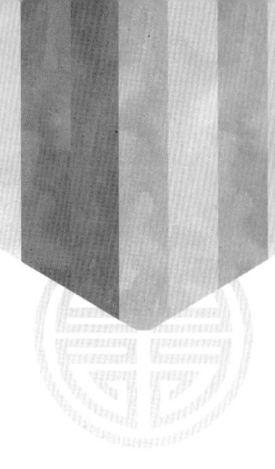

도둑맞은 2cm

　우리 식구는 순댓국을 좋아한다. 퇴근길에 가끔 사 가는 순댓국은 반찬이 부실하거나 국이 없을 때 저녁 식탁을 푸짐하게 한다. 마침 순댓국을 포장해 집으로 오는 길에 이웃집 할머니를 만났다. 인사를 나누기가 무섭게 할머니의 눈은 어느새 손에 들고 있는 순댓국에 멈춰 있다. 얼굴 가득 미소를 머금고 옆에 서 있는 작은아들을 넌지시 보더니 "괴깃국을 많이 먹어서 아들이 키가 크구먼." 하신다. 내 키가 몽당연필처럼 작아서일까 아들이 키 크다는 소리를 들을 때면 언제나 기분이 좋다.

　남편은 친구들에 비해 작은 키는 아니지만, 문제는 몽땅한 내 키였다. 결혼을 하고 임신했을 때 소원했던 몇 가지 중에 하나는 키만큼은 나를 닮지 않게 해달라는 것이었다. 삼신 할매가 나의 바람을 기특하게 여기셨는지 두 아들은 이미 고등학교 때 아버지 키를 훌쩍 넘겼다. 키 큰 두 아들과 함께 나설 때면 천군만마를 얻은 것처럼 든든하다. 두 아들의 키는 180cm가 넘지만, 욕심 많은 작은아들은 5cm가 더 컸으면 좋겠단다. 남자는 군대 가서도 키가 자란다는데 곧 입대하게 될 작은아들의 꿈이 이뤄졌으면 한다.

얼마 전 건강검진을 위해 병원에 갔다. 신장계가 나타낸 숫자 155cm를 보는 순간 내 눈을 의심했다. 고등학교 생활기록부에 적힌 내 키는 157cm. 나이 먹으면 키는 줄게 마련이라지만 벌써부터 줄어드는 현실이 믿기지 않았다. 2cm가 자라도 모자랄 판에 도둑맞은 것처럼 소리소문 없이 사라진 키가 어찌나 아깝던지 순간 촉촉해진 눈을 간호사에게 들킬까 봐 얼른 고개를 돌렸다. 불가능한 줄 알면서도 여전히 내 키가 좀 더 자라길 바라는 허깨비 같은 소원이 한순간 사라지고, 이제는 더 이상 키가 줄지 않았으면 하는 바람을 현실로 받아들일 수밖에 없다는 사실이 서글프다 못해 참담했다. 도무지 부정하려야 부정할 수 없는 내 키는 그야말로 짜리몽땅하다.

유년기 때만 해도 작은 키는 아니었다. 잘 먹지는 못했어도 남들 자라는 것처럼 자랐고, 늘 경쟁 상대였던 아랫집 친구보다 키가 더 큰 것에 대한 자부심도 컸다. 중간은 갔던 키가 차츰 고등학교 때부터 앞줄에 앉은 걸 보면 중학교 무렵에 성장판이 닫힌 것 같다. 요즘 젊은 엄마들은 정보도 빨라 아이가 또래보다 늦게 자라는가 싶으면 미리 성장판을 확인하고 이에 맞혀 약을 먹이든 주사를 맞히든 키가 잘 자라게 조치를 한다. 내 어릴 적에는 먹고살기에 바빠 그저 유전적 요인이려니 겸허히 받아들일 뿐 엄마는 요즘 엄마들처럼 야무진 생각은 하지도 못했고, 나 또한 병원 가자는 소리도 감히 할 수 없었다. 작은 키에 한탄하며 종종 '왜 나를 이렇게 작게 낳았냐'며 엄마한

테 대드는 것이 유일한 화풀이였다. 가끔 내 작은 키가 남편에게 놀림의 대상이 되지만, 어릴 때 못 먹어 작을 뿐이라며 키 큰 두 아들을 앞세워 큰소리친다.

키가 몽땅하다 보니 가급적 굽 낮은 신발은 신지 않는다. 하지만 등산이나 운동할 때는 부득이 굽 없는 신발을 신을 수밖에 없는데 키 작은 콤플렉스가 가장 심하게 느껴지는 순간이다. 찌그러진 깡통처럼 내 몸이 우그러져 땅바닥에 착 달라붙어 눈 밑의 발만 가깝게 보이는 것이 사뭇 서글프다. 이어폰을 꽂고 헬스장 러닝머신 위에서 제법 운동하는 사람 흉내를 내다가도 옆 러닝머신으로 키 크고 늘씬한 여자가 올라올 때면 마음이 무척 불편하다. 이렇다 보니 허리가 좋지 않은데도 불구하고 의사 선생님의 충고 따위 무시한 채 굽 있는 구두를 고집하는 이유가 작은 키를 감춰보기 위해서다.

두 아들을 키워보면서 안 사실이다. 키는 대부분 유전적인 요소라 하지만 꼭 그렇지만은 않은 것 같다. 요즘처럼 풍요로운 세상에 워낙 잘 먹다 보니 부모가 작더라도 아이들은 대나무 자라듯 잘 자란다. 두 아들이 나의 작은 키를 닮지 않고 큰 것을 보면 알 수 있다. 나 또한 친정엄마가 작기에 작은 줄 알았지만, 식성에도 문제가 있었다. 친정엄마는 일제강점기와 6·25동란을 겪은 세대이고 어쩜 전쟁이 끝나기가 무섭게 돌아가신 아버지를 대신해 큰딸 노릇을 톡톡히 해야 했던 삶의 무게가 성장하는 키를 붙잡았는지도 모르겠다. 나의 경우는 먹을 것이 지금보다 부실했기도 했지만, 좋지 못한 편식 습관까지 더해 키가 작은 것이었다.

사실 딸 중에 유독 나만 키가 작다. 어릴 적 일꾼들의 밥 소쿠리를 머리에 이고 나른 이유도 있겠지만 그때나 지금이나 육류를 그다지 좋아하지 않는다. 채식주의자도 아니요, 그렇다고 동물애호가는 더더욱 아니다. 어릴 적 고기반찬이 밥상에 올라오면 밥 한 그릇 들고 상을 등진 채 혼자 김치 쪼가리나 장아찌 하나 놓고 먹었다. 고기 냄새도 싫었지만 고기를 볼 때마다 갈고리에 꽂혀 매달려 있는 동물의 처참한 형상이 떠올라 도저히 먹을 수가 없었다. 누런 코를 옷소매에 훔치던 어렸을 때 동네에서 개고기 잔치가 열렸었다. 동네 아이들이 뼈 한쪽 얻어먹으려 기웃거리자 귀찮았는지 어른들이 하나씩 손에 쥐여 주며 쫓았는데 나도 얼떨결에 하나 받았다. 동네 언니 오빠들이 맛있게 뜯는 모습에 덩달아 쫓아서 뼈에 붙은 살점을 입에 넣고 씹다가 이상한 누린 맛에 속이 뒤집혀 결국은 어른들 눈을 피해 굴뚝으로 가 몰래 버린 기억이 있다. 생선은 좋아했지만 고기는 정말 끔찍하게 싫었다.

　나라가 가난했던 시절이다 보니 요즘처럼 고기를 흔하게 먹는 집은 아주 드물었다. 그나마 있는 집은 우유를 배달해 먹으며 단백질을 보충했다. 그러나 육류를 워낙에 싫어한 탓에 어쩌다 생긴 우유조차 비려 먹지 못했다. 성장에 좋은 것들은 마다하고 푸성귀에 어쩌다가 먹는 달걀이 유일한 나의 영양 공급원이었다. 그러다 보니 넘어질 때마다 곧잘 팔이 부러지곤 했다. 아픔과 겁에 질려 눈물범벅이 되어 할머니 앞에 끌려가면 어그러진 뼈를 강제로 맞춰 주셨는데 그때 느낀 아픔의 통증은 지금도 끔찍하리만치 생생하다. 편식 안 하고 밥 잘 먹는 아이가 잘 자란다는 어른들의 말이 결코 빈말은 아니었다. 그 좋은 예가 두 아들로 식성이 좋다. 결국, 편식의 습관이 나를 짜리몽땅하게 만든 셈이다. 인제 와서 누굴 탓하랴.

  둥근 해는 하루도 거르지 않고 떠오른다. 지구에 있는 모든 만물을 위해 아낌없이 온몸을 불태운다. 몽땅한 나 역시 필요로 하는 곳이 있다. 아침이 밝아오면 난 여전히 굽 높은 구두를 신고 힘차게 출근을 한다. 옛말에 '작은 고추가 맵다'라는 말이 있다. 아마도 야무진 근성을 두고 한 말일 게다. 사회생활 하면서 작은 키로 인해 손해 본 일은 거의 없다. 오히려 왜소하지만 야무지게 일 잘한다는 소리를 가끔 듣곤 한다. 이제는 키 작은 나의 콤플렉스를 하늘 높이 던져 버리려 한다. 키가 작으면 뭐 어때서, 내 욕심일 뿐 남에게 해를 주지 않는데 문제될 건 전혀 없다. 키 큰 두 아들을 낳은 나는 원초적으로 키 작은 유전자를 지닌 사람이 아니다. 비록 겉은 짜리몽땅하지만 마음만은 키다리이다. 도둑맞은 2cm 키의 미련도 아깝지만 미련 두지 않겠다.

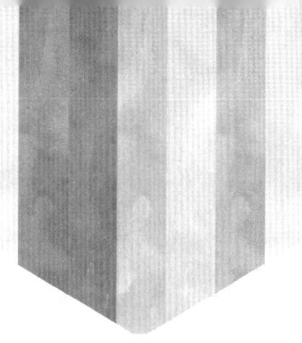

들어봤자 쓸데라고는 없는 수다

둘러앉아 떠드는 여자들의 수다는 스트레스를 풀어주는 보약 같은 것이다. 남편 흉부터 시어머니 흉, 선택받은 불특정 누군가를 가십의 대상으로 삼아 잘근잘근 씹어주는 등 수다거리야 시간이 없어 그렇지 넘치고 넘친다. 충분히 용서될 수 있는 여자들의 즐거운 수다는 자신의 건강과 가정의 평화를 위해서 꼭 필요한 것이라고 변명해본다. 어딘가에서 받은 스트레스를 수다로 털어 냄으로써 에너지가 비축되는 것을 아줌마들은 충분히 이해할 수 있으리라. 이렇듯 쓸데 있는 수다는 스트레스를 푸는 좋은 방법이기는 하지만 때로는 스트레스를 받게 되는 경우도 왕왕 있다. 가령 '아무개가 재산이 얼마를 모았다더라' '아무개는 부동산으로 몇 배 차익을 봤더라' '아무개는 친정에서 유산 상속을 많이 받았다더라' 등등. 나와는 무관한 이야기지만 결코 가볍게 넘길 수 없는 수다거리에 귀를 막고 싶을 때가 있다.

주위에 부동산 컨설팅에 대해 잘 알고 있는 사람도 없거니와 무엇보다 부동산에 투자할 정도로 재산이 많은 것도 아니기에 맞벌이 부부로 욕심 없이 살고 있다. 위험을 무릅 쓰고 모험 한번 해보자는 대담성마저 부족한 탓에 경제 수준은 늘 변함없이 거기서 거기, 마음 비우고 생활에 안주하며 살 수밖에. 한참 부동산 투자하라는 광고성 전화가 왔을 때조차 귀가 솔깃하기보다는 "그렇게 좋은 땅 거기서 사세요."라는 퉁명스러운 말투로 매너 없이 전화를 끊기도 했었다. 상상은 죄가 될 수 없으니 가끔 상상만으로 잠시 행복할 때가 있다. 로또 복권에 당첨되어 넓은 뜰이 있는 전원주택을 구입하고 당당하고 도도하게 은행 문을 열고 들어가 현금 다발을 자랑스럽게 맡기고 형제자매들에게 선심을 쓰는 상상. 아니면 땅값 오를 날만 목 빠지게 기다리던 차에 드디어 금값이 되어 큰돈을 벌게 되는 상상. 너무 현실과 동떨어진 개 풀 뜯어 먹는 소리 같지만 언젠가는 내게도 햇빛이 쨍쨍 비출 날이 오지 않을까. 상상과 현실은 엄연히 다르지만 가끔은 이런 상상이라도 즐기련다.

자식들 출가시킬 나이가 되다 보니 함께 찾아오는 것은 친구 부모님 조문 다니는 횟수가 늘고 있다는 것이다. 머리를 맞대고 친구의 슬픔을 같이하기보다는 아무개는 유산으로 얼마를 받았다더라, 아무개는 얼마짜리 건물을 받았다더라 하는 말을 심심찮게 듣는다. 아들이야 그렇다 쳐도 출가외인인 딸에게까지 재산을 나눠주는 그런 너그러운 가족들이 있다는 것이 조금은 아주 조금은 부러운 게 사실이다.

어려서부터 딸들에게는 절대로 재산 줄 수 없다는 아버지의 습관적인 말을 우리는 거역하지 않았고 눈독 들이지도 않았다. 페미니스트가 아니더라도 작금의 시대에 사는 요즘 여성들이 들으면 이 무슨 해가 서쪽에서 뜨는 경우가 있냐고 하겠지만, 나는 아니 우리 여섯 자매는 이 소리를 커서까지 들었다. 막내로 태어난 일곱째가 그나마 아들이라 나라 좋은 일은 시키지 않아 다행이지만, 딸들은 콩고물도 넘보지 않도록 정신교육을 인이 박히게 받고 자란 탓에 친정 재산 가지고 왈가왈부하지도 않았고 거친 소리조차 내뱉은 적이 없다. 그런데도 친정으로부터 재산 받았다는 소리가 왜 그렇게 부러운지, 지하에 계신 아버지가 알면 경을 칠 년이라고 하실 테고 엄마나 남동생이 알면 겸연쩍어할 일이지만 부러운 마음은 숨길 수 없다. 친정 아버지가 돌아가시고 주위 사람들이 제일 궁금해했던 것 중 하나가 일곱 자식에게 재산이 어떻게 분배될지였다. 그리고 직접적으로 얼마를 받았냐고 묻기까지 했는데, 당당히 "도장 찍어 주고 끝냈어."라고 아무렇지 않게 이야기하는 나의 반응에 오히려 주위 사람들은 저 여자 이상한 거 아니냐는 눈치다. 그런데 얼마 전 친구들과 만나 열심히 수다를 떨다가 한 친구가 열을 올려 가며 자랑을 늘어놓는 바람에 속만 시끄러운 일이 있었다.

  친구 말에 의하면 얼마 전에 큰아들 차를 뽑아 주게 됐는데 친정엄마가 여봐란듯이 한 대 값에 가까운 2천만 원을 주시더란다. 가끔 친정에서 야금야금 돈을 타다 쓰는 건 알고 있었지만 2천만 원이 적은 돈도 아닌데 그런 돈을 딸에게 넙죽넙죽 주시는 친정어머니의 배포가 마냥 부럽기만 했다. 친구 어머니나 내 친정엄마나 같은 시대 사람인데 달라도 너무 달랐다. 형편 어렵다고 친정에 손을 내민 딸도 없었지만, 굳이 친정에서 재산을 꼭 받아야 할 이유도 없다. 그러고 보면 친정엄마는 여섯 딸에겐 인색한 면이 없지 않다. 아니 많이 인색하다고 하는 게 맞겠다. 엄마는 하나밖에 없는 아들네에게는 인심이 후해도 딸들은 남의 집 귀신이 될 출가외인쯤으로 생각하시는 분이다.

분명한 건 친정 부모님이나 그 밑에서 자란 일곱 자식 모두 철저하게 받고 자란 교육의 힘에 입어 보수적인 사고방식과 좋은 게 좋은 거라는 생각을 하고 있다는 것. 떳떳하게 내 손으로 번 돈만이 떳떳하게 쓸 수 있는 것이라는 생각이 좀 위로가 될지 모르겠다. 친정이 못살아 뒷주머니 차서 친정 가계에 보태주는 일은 없으니 남편에게도 떳떳한 데다 이미 남동생에게 넘겨준 계산 끝난 친정 재산에 미련도 가질 필요가 없다. 내 주제에 친정 재산으로 무슨 호사를 누린다고, 객쩍은 소리쯤으로 여기자. 괜한 수다를 떠는 바람에 속만 시끄럽게 만든 쓸데라고는 없는 수다였다.

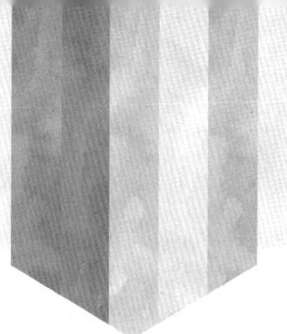

리더가 될 수 없는, 참모로 산다는 것

 새로운 학기가 시작될 때면 학교에서는 반을 이끌어갈 반장을 뽑느라 분주하다. 친구 사이에 눈치작전도 펼 것이고, '김영란법'이 생기면서 사라지기는 했지만, 저희끼리는 당선되면 햄버거를 산다는 둥 물밑 작업을 한다거나 은밀한 거래를 하기도 한다. 예전 같았으면 '반장'은 그 학급의 얼굴이자 담임 선생님 다음으로 파워가 있는 자리였기 때문에 공부는 물론 모범생에다 인물도 출중해야 한다는 고정관념 같은 것이 있었다. 하지만 지금은 공부는 못해도 개성 있고 담임 선생님보다는 반 아이들이 좋아하는 학생이 뽑히는 경우가 많다. 선생님 나름대로 바라는 반장이 있지만, 담임 의도와는 달리 지각 대장에 툭하면 교무실에 불려와 혼이 나는, 일명 말썽꾸러기 학생이 반장이 되는 경우도 왕왕 있다.
 10년을 넘게 학교에서 일하며 느낀 것은 이런 아이들이 반장이 되는 경우는 자리가 사람을 만든다는 말이 틀리지 않았는지 새로운 사람으로 거듭난 듯 반장 역할을 잘 수행한다는 것이다. 하지만 개중에는 습관을 버리지 못하고 여전히 지각을 밥 먹듯이 한다거나 제 역할을 다하지 않아 담임 선생님이 한 학기 동안 두고두고 속을 썩는 일도 있다. '반장'이라는 타이틀은 선생인 어른의 관점과 아이들이 생각하는 관점이 크게 다른데 어쩌면 세대 차이를 느끼게 하는 한 부분인지 모르겠다. 고기도 먹어본 놈이 그 맛을 안다고 반장을 했던 아이는 분명 다음 해에도 반장을 꿈꾸고 있을 것이며 그 아이도 모르는 사이에 리더의 자질을 조금씩 갖추며 성장할 것이다.

공동체 안에서 리더의 역할은 결코 쉬운 일이 아니다. 희생과 책임의 무게가 막중하게 뒤따르는 만큼 리더는 아무나 할 수 없기도 하지만 리더 혼자만이 그 집단을 이끌어 가는 것은 아니다. 리더의 자질도 중요하겠지만 리더 뒤에서 애쓰는 일명 '참모' 역할도 무시할 수는 없다. 참모라는 것이 리더 앞에 군림할 수 있는 자리는 아니지만 어쩌면 리더보다 더 중요한 것이 참모일지 모르겠다. 신뢰를 기반으로 한 리더도 있어야 하겠지만 '좌청룡 우백호'의 참모 역할도 중요하다는 사실은 역사 속에서뿐만 아니라 오늘날 대한민국을 엿보더라도 알 수 있다.

얼마 전, 동생네와 식사를 하는데 생각지 않은 동생의 칭찬 한마디가 나를 부끄럽게 했다. 형제들 사이에서 내가 참모 역할을 잘해주어 고맙다는 인사였다. 내가 뭘 잘한 게 있다고 지나친 칭찬이 영 어색했는데 남편도 옆에서 맞장구까지 쳐 주며 치켜세워주기까지 했다. 1남 6녀 중 딱 중간인 넷째이며 굳이 서열을 매기자면 일곱째 아들이 서열 1위인 관계로 나는 서열 5위로 밀린다. 일곱 명 모두가 개성이 없는 듯 평범해 보이지만, 은근히 한 성깔씩 하므로 우리 칠 남매가 일을 하나 벌이기라도 하면 한 번에 일치하기란 어렵고, 마치 퍼즐을 맞춰 나가듯 빼고 더하고 나서야 마침내 의견 일치가 된다. 그 과정이 절대 순조롭지만은 않지만 누구 하나 고집을 부린다거나 판을 깨게 하는 일은 없으니 서로에게 고마울 따름이다. 늘 동생들을 생각하는 마음 깊은 큰언니가 맏이로서 해야 할 역할을 잘해주는 공이 크고 믿고 따라가는 동생들 또한 제 몫을 잘하고 있다. 그리고 부끄럽지만, 동생이 나를 칭찬해 준 부분도 아마 서로 얼굴 붉히며 불협화음이 일어나지 않도록 중간에서 '참모'의 역할을 잘하고 있다는 의미에서 이야기했을 것이다.

 참모의 자질이 충분하고 자격 또한 있는지는 모르겠지만 나는 살아오면서 리더보다는 참모 역할을 주로 해왔다. 내가 리더를 해 봤던 기억은 이것도 리더라 말할 수 있을지 모르지만, 고등학교 2~3학년 때 동아리 반장을 한 것밖에 없다. 학급 부반장을 했을 때도 나는 반장 뒤에서 일했고 사회생활에서도 앞으로 나서기보다는 뒤에서 일을 돕는 역할을 해왔다. 일을 무서워하거나 뒤꽁무니를 빼는 성격이 아니다 보니 일만큼은 꾀부리지 않고 열심히 했다고 자신 있게 말할 수 있다. 있으나 마나 한 사람이 아니라 다행이고 참모 역할을 잘한다는 칭찬 아닌 칭찬도 듣지만, 가끔 일을 하다 보면 스트레스로 여겨질 때가 있다. 가령 남들이 하기 싫어하는 일을 무슨 상이라도 받는 양 적극적으로 하고는 한다. 멀찌감치 물러나 불구경하듯 서 있는 사람들 속에서 내 손이 분주하고 내 몸이 힘듦을 감지할 때면 뭐 하는 짓인가 스스로에게 짜증을 낸다거나 그 짜증을 집 식구들에게 푸는 못난 행동을 하기도 하지만 타고난 성격을 하루아침에 버릴 수 없는 것을 어쩌랴.

　나이 먹을수록 목소리 큰 게 무슨 벼슬이라도 되는 것처럼 집에서 점점 내 목소리가 커가는 건 사실이지만 사실 리더는 그래도 우리 집 가장인 남편이라 여기기 때문에 남편이 가끔 농담 삼아 말하는 "세상에서 네가 제일 무섭다"라는 말을 웃음으로 넘겨 버리고는 한다. 이성계의 이름을 거룩하게 한 것은 훌륭한 참모 역할을 한 정도전이 있었기에 가능했고, 유비에게는 제갈량이라는 걸출한 참모가 있었기에 유비의 명성이 더 빛날 수 있었으리라. 앞에서 많은 사람을 이끌어가는 리더라는 굵직한 자리를 차지할 기회가 없더라도 기분 나쁠 건 없다. 고생스럽고 희생이 뒤따르겠지만 그 역할로 인해 사랑하는 사람들과 주위의 많은 사람이 평화로울 수 있다면 기꺼이 평생 참모라는 자리를 마다하지 않겠다. 특히 우리 칠 남매가 행복하고 깊은 우애를 위해서는 나의 희생과 참모 역할은 언제나 진행형일 것이다.

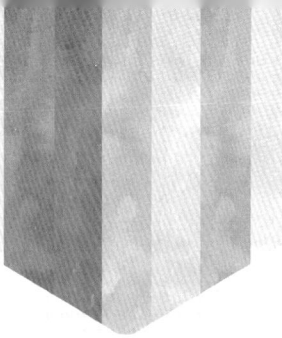

망태 할아버지

　아파트 놀이터 앞에서 이웃집 애기 엄마를 만났다. 만났다기보다는 봤다는 표현이 맞겠다. 애기 엄마는 다섯 살배기 딸을 어르고 달래기 바쁜 나머지 나를 못 본 모양이었다. 그냥 지나칠까 하다가 인사 정도는 나누고 사는 이웃인 데다 애가 울고 있는 이유를 알고 싶은 마음에 주춤주춤 다가가 먼저 알은체했다. 울고 있는 딸과 나를 번갈아 가며 쳐다보는 얼굴에 무슨 일인지 모르지만 당혹해하는 표정이 역력했다. 마침 잘 만났다며 내 앞으로 아이 손을 잡아끌다시피 세우며 하는 말이 "우리 딸 제가 낳은 거 맞죠?" 하는 게 아닌가. 이 무슨 황당한 소리인지, 사태 파악이 안 된 터라 대답도 못 하고 있자 상황 설명을 했다.
　애기 엄마 말에 따르면 아이를 데리고 놀이터로 놀러 나왔다가 저녁밥 지을 시간도 되고 날씨도 쌀쌀해지길래 그만 들어가자고 했더니 아이가 안 들어가겠다고 징징대며 고집을 부리더란다. 맛있는 군

것질거리를 입에 넣어 줘도 무턱대고 더 놀겠다며 떼를 쓰자 급기야 그만 애기 엄마 입에서 툭 튀어나온 말이 말 안 들으면 망태 할아버지가 잡아간다고 했단다. 눈이 휘둥그레지며 울기 시작하는데 다섯 살짜리 아이가 하는 말이 더 가관이었나 보다. 갑자기 엄마가 나를 낳지 않았으니까 그런 말을 하는 거라며 더 크게 펑펑 울어대는데 진땀까지 흘리며 달래던 참에 내가 지나가게 되었고, 애 앞에서 진짜 엄마라는 사실을 확인까지 시켜 주게 된 것이다. 나까지 아이 등을 살살 두들겨 주며 달랜 끝에 울음을 그치고 각자의 집으로 향했지만, 집에 들어와서도 그 생각에 어찌나 웃음이 났는지 모른다. 아이 엄마는 둘째치고 다섯 살짜리 입에서 어떻게 그런 당돌한 말이 나왔는지 여간 신기한 게 아니다.

　망태 할아버지 이야기야 옛날부터 내려오는 이야기가 아닌가. 그 시작이 어디에서 유래되었는지는 몰라도 도깨비와 밀접한 관계가 있을 것으로 추측되는데 어려서 어른들로부터 곧잘 듣던 말이 망태 할아버지 이야기였다. 밥을 안 먹는다거나 떼를 쓰는 아이, 말 안 듣는 아이에게 겁을 주기 위해 했던 말이 망태 할아버지 이야기였다. 나도 어려서 숱하게 듣던 말이고 우리 애들에게도 써먹던 수법이었는데 아이들 어려서는 최고의 무서운 이야기가 아니었나 싶다. 아들만 둘인 우리 집은 두 녀석이 뛰고 놀 때면 정신이 하나도 없다. 군인 아파트 생활을 할 때에는 남편보다 높은 계급이 아랫집에 살 때면 애들 뛰는 것도 신경 쓰지 않을 수 없었다. 조용히 하라고 해도 어린 아이들이 말을 듣나, 최후통첩과도 같은 검지손가락을 입에 대며 조용히 던지는 한마디는 망태 할아버지가 잡아간다는 소리였다. 약효가 오래 가지 않는 단점이 있기는 했지만, 여지없이 겁을 먹고 큰아이가 TV 앞에 얌전히 앉으면 아무것도 모르는 작은아이까지 형 옆에 따라 앉고는 했다.

요즘 아이들은 워낙 영특해 얼마나 잘 속아 넘어갈지 모르겠다. 이웃집 아이만 해도 망태 할아버지 이야기에는 속지 않고 오히려 엄마가 아이에게 당한, 되로 주고 말로 받은 꼴이다. 우리 집 아이들이 다 큰 데다 주위에 어린아이들이 없다 보니 망태 할아버지 존재는 잊었었다. 새삼 아이 엄마에게 들은 망태 할아버지 이야기가 왜 그렇게 반갑던지 40년도 훨씬 넘는 유년 시절의 묵은 기억 하나가 툭 끄집어져 나왔다.

망태 할아버지가 울음을 뚝 그치게 했다면 반대로 수돗물처럼 울음을 쏟게 만든 말이 어른들 입에서 나온 '다리 밑에서 주워 온 아이'라는 말이다. 정확한 기억이야 없지만 예닐곱 살쯤으로 알고 있는데 아랫집에 살고 있는 작은엄마와 이웃 할머니들이 안방에 앉아 할머니와 이야기를 하다 말고 나를 향해 다리 밑에서 주워 온 아이라며 몰아붙이는 바람에 놀라 울음을 터뜨리고 말았다. 어찌나 서럽게 울었는지 뱃심까지 빠져버린 내 얼굴에는 눈물과 콧물이 뒤범벅되어 땟국물이 졌을 정도였다. 나만 어른들의 장난에 속아 넘어간 건 아니었다. 우리 형제들 모두 한 번쯤 호되게 당했는데, 일종의 아이들을 상대로 한 어른들의 장난이 사실이 아니라는 걸 알면서도 진짜 그런 건가 싶어 정말로 엄마를 찾겠다며 짐을 싸는 소동을 벌이기도 했다. 장롱 속에서 옷을 꺼내 보자기에 싸자 놀란 동생이 엄마를 부르고 난리가 났다. 엄마가 달려오고 진짜 엄마 찾겠다며 고집을 부리는 나를 달래도 안 되자 마침내 엄마가 버럭 화를 내고서야 끝이 나고는 했던 기억.

왜 하필 어른들은 다리 밑에서 주워 온 아이라고 했을까. 머리가 좀 더 컸을 무렵 언니 동생들과 머리를 맞대고 '다리 밑'의 궁금증을 풀어 보려고 했었다. 아기는 엄마 배꼽이 아닌 다른 데서 나온다는 것을 알 때였으니까 노골적으로 여자의 다리를 의미하는 성적인 표현을 쓰기에는 낯 뜨겁고 해서 얼렁뚱땅 만들어진 게 그냥 '다리'가 된 건 아닌지 모르겠다. 아무튼 진실 같은 거짓말을 들을 때면 어린 마음에도 상처가 됐던 건 사실이다.

그 당시 우리 형제는 짐을 싸면서 무슨 생각을 했었을까? 나의 경우는 거짓말인 줄 알면서도 조금은 진실이었으면 좋겠다는 생각을 했었다. 생각하는 대로 모든 소원이 이루어지기를 바랐던 유년이었던 만큼, 말처럼 내 진짜 엄마와 아버지를 찾아가면 더 좋은 옷에 더 맛있는 음식을 먹고 새로운 환경에서 잘 살고 싶은 철없는 아이 같은 생각을 했었다. 진실이든 아니든 형제가 들끓는 북적북적 대던 소굴 같은 집을 한 번쯤 벗어나고 싶었기 때문에 충분히 그런 앙큼한 생각을 할 수 있었으리라. 돌이켜보면 그때가 행복했던 시절이었는데 당시는 그게 큰 행복이라는 걸 몰랐을 때였으니 혹시라도 엄마가 이 사실을 알고 섭섭해하지 않았으면 좋겠다.

이웃집 애기 엄마도 분명 어렸을 때 어른들로부터 망태 할아버지 이야기를 들었던 기억이 있었기에 아이에게 툭 던진 말이 그런 사단이 났을 것이다. 그 아이야말로 애기 엄마가 배 속에 품고 있을 때부터 내가 알았으니 진짜 엄마가 분명하다. 야무진 아이는 내가 어려서 했던 보따리 싸는 철없는 행동은 하지 않을 것이다. 그저 더 놀고 싶고 들어가기 싫은 것에 대한 화풀이를 이때다 하고 펑펑 울어대다가 실컷 울어댔을 무렵 나를 만난 것으로 지친 울음을 그쳤는지도. 늦은 밤, 오후의 일은 까맣게 잊고 아이는 새근새근 자고 있을 테고, 애기 엄마는 곤히 잠든 아이 얼굴을 들여다보며 몹쓸 장난을 친 것에 대한 후회와 미안함에 멋쩍은 미소를 던지고 있겠지. 그건 그렇고 망태 할아버지의 망태기 속에는 무엇이 들어 있으려나? 혹시 다리 밑에서 주워 왔다고 아이를 놀린 어느 집 어른이 붙들려왔을지 누가 아는가.

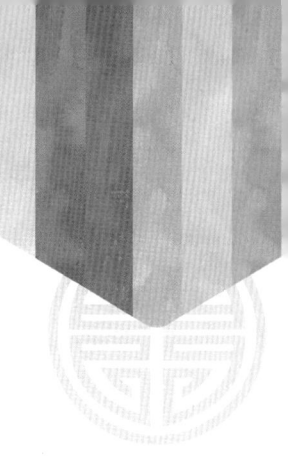

봄이 기다려지는 이유

　영하의 차가운 날씨가 여전히 옷 사이를 비집고 들어와도 3월이면 겨우내 입었던 두툼한 외투가 무겁게 느껴진다. 아무래도 봄 마중을 나가야겠다는 생각에 헬스장 대신 밖으로 몸을 돌렸다. 며칠 전에는 흔적조차 없던 그 자리에 꽃다지가 앙증맞게 쑤욱 올라왔고 개나리는 곧 꽃망울을 터뜨릴 듯 살이 올랐다. 나무도 초록의 색을 조금씩 입고 있다. 하루가 다르게 변하는 봄기운을 느끼고자 동공을 확장하고 코를 벌름거리며 걸었다. 웬걸, 근처 밭에 거름을 뿌려 놓았나 보다. 봄 향기를 맡으려다 거름 냄새를 맡고 말았지만, 어려서부터 맡았던 익숙한 냄새이다 보니 싫지는 않다. 계절에 맞게 농부들도 봄맞이 준비로 바쁠 거라는 걸 미처 생각하지 못한 부분이다. 마술 같은 신기한 일들이 여기저기서 일어나고 있다. 눈이 즐겁고 호강에 겹다. 얄미울 정도로 추웠던 겨울을 밀어낸 봄을 버선발로 맞이하고 싶다. 가슴이 터질 듯 흥분된 이 마음이 벚꽃이 만개할 바야흐로 4월이면 그땐 어찌하려나. 죽기엔 너무 아까울 봄. 봄이다.

　올해도 여지없이 찾아온 꽃샘추위. 누가 이 단어를 만들어냈을까? 꽃이 피는 것을 시샘한다는 의미의 '꽃샘'이라는 이 말이 참 예쁘다. 4월이 코앞인데 꽃샘추위가 혹독하다. 남부지방은 눈으로 사람 발목을 잡았고 북부지방인 이곳은 추위가 몸을 움츠리게 했다. 잠시 멈춰버린 봄의 기운. 꽃망울 터뜨릴 준비는 다 해 놓은 상태에서 매년 겪는 일인데도 이게 웬일인가 놀랐을 게 분명하다. 작년에 느끼고 보았던 봄기운, 봄바람, 봄꽃, 그리고 설렘은 1년 전 과거가 되고 추억이 되었다. 그리고 다시 맞이하는 봄의 이런 것들을 반복해서 맞이하게 되지만 여전히 기대감을 불러들이게 하는 새로운 것들이다. 상투적이고 진부한 일상의 반복이라지만 피부와 마음이 느끼는 바는 매년 다르다. 꽃샘추위도 물러가고 이틀 만에 나가보니 또 이만치 봄이 와 있다. 산수유도 노랗게 폈다. 하얀 꽃을 피우는 이름 모를 나무에서는 푸른 싹이 돋아나 있었다. 먹을 수 있다면 저 잎들을 따다가 나물을 무쳐 먹어보고 싶다. 개나리도 꽃을 피우기 시작했다. 그나저나 발걸음이 바빠졌다. 조금만 더 가면 제일 좋아하는 늘씬한 몸매를 자랑하는 자작나무가 있다는 걸 몸이 기억하나 보다. 버드나무는 물을 잔뜩 빨아들이고 푸르게 변해 가는데 자작나무는 여전히 겨울이다. 연초록의 잎을 언제쯤 보여주려는지 아쉬운 마음을 나무에게 전했으니 조만간 내 기대에 답을 주리라.

　고등학교 때 읽었던 오 헨리의 『마지막 잎새』를 보면 존시가 담쟁이덩굴 잎을 거꾸로 새는 이야기가 나온다. 마지막 한 잎이 떨어지는 날 자기도 죽게 될 것이라는 존시의 희망 없는 말이 철부지였던 나에겐 낭만적인 부분으로 다가왔었다. 폐렴에 걸린 가녀린 소녀, 움푹 파인 눈, 그리고 초점 잃은 눈동자, 애수에 잠긴 눈빛을 한 존시가 마치 나인 듯 마지막 잎새가 떨어지는 동시에 죽음을 맞이하는 내 모습을 상상하기도 했었다. 이왕 소설 이야기가 나온 김에 결말까지 이야기하자면 존시는 이웃집 늙은 화가가 담장에 그려놓은 잎을 보며 새로운 희망을 품게 된다. 하지만 아이러니하게도 존시를 위해 그림을 그린 베어먼은 그만 폐렴에 걸려 죽음을 맞게 된다. 짧은 소설이 그 당시 내게는 무한한 상상을 하게 해주었다.

잎을 모두 떨군 앙상한 나무에서 무슨 희망을 볼 수 있을까 싶지만, 봄을 준비하기 위해 땅속에서는 무진 애를 쓰고 있을 것이다. 산모가 배 속에서 온갖 정성으로 아기를 보호하고 있다가 열 달 만에 바깥세상에 내보내듯이 식물 또한 인간과 마찬가지로 자신의 일부를 내보냄으로써 성장하고 또 성숙해질 것이리라 여긴다. 무미건조했던 대지는 점점 푸르게 푸르게 변하리라. 농부의 손에 뿌려진 씨들 또한 싹을 틔우며 건강하게 성장할 것이다. 지난날의 봄을 기억했듯이 새롭게 맞이하는 이 봄날도 기억의 주머니에 소중히 담아 놓을 준비를 끝냈다. 살아 있음을 더 감사하게 하는 계절, 찬미할 수밖에 없는 경이로운 계절, 봄이다. 대지에 기꺼이 입맞춤하리라.

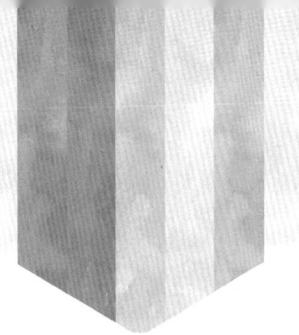

비 오는 날의 추억

 낮게 가라앉은 잿빛 가을하늘에 마음도 회색빛이다. 이럴 때면 할머니와 엄마가 분주하게 움직인 것이 기억난다. 제일 먼저 장독대에 달려가 된장독과 간장독 뚜껑을 닫고, 마당에 널어놓은 고추를 걷어 옮긴 뒤 마지막으로 빨래를 걷고서야 가쁜 숨을 진정시킨다. 한바탕 비설거지를 끝낼 때쯤 후두둑 빗방울이 툇돌과 마당에 흙먼지를 일으킨다. 지게 한가득 소꼴을 메고 잰걸음으로 돌아온 아버지는 그새 비를 홀딱 맞았다. 삶의 연륜이랄까. 어른들은 하늘색의 흐린 정도와 떨어지는 빗방울로 비가 지나가는 소나기인지, 종일 내릴지를 아는지 하늘을 올려다본 할머니는 지나가는 소나기란다. 할머니의 말에 답이라도 하는지 갑자기 굵어지는 빗방울이 더 요란하다. 비 오는 날이면 가끔 생각나는 어릴 적 어른들의 흥분된 목소리 그리고 희미한 기억들은 마치 어제 본 듯 눈에 선하다. 눅눅해진 날씨에 군불을 지피는 아궁이에선 굴뚝으로 빠져나가지 못한 연기가 역습하는 바람에 연상 눈물과 콧물을 닦아대며 연탄으로 바꾼 이웃집을 부러워하는 엄마의 푸념을 듣곤 했다.

　날씨만큼이나 몸도 찌뿌둥하니 출근 준비도 굼뜨다. 출근했어도 능률이 오르지 않기는 마찬가지다. 사무실에 앉아 가만히 빗소리를 들으며 블랙커피를 마셨다. 한 동료가 "비 오는 날은 막걸리에 빈대떡이 최고지." 하자 모두 맞장구를 친다. 정말이지 엄마가 해주었던 부침개를 생각하니 입안 가득 침이 고인다. 내가 자라면서 먹은 시골 음식치고 그립지 않은 것이 있을까. 내 입맛이 소박하고 질박한 토속 음식을 좋아하는 것도 할머니와 엄마의 손끝 사랑에서 나온 시골 음식을 먹고 자란 영향이 크다.

　농번기엔 늘 두 손에서 일을 놓지 않았던 할머니와 엄마가 유일하게 고단함에서 벗어날 수 있었던 날은 비 오는 날이었다. 낮잠을 즐기는 여유로움도 있었지만, 별식을 먹는 날이기도 했다. 지천으로 널려 있는 호박과 열무를 섞어 만두를 빚어 한 솥 끓여 이웃과 나눠 먹는가 하면, 개어 놓은 밀가루에 빗속을 뚫고 밭에서 갓 따온 호박에 양파와 감자를 얇게 채 썬 다음 빛깔이 고운 풋고추와 빨간 고추까지 송송 썰어 한데 버무린 다음 기름을 두른 프라이팬에 노릇노릇 부침개를 부쳐 주었다. 지글지글 익는 냄새에 홀리는 건 기본이고 부쳐낸 부침개를 온 가족이 함께 호호 불며 맛나게 먹었다. 하하 웃던 그때 일이 생각나 나도 모르게 살포시 미소 짓는다. 두 아들과 남편도 뜨끈뜨끈한 부침개에 양념간장을 주면 게 눈 감추듯 잘 먹는다. 갑자기 집에 가서 호박 부침개를 부쳐 놓고 행복하게 온 가족이 모여 먹고 싶다는 충동이 인다.

비 오는 날 호박 부침개도 좋지만, 할머니와 엄마가 해주신 감자범벅 맛도 아주 좋다. 외할머니 손맛에 홀딱 반한 작은아들은 가끔 외할머니표 감자범벅을 그리워한다. 감자범벅은 먼저 솥에 물을 자작하게 붓는다. 통으로 깎아놓은 감자에 단맛을 첨가해 삶다가 이스트와 소다를 넣고 반죽한 밀가루를 손바닥 크기로 뚝뚝 떼어 감자 위에 올려 익히면 풀빵처럼 부풀어 오르게 된다. 달콤한 감자와 밀가루를 주걱으로 툭툭 섞어 먹으면 그 맛이 참으로 일품이다. 생긴 것이 먹음직스럽게 생긴 것도 아니고 투박하다 못해 촌스럽지만, 엄마의 사랑이 듬뿍 담긴 그야말로 사랑 범벅이다. 감자범벅을 먹을 때면 할머니는 "이런 거 좋아하면 못 쓴다. 자주 해 먹을 생각도 말렴. 이런 건 못사는 사람들이나 해 먹는 거다." 하시며 꼭 한마디 곁들이셨다. 어려웠던 시절을 생각해서 자식들이 잘 살기를 바라는 마음 왜 모르겠는가.

솜씨는 없지만 퇴근해서 가족을 위해 감자범벅을 했다. 지난번에는 소다를 너무 많이 넣는 바람에 맛이 쓰고 딱딱했는데 이번에는 잘된 것 같다. 비록 할머니와 친정엄마의 손맛에는 미치지 못하지만, 그런대로 먹을 만한 것 같다. 밖은 여전히 비가 세차게 온다. 남편과 자식을 기다리는 마음이 비를 타고 전해지길 바라본다. 세 남자를 위해 오늘은 특별히 막걸리도 준비했다. 외할머니와 부모님이 내게 주셨던 아낌없는 사랑을 남편과 자식에게도 아낌없이 듬뿍 주리라. 창문을 타고 내려오는 빗줄기와 빗소리가 더없이 아름다운 여름날 저녁이다.

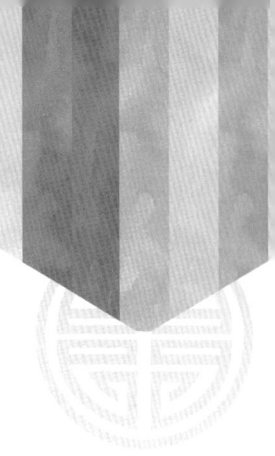

빵점짜리 입담

　같은 날 비슷한 시간에 모임이 두 군데나 잡혔다. 한 모임은 빠지기 곤란한 중요한 자리고, 또 다른 모임은 그다지 중요하지 않은 가도 그만 안 가도 그만인 자리다. 퇴근 후 바로 모임 장소로 출발해야 하는 상황, 당연히 중요한 모임으로 가야 하는데 오후 들어 어느 모임으로 갈지 저울질하기 시작했다. 어쩐다, 이쪽 모임은 중요한 자리인 만큼 안 가면 욕을 먹을 테고, 저쪽 모임이야 안 가도 그만이지만 아까워서 며칠 동안 후회하게 될 텐데 이리 재고 저리 재다가 후자 쪽을 택하기로 했다. 양심에 찔리는 변명으로 양해와 용서를 구하고 중요치 않은 모임을 선택한 데에는 그럴 만한 이유가 있다.

　나와 같이 모임에 나오는 지인은 소위 말하는 '분위기 메이커'였는데 그분 이야기를 듣다 보면 시간 가는 게 아까울 정도다. 옷매무새가 단정한 데다 점잖은 인상이기에 성격도 고상하리라 생각하기 쉬운데 반전도 이런 반전이 있을까? 그분 입에서 줄줄 나오는 이야기는 그야말로 '빵 터지는 소리'다. 어쩜 그렇게 입담이 좋은지 듣는 내내 눈물이야 말할 것도 없고, 내 배꼽이 잘 붙어 있는지 몇 번씩 확인해야 할 정도다. 평범한 이야기도 맛깔스럽게 표현할 정도로 언어구사력이 뛰어난 데다 주위 사람들을 이야기 속으로 끌어들이는 마력 같은 재주를 가지고 있다. 당연히 모임에서 최고 인기는 지인이고 서로 같이 앉으려고 자리싸움까지 벌어지고는 한다. 모임이 즐거울 수밖에 없다.

 부러운 마음으로 입담 좋은 지인에게 밖에서 주위 사람들을 즐겁게 해주니 집에서야말로 가족들이 매일 웃고 분위기도 화기애애하겠다고 하니 의외의 답변이 돌아왔다. 집에서는 반대로 입에 자물통을 굳게 채워 놓고 지낼 정도로 필요한 말 외에는 말수가 적단다. 아이들이 어렸을 때만 해도 종종 입담을 과시하며 가족들을 즐겁게 해줬는데 훌쩍 커버린 아이들과는 보이지 않는 높은 벽이 생기면서 대화하는 것도 힘들어졌고, 그나마 제일 만만한 남편 앞에서 어느 날 우스갯소리를 했다가 저급하고 싼티 나는 소리는 듣기 싫다며 무안을 주더란다. 얼굴이 벌게지면서 제일 가까운 남편으로부터 그런 수모를 당하고 난 뒤 집에서는 하고 싶은 우스운 이야기도 입 꼭 다물고 참았다가 나와서 하게 된단다. 부부 동반 모임에서는 남편 눈치까지 봐 가며 근질근질한 입을 단속하느라 신경 쓰이고 해서 부부 모임은 될 수 있으면 다른 핑계를 대며 잘 나가지 않는다고 했다.

 의외이긴 해도 여러 사람을 즐겁게 하는 타고난 끼가 있다는 것이 부러울 뿐이다. 내게도 그런 재담꾼 같은 기질과 걸출한 입담이 있었으면 얼마나 좋을까? 그런 재주가 없더라도 구수한 맛이라도 있었으면 좋겠다. 나는 참 위트라는 것이 없는 사람이다. 점수조차 매길 수 없는 빵점의 입담. 혼자 듣기에는 너무 아까운 재밌는 이야기는 가족들에게 해줄 생각으로 눈을 동그랗게 뜨고 잘 듣는다. 머릿속에 잘 저장해 뒀다고 믿으며 돌아선 순간 'Delete' 키를 누른 것도 아닌데 군데군데 많은 부분이 사라지고 없다. 복사해서 붙이기가 전혀 안 되는 상황이다. 게다가 똑같은 이야기를 식구들이나 직장 동료들 앞에서 풀어놓으면 이야기하는 나도 한심할 정도로 재밌는 이야기가 재미없는 이야기로 바뀌어 버리기 일쑤다. 참 이상하다. 같은 이야기라도 어떤 사람이 이야기하냐에 따라서 재밌거나 재미없는 반응이 나오니, 입담은커녕 언어 전달력까지 부족한 게 아닌가 싶다. 평소에 농담을 좀 하거나 우스운 이야기를 잘하는 사람이었다면 주위 사람들도 반응이 달라질 수 있을지 모르겠다. 하지만 농담을 즐기는 사람도 아니고 주위 사람들이 나를 평가한다면 조용한 사람, 얌전한 사람쯤으로 알고 있으니 내 딴에는 우스운 이야기라고 신나게 떠들지만, 듣는 사람들은 반응이 신통치 않다.

얼마 전 35년 만에 초등학교 동창을 우연히 만났다. 자녀는 어떻게 되는지 호구조사부터 시작해 모임 좀 나오라는 이야기, 안부가 궁금했던 친구들의 근황까지 잠깐 선 채로 많은 이야기를 주고받았다. 그런데 뜻밖에 한 말이 놀라웠다. 친구는 나를 새침한 아이로 기억하고 있었다. 한마디 덧붙이기를 말 걸기 힘들었던 깍쟁이로 여기고 있던 게 아닌가? 의외의 말에 놀라지 않을 수 없었다. 내가 그 정도였나? '깍쟁이'라는 말은 난생처음 듣는 얘기였다. 나를 다른 아이로 착각한 건 아닐까, 반가웠던 친구에게 들은 충격적인 말에 돌아서서 가는 친구의 뒷모습이 왜 그렇게 밉던지 손을 흔들어 주면서도 웃는 얼굴이 웃는 게 아니었다. 내 딴에는 괜찮은 구석이 많은 사람이라고 자신하며 살았는데 친구의 말 한마디에 나를 의심해 보게 되었다.

고지식하고 말 붙이기가 상당히 어려운 인상을 하고 있어 사람들과 친해지는 과정이 다소 어렵기도 한 건 사실이다. 내 성격이 변하지 못하는 데는 고정관념의 틀에 너무 오래 갇혀 있어 그런 것이 아닌가 싶다. 많은 형제들 속에서 딱 중간에 낀 나는 어려서부터 언니들이 물려준 옷을 입고 자라야 했고, 그 속에서 자연스럽게 질서와 양보를 배우게 되었다. 풍요로웠던 시대가 아닌 데다 비단 나만 그런 것도 아니었으니 억울할 것도 없지만, 그런 부분이 내 성격 형성에 적잖은 영향을 받은 것은 확실하다. 게다가 엄격한 부모님 밑에서 행동하는 것 또한 해도 되는 것보다 하지 말아야 할 것들을 먼저 배웠기 때문에 영향이 있었다고 볼 수 있다. 얌전하다는 둥 요조숙녀가 따로 없다는 둥 어려서부터 붙어 다닌 이런 수식어가 처음에는 칭찬이고 좋은 소리로만 들렸다. 천성적인 성격도 있었을 것이고 어느 자리에 가더라도 여성스럽다거나 얌전한 말씨를 칭찬으로만 듣고 이미지 관리를 하게 됐고, 나도 모르는 사이에 이런 행동이 몸에 배고 습관이 돼 버린 게 아닌가 싶다.

입담 좋고 성격까지 좋은 사람이 부럽기야 하지만, 크게 모나지만 않는다면 생긴 대로 성격대로 사는 것도 개성이지 싶다. 없는 재주를 탓해본들 얻어지는 것도 아니고, 또 다른 장점을 위안으로 여기면 되지 않을까. 신은 내게 재담꾼의 기질은 주지 않았지만, 고민

있는 사람들 이야기는 잘 들어주고 상처받은 마음은 잘 어루만져 줄 수 있는 너그럽고 따뜻한 마음을 주셨다. 상대방이 나를 믿지 않는다면 어려운 이야기를 공유할 수 있겠는가. 어떤 이들은 여성스럽게 말을 하고 조용한 내 성격을 부러워하기도 한다. 어쩌면 '남의 떡이 더 커 보인다'라는 속담처럼 상대적일 수밖에 없는 인간관계에서 내가 갖지 못한 것에 대해 욕심을 내거나 미련을 갖는 것은 당연한지 모르겠다. 자랑할 만한 입담은 없어도 자랑할 만한 너그러움과 얌전한 말씨라도 가지고 있어 원만한 인간관계를 맺고 있다는 것에 감사하고 또 감사할 따름이다.

사람보다 나은 개 팔자

 흔히 우리는 육·해·공의 음식이 골고루 갖춰진 뷔페 집에 가서 수북하게 몇 접시를 담아 먹고 나서 부를 대로 부른 배를 움켜잡고 기껏 하는 말이 뷔페는 먹을 게 없단다. 넘쳐나는 음식 앞에 할 소린가 싶지만, 나부터도 가끔 이런 말 같지 않은 말을 하니 참 배부른 세상이다. 먹을 걸 마다하지 않는 개들이 딱한 사람들이라고 허영덩어리 인간들에게 앞발을 치켜들고 혀를 끌끌 차는 건 아닌지 모르겠다. 이왕 개 얘기가 나왔으니 개 이야기를 해 볼까 한다. 요즘 가정에 강아지를 키우는 집이 늘면서 애완동물이라는 개념보다는 가족과 평생 함께한다는 개념의 '반려견'이라 부르며 가족 일원으로 여기는 경향이 강해졌다. 우리 집만 해도 강아지 한 마리 키우자고 성화다. 가족의 강한 요구에도 불구하고 아직 반려견을 들일 자신은 없지만, 아마 몇 년 후에는 내 품에 아이들 대신 강아지 한 마리가 놀고 있을지 모르겠다.

친정집엔 족보와 혈통 없는 '흰둥이'라는 덩치 큰 수컷 똥개 한 마리가 주인을 위해 충성을 다하며 집을 지키고 있다. 덩치는 곰만 할 정도로 큰데 이 녀석의 친구들은 모두 자기 덩치의 10분의 1밖에 안 되는 자그마한 동네 강아지들이다. 그리고 분가해서 사는 남동생에게는 '은실이'라는 조그마한 반려견이 있다. 남동생네는 친정엄마가 살고 계신 본가를 매일 들어가다시피 하는데 은실이도 항상 동행한다. 흰둥이와 은실이를 비롯한 동네 여러 마리의 개들 하는 짓이 너무 재밌다. 만화 '검정 고무신'에 나오는 '땡칠이'와 동네 개들을 연상케 할 정도다.

더욱더 재밌는 건, 남동생네의 은실이는 자기가 사람인 줄 착각하고 있다는 것이다. 은실이가 떴다 하면 동네 개들이 우르르 몰려오기 시작하는데 똥개도 자기 집에서는 반은 먹고 들어간다는 우스갯소리가 있더니 은실이를 두고 하는 소린가 싶다. 곰처럼 큰 흰둥이도 자기 덩치의 10분의 1에 지나지 않은 은실이를 서열이 높다고 생각하는지 은실이 앞에서는 기가 죽는 꼴이다.

그 작은 시골 동네에서 개들끼리도 서열을 짓는지 단연 넘버원은 은실이다. 은실이가 친정집에 눌러사는 것도 아닌데 자기가 뭐라도 되는 냥 도도한 척은 다 하고 있다. 다른 개들은 감히 꿈도 못 꾸는 것들을 은실이는 당당히 행세하고 있다. 한 예로 마을에서 운영하는 동네 복합관 안에 어디 감히 개들이 범접이나 할 수 있을까. 그런데 은실이는 무슨 특혜로 그러는지 당당히 들어오고 나가기가 자유롭다. 은실이를 키우는 내 올케가 복합관에 있기 때문이기도 하지만 다른 개들과 달리 아파트 생활에 주인이 자는 침대를 제 잠자리처럼 생각하고 더더욱 기가 산 데에는 고급 승용차를 타고 주인 품에 안겨 매일 출퇴근처럼 시골집을 드나드니 그런 도도한 용기가 생긴 게 아닌가 싶다. 한겨울에도 발가벗고 돌아다니는 시골 동네 똥개들은 따듯한 옷을 걸치고 오는 은실이가 부러울 것이고, 자기들은 한 번도 누리지 못한 샴푸 향이 나는 은실이가 특별하게 보일 것이다. 감히 개 주제에 무슨 복이 많아 사람인 나보다 더 팔자가 좋다니. 내가 개 팔자를 부러워하게 될 줄이야.

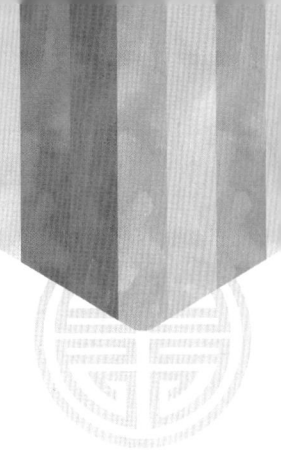

시선에서 멀어져 간

내가 태어나 자란 집. 태어나기 전부터 자랄 때까지 손 보고 늘리고 한 집이다. 사랑채가 새로 지어지면서 'ㄱ' 자의 우리 집은 'ㅁ' 자형의 집이 되었고, 솟을대문도 어느 집과는 다르게 위엄 있고 '있는 집'처럼 보였다. 섬세하고 꼼꼼한 성격의 아버지는 안마당 우물가와 뒤뜰에 작은 화단을 꾸몄고 여러 종류의 꽃을 키우셨다. 안마당의 석류나무에서는 시기가 되면 앙증맞은 항아리 모양의 열매가 대롱대롱 달렸고, 그 주위에는 과꽃이며 봉선화, 채송화, 분꽃이 그 나름대로 고운 자태를 뽐내며 꽃을 피우고는 했다. 뒤뜰에선 라일락과 백합의 향기가 온 집안으로 가득했고, 철쭉이며 함박꽃이 화사함을 더했다. 보는 즐거움과 달리 괴로운 것이 있었다면 수시로 잡초를 제거해야 하는 수고로움이 따랐다는 것이다. 친구들과 놀다가도 강제로 할머니 손에 잡혀 호미를 들고 풀을 뽑고는 했는데 한 시간이면 족할 잡초 뽑는 일은 정말 왜 그렇게 싫었는지.

집 주변에 심어 놓은 대추나무며, 감나무, 살구나무, 자두나무, 개복숭아나무를 비롯하여 밭에 심어놓은 배나무와 사과나무는 우리들의 좋은 간식거리였다. 잘 익은 대추의 달콤한 맛과 누렇게 익은 살구, 익기도 전에 딴 퍼런 자두를 손으로 강제로 눌러 연하게 만들어 먹는 그 진한 신맛은 절대 잊을 수 없을 것이다. 아기 머리통만 한 배와 매년 볼품없이 달리는 제멋대로 생긴 사과는 맛에서만큼은 일등이었다.

과수원 부럽지 않은 많은 과실수와 화원 부럽지 않은 꽃들은 한 해 한 해 지날수록 그 수가 서서히 줄었다. 자기들을 바라봐 주던 시선들이 점점 줄고 있다는 것을 알아차렸는지도 모른다. 어느 해는 석류가 말라 뽑혀 나갔고, 밭에 심은 배나무와 사과나무가 베어져 나갔다. 화려했던 안뜰과 뒤뜰은 부모님의 얼굴에 주름이 한 줄씩 늘어날 때마다 퇴색해갔다. 뚝심으로 자리를 지키고 있던 밤나무와 앵두나무는 길손에게조차도 외면당하는 수모를 겪더니 기어코 엄마 손에 잘려 나가는 신세가 되었다. 우리와 함께했던 많은 흔적이 사라져 버렸다. 모르는 척 외면했던 그것들이 새삼 그리워지는 이유가 뭔지, 곧 아버지 기일이다. 아버지가 우리를 위해 심어놓은 것들은 다 어디로 사라진 것일까.

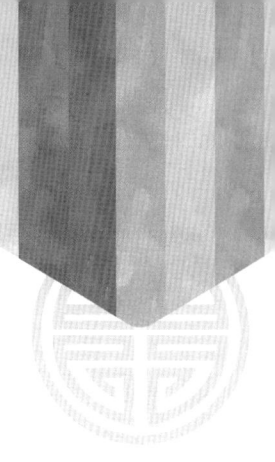

신싸롱 칠공주

 '신싸롱 칠공주'라는 제목부터가 평범치 않다. 많은 사람은 먼저 네온사인이 번쩍거리는 술집을 떠올릴 것이고, 술집에서 일하는 일곱 명의 여성을 떠올릴 것이다. '신싸롱 칠공주'라는 말은 마을 주변의 부대 병사들이 빨간 기와집의 칠 남매가 살던 간판 없는 구멍가게를 가리켜 부르던 말로 나는 칠공주 중 넷째다. 내가 중학교 무렵부터 결혼해서 집을 막 빠져나오던 1990년대 중반까지 10년 넘게 엄마는 인근 군인들을 상대로 장사를 했다. '장사'라는 말이 좀 거창하게 들리지만, 구멍가게라고 부르기조차 낯 뜨거울 정도로 초라하기 짝이 없는 가게였다. 사랑채 부엌에 망치로 뚝딱뚝딱 박아 만든 선반에는 과자 몇 종류와 껌, 술, 그리고 인기 만점이었던 쥐포 등이 진열되어 있었고, 안방 부엌에서는 주문에 따라서 라면을 끓이거나 돼지고기를 넣어 끓인 술안주용 찌개가 끓고는 했다. 어느 것 하나 제대로 갖춰진 것 없는 옹색한 가게였지만, 계절에 상관없이 군인들은 꾸준히 찾아와 여름에는 선풍기를, 겨울에는 무쇠 화로를 옆에 끼고 라면이나 뜨거운 안주 국물을 넘기고 돌아갔다.

　마을 주변으로는 '차리' '부라보' 등 암호 같은 이름을 가진 포병과 보병 등 많은 부대가 상주하고 있었다. 군인들 훈련 장소도 동네 주위였기 때문에 집 뒷산에서 며칠씩 훈련을 받을 때면 1개 소대나 되는 군인들이 한꺼번에 내려와 우리 집 우물에서 식판을 씻기도 하고 세수를 하는 등 평소 넓다고 느꼈던 안마당이 그렇게 좁아 보일 수가 없었다. 한 무리의 군인들로 인해 사춘기를 겪던 우리 자매들은 부끄러워 나오지도 못하고 방에 갇힌 채 작은 유리문 너머로 바깥 동정을 훔쳐보며 빨리 돌아가 주기를 바라고는 했다. 당시 아버지는 이장을 맡고 있었는데, 매년 부대에 위문품을 보냈던 터라 부대 지휘관들과도 친분이 있었다. 일손이 필요할 때면 대민지원이 어렵지 않았을 정도로 부대 도움을 받기도 했는데, 반대로 부대 측에서도 훈련 때면 우리 집 도움을 많이 받았다. 이렇다 보니 훈련 나온 군인들이 우리 집으로까지 와 물건을 빌려 달라거나 물을 좀 쓰겠다고 하면 거절을 안 했고, 장소 제공까지 넙죽 해 주는 바람에 여러 가지로 불편하고 손해 보는 것은 우리들이었다. 그리고 먹어도 늘 배가 고팠던 군인들은 이 틈을 이용해 보급품으로 나온 라면을 엄마에게 끓여 달라고 해서 먹고 가기까지 했는데, 이 좋은 기회를 엄마가 잡은 것이다. 하루 이틀도 아니고 매번 돈을 받지 않고 가스비까지 들여가면서 끓여주는 건 손해라는 계산적인 생각을 했는지는 모르지만, 당신이 직접 라면을 사다 놓고 읍내 라면집보다 적게 받고 끓여주게 되면서 장사가 시작되었다.

이렇게 시작한 장사는 공치는 날이 더 많기는 했지만, 여러 날씩 훈련이 있을 때는 수입이 짤짤했고, 일요일 같은 경우에는 삼삼오오 짝을 지은 군인들이 '개구멍'을 통해 몰래 빠져나와 돼지고기를 넣고 끓인 찌개와 함께 낮술을 즐기다가 가고는 했다. 때로는 서로 다른 부대원들이 안방 마루, 사랑채 마루에서 각각 술을 먹다가 시비가 붙는 바람에 분위기가 심상치 않게 무거워질 때도 있었는데, 사람을 구워삶을 줄 아는 특별한 재주를 가지고 있는 엄마가 중재에 나서 조용히 무마되기도 했다. 오히려 짝을 지어 나온 같은 부대원끼리 술을 먹고 부대로 돌아가다가 산길에서 치고받고 싸우는 바람에 한동안 외출이 금지되어 엄마가 속앓이하기도 했다. 그리고 대학가에 이모·삼촌 하면서 외상술을 먹는 대학생이 있었던 것처럼, 군인들은 기껏 푸짐하게 먹고 난 뒤 외상을 긋고 가버리기도 했다. 양심 있는 군인은 제대 전에 갚고 나갔지만, 몇몇 군인은 소리소문없이 고향으로 내빼는 바람에 받지 못한 돈도 꽤 되었다.

'신싸롱 칠공주'라는 말도 특별하게 미인은 아니어도 여섯 딸이 모두 예쁘고 막내 남동생까지 귀엽다며 군인 중 누구 입에서 시작됐는지 모르지만, 우리가 사는 빨간 기와집을 가리켜 '신싸롱'이라고 불렀고, 졸지에 막내 남동생까지 여자로 둔갑시켜 칠 남매를 '칠공주'라고 불렀다. 군인들 입에서 번져 나간 '신싸롱, 칠공주'는 마을 사람들에게도 퍼지게 되어 처음 찾아오는 군인들이 간혹 마을에서 우리 집을 묻게 되면 자연스럽게 우리 집으로 보냈다. 시내나 길에서도 낯익은 군인들과 자주 마주치기도 했는데, 알은체하는 그런 사이는 아니다 보니 외면했지만 저들끼리 "신싸롱집 딸이다. 야, 니가 가서 알은체 해봐?"라는 말이 들려도 누구 하나 내 앞에 와서 데이트 신청을 하는 군인은 없었다. 인제 와서 얘기지만 그 당시 아가씨 마음에 데이트 신청을 받게 될지 모른다는 은근 기대를 갖게 한 그 군인들이 야속하기만 하다.

  병사부터 시작해 장교까지, 신싸롱집 사위가 되고 싶다고 자청해서 찾아오는 일도 자주 있었다. 지금도 잊을 수 없는 두 사람이 있다. 한 사람은 당시 계급이 중사로 결혼하겠다는 상대가 나였는지 아니면 바로 위 언니였는지는 모르지만 무턱대고 하루가 멀다고 고기며 먹을 것을 들고 와 엄마에게 스스럼없이 "장모님, 장모님" 하면서 애교를 부렸지만, 열 번 찍어도 안 넘어간다는 걸 알았는지 어느 날 갑자기 발길을 뚝 끊었고, 다른 병사는 제대하는 날까지 집에 찾아와 내 바로 위 언니에게 꼭 청혼할 거라고 큰소리를 치더니, 동네를 벗어나면서 마음이 변했는지 가고는 끝이다. 그렇다고 우리 집 부모님이 두 사람을 비롯하여 침을 삼켰던 많은 군인을 마음에 두지는 않았다. 부모님은 "어떤 놈인지도 모르는데 사위로 줄 수 없는 일"이라며 무시해 버렸다. 언니들과 나는 보수적인 부모님이 시키는 대로 선을 보고 결혼을 했지만, 밑에 동생은 끝내 부모님 눈을 속여 가며 우리 집을 드나들던 병사와 연애를 시작해 결혼까지 하게 된 특별한 경우이다.

  이왕 '칠공주' 이야기가 나온 김에 칠 남매 각각의 대표적인 특징을 이야기해 보는 것도 좋을 것 같다. 먼저 살림 밑천이라는 맏딸, 큰언니는 결혼 생활 40년이 돼 가는 지금도 남편을 하늘처럼 모신다. 『섬기는 부모가 자녀를 큰사람으로 키운다』는 책이 있듯이 '섬기는 부인이 남편을 큰사람으로 만든다'라는 제목으로 책을 한 권 내도 될 정도로 지극정성으로 형부를 잘 보필한다. 살림도 깔끔하게 하는 데다 음식이면 음식 그림이면 그림 뜨개질이면 뜨개질, 못하는 게 없을 정도로 손재주가 아주 뛰어나다. 재주를 썩히고 있는 것 같아 늘 안타깝지만 언젠가는 언니가 하고 싶은 플라워리스트의 꿈을 이뤘으면 좋겠다. 점잖지만 노는 분위기에서는 뒤로 빼지 않고 신나게 놀고 일할 때는 억척스럽게 일하는 둘째 언니는 아가씨 때부터 농사꾼에게 시집가겠다고 했었다. 아버지와 친구 사이기도 한 사돈어른과 술자리에서 술김으로 사돈 맺자는 약속이 현실로 이루어졌고, 형부의 직업은 언니의 바람처럼 농사를 짓는 분이다. 마음이 너그러워 우리가 어렸을 때는 언니 호주머니를 터는 일이 잦았는데 군소리 없이 다 해주었다. 지금도 그 부분이 고맙고 미안하다. 아흔 넘은 시아버님을 잘 봉양하는 효부이자 딸들 중 친정엄마를 살뜰하게 제일 잘 챙기는 데다 엄마 마음을 제일 잘 이해하고 알아주는 고운 마음을 가지고 있다. 늘 열심히 사는 모습이 보기 좋다.

　다음은 셋째 언니, 칠 남매 중 친정과 가장 멀리 떨어져 산다. 그래봤자 인천이다. 친정엄마를 제일 많이 닮았다. 구두쇠 못지않은 알뜰함과 야무진 살림 솜씨는 대한민국 제일일 정도다. 소박하고 꾸밈없는 시골스러움이 매력이다. 센터에 영어 배우러 간 초보자가 지금은 영자신문을 줄줄 읽고, 외국인과 대화가 자연스러울 정도로 영어 능통자이다. 그리고 다섯째 내 여동생, 난 다섯째를 생각하면 고모네 집에 놀러 갔다가 부른 "서산 넘어 해님이 숨바꼭질할 때에 수풀 속에 새집에는 촛불 하나 켜놨죠"로 시작하는 '아기별' 노래를 율

동과 함께 부르던 초등학교 2학년 때의 모습이 떠오른다. 깡마른 몸에 짧게 자른 단발머리, 파란색 티와 분홍색 반바지를 입고 있던 동생의 모습은 40년이 다 되어 가는 지금도 어제 본 듯 아주 생생하게 떠오른다. 왜 그런지 이유는 모르지만 이 모습을 떠올릴 때마다 눈에 눈물이 맺힌다. 셋째 언니보다는 덜하지만 알뜰하고 살림꾼이다. 모든 조카가 다섯째를 좋아할 정도로 마음이 따뜻하고 이해심이 많다. 늘 기댈 수 있는 나무와 같은 존재다.

우리 집 여섯째 막내 여동생, 여섯 딸 중 부모님으로부터 가장 사랑을 많이 받은 동생이다. 태어난 지 얼마 안 된 막내 여동생을 보고 간 고모부님이 집에 가서 고모에게 그 집에 공주가 태어났다고 했을 정도란다. 이런 예쁜 아기를 한 살 터울 남동생이 태어나는 바람에 젖을 제대로 못 먹고 비실거려 죽으면 그만이라는 생각으로 윗목에다 그냥 방치하다시피 했단다. 살 목숨이었는지 자라면서 잘난 척은 다 한다. 자랄 때는 자기를 화나게 했다고 언니들 머리채를 잡는 건 기본이고 앙칼진 구석이 있었다. 그런데 이런 행동이 밉지 않았다. 여동생은 여전히 예쁘고 멋쟁이다. 언니들뿐만 아니라 형부들에게도 재롱 섞인 애교를 떨어 사랑을 독차지하고 있다. 그리고 칠 남매 중 제일 젊었다고 티를 내는지 조카들과도 스스럼없이 친구처럼 지낸다. 마지막으로 우리 집 일곱째 막냇동생, 유일하게 남자다. 남동생이 태어나서야 죄인이었던 엄마가 겨우 그 속박에서 벗어날 수 있었다. 이 아이가 태어나지 않았다면 과연 누나들이 온전하게 컸을까 싶다. 여섯 누나 틈에 자란 영향으로 초등학교 때까지 누나들에게 언니라고 불렀다. 지금도 엄마가 아들만을 위해서 어찌나 치성을 드리는지 남동생은 하는 일마다 잘된다. 막내이긴 하지만 누나들도 잘 챙기고 우리 친정 집안의 기둥이다. 처복도 있고, 이래저래 다 복한 막냇동생이다. 그리고 조카들을 위해 지갑을 잘 열어 조카들이 외삼촌을 안 좋아하려야 안 좋아할 수가 없다. 막내 남동생의 직업은 웬만한 직장인 연봉의 몇 배에 달하는 대농을 짓는 농부다. 마지막으로 나에 대해서는 여러분이 판단하기 바란다. 언제나 내 형제들을 응원한다.

밤나무 아람이 입을 벌리기 시작한 어느 해 가을, 일곱 남매 모두 결혼해 떠나고 없는 집으로 한 제대병이 시간의 흔적을 쫓아 엄마를 찾아온 일이 있었다. 40대의 한 남자가 말쑥한 차림으로 차에서 내려 엄마 앞에 선 순간 엄마 머리에서도 군복을 입고 우리 집 마루에 앉아 있던 당시 병사의 모습이 떠올라 반갑게 손을 잡았단다. 일산에 볼 일이 있어 왔다가 엄마 생각이 나 20여 년 전의 기억을 더듬어 '신싸롱' 집을 찾아왔다는 제대병의 인사가 어찌나 반갑고 고마웠던지 돌아갈 때까지 제대병의 손을 도무지 못 놓았다는 엄마의 이야기를 들으며 내 마음까지 따뜻해졌다. 제대하고 나면 부대 쪽을 향해 오줌조차 누지 않는다는 진실 같은 말이 있기도 하지만, 군대 갔다 온 남자들 입에서 군대 얘기 한 번 나오기 시작하면 날밤이 새도록 이야기보따리가 줄줄 이어지는 걸 보면 참 아이러니가 아닐 수 없다. 우리 집을 다녀간 그 당시 군인들이 군대 이야기를 하면서 한 귀퉁이에 '신싸롱 칠공주' 이야기도 들어 있지 않을까. 그들의 안부가 궁금해진다.

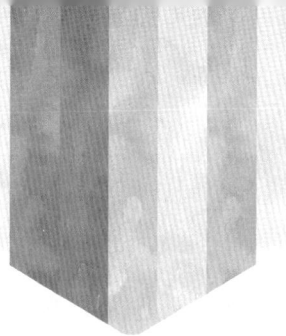

아랫목이 그리운 날

 갑자기 떨어진 기온에 집 안 공기마저 차갑다. 겨울 초입에 들어선 지금 옷만 잘 껴입는다면 한 달 뒤 난방고지서를 받고 놀라는 일은 적을 듯싶다. 대책 없이 반소매 옷이나 얇은 옷을 입고 난방을 펑펑 돌렸다가는 요금 폭탄을 맞을 게 뻔하니 이런 알뜰함이 필요한 때이다. 아닌 게 아니라 을씨년스럽고 스산한 이때 생각나는 것은 구들장이 쩔쩔 끓는 따뜻한 아랫목이다. 김장 후유증으로 낫지 않고 있는 허리도 아랫목에 누워 지지면 다 나을 것 같다. 기나긴 이 겨울을 또 어떻게 날지, 벌써부터 찬 기운이 어깨에 달라붙는 기분이다. 평소 몸이 찬 체질 때문에 유독 겨울이 끔찍할 정도로 싫다. 게다가 난방비가 한여름의 몇 배나 더 드는 것도 겨울이 싫은 이유 중 하나다. 돈 생각에 뜨끈하게 생활할 수 없다 보니 겨울만 되면 친정집의 온돌방이 그렇게 그리울 수가 없다.
 지금 친정집이 구들장이 깔린 온돌방은 아니지만, 개량하기 몇 년 전까지만 해도 아궁이에 불을 지펴 때는 오래된 집이었다. 겨울이면 아랫목에 앉아 할 일 없이 비비적거리거나 형제들과 둘러앉아 할머니의 맛깔스러운 옛날이야기를 듣는 재미가 여간 쏠쏠한 게 아니다. 언 몸을 이불 속에 넣고 있으면 손주의 몸을 걱정하며 투박하고 까슬까슬한 손으로 몸을 녹여 주시던 할머니의 손길 또한 그렇게 좋을 수가 없었다. 특히 아랫목에 군용 담요를 깔고 아버지의 눈을 피해 숨을 죽여 가며 몰래몰래 쳤던 민화투는 얼마나 재미난 겨울 놀이였는지. 아버지에게 걸리는 날에는 맨발로 밖으로 쫓겨나는 날이라는 걸 알았기 때문에 건넌방에서 아버지의 기침 소리만 들려도 얼른 담요째 둘둘 말아 다락에 숨겨 놓기도 여러 번 있었다. 몇 초간에 증거 인멸하는 어린 손길은 타짜 아닌 타짜였다.

이제 막 시작된 겨울, 여름에는 요금 폭탄 맞을까 싶어 에어컨도 마음 편하게 틀지 못했는데 이 겨울은 난방비 폭탄 맞을까 걱정되어 마음 놓고 못 돌릴 게 틀림없다. 이럴 때는 애국자가 된다. 기름도 한 방울 나오지 않는 나라에서 아끼고 아껴야지 별수 있는가. 식구들 모두 따뜻하게 옷을 껴입고 버티라는 수밖에. 친정집 온돌방을 이렇게 그리워하게 될 줄이야.

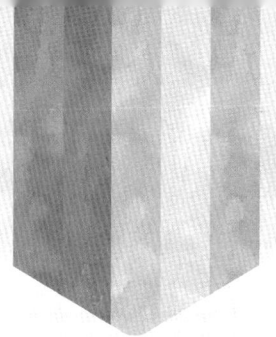

예쁘다, 참 예쁘다

　초등학교 때를 벗어버리고 사춘기가 한창일 때 동네 아주머니들과 마주칠 때면 "참 예쁘다, 좋을 때다."라는 말을 자주 하시고는 했다. 내 얼굴이 한 번 더 쳐다보게 되는 예쁘장한 얼굴이 아니란 걸 알았기 때문에 그런 소리를 들을 때마다 어색하고 거북스러웠다. 어른들은 왜 볼 때마다 그런 얼토당토않은 말씀을 하셨는지, 어린애를 가지고 장난을 치시는 것도 아니고 듣기 좋으라고 건네는 사탕발림 같은 말씀으로 생각했다. 어느새 내 입에서도 여학생을 보면 "예쁘다."는 소리가 자동으로 튀어나온다. 어쩜 요즘 아이들은 왜 그렇게 다 예쁜지 모르겠다.

　요즘은 초등학교 여학생들도 화장한다. 중학생은 말할 것도 없고 고등학생의 경우는 다들 메이크업 아티스트인지 화장도 아주 프로 수준이다. 가끔 화장이 아닌 변장에 가까운 지나친 화장을 한 학생들을 보면 물휴지로 박박 닦아주고 싶은 충동이 더러 들기는 하지만, 그녀들만의 멋 내는 방법이려니 생각한다. 하긴 나도 저 나이에는 큰언니 화장품을 뒤져 거울을 보며 눈 화장을 하고 빨간 립스틱을 발라봤던 때가 있었으니 야단칠 자격도 못 된다.

　순수함과 생기발랄함을 품고 있는 여학생들을 바라보고 있으면 부모가 아닌데도 괜히 흐뭇하고 기분 좋다. 그리고 그 아이들에게서 희망을 보게 된다. 나는 이제 지는 세대다. 마음은 뭐든지 할 수 있는 청춘이지만 꺾어지는 나이라는 건 부정할 수 없는 사실이다. 반면 아이들은 이제 점점 피는 꽃이요, 미래의 주인이라는 것. 꽃보다 더 예쁘다는 말이 이 아이들을 두고 하는 말이 아닐까. 그래서 더 흐뭇한 미소로 바라보게 되는지 모르겠다. 당시 동네 어르신들도 나와 같은 생각으로 그런 말을 했으리라. "애들아, 예쁘다. 참 예쁘다."

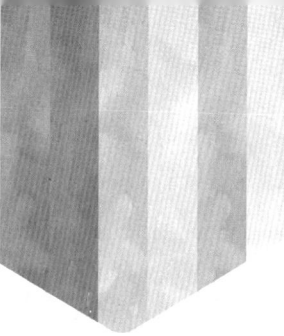

올케

　바람 불면 날아갈까, 행여나 다치는 날에는 온 집안 식구가 비상이 걸릴 정도로 금이야 옥이야 가족들의 모든 사랑을 독차지하며 큰 우리 집 막내 남동생. 친구들은 대학 생활을 하고 있을 나이에 결혼하겠다고 선언했을 때 여섯 누나는 경악했지만, 엄마 아버지만큼은 경사라며 좋아하셨고 여섯 딸 출가시킬 때와는 다르게 들어오는 새 사람의 예물은 한 번 더 누나들을 뒤로 넘어가게 했다. 무슨 조선시대도 아니고 '양성평등'이라는 말이 무색할 정도로 아들과 딸을 차별 두고 키웠어도 그게 당연한 양 받아들였고 며느리 예물을 별나게 많이 해줬어도 여섯 시누 있는 집으로 시집오는 것만으로도 감지덕지하며 남동생 못지않게 올케도 우리 집안의 귀한 보배였다.
　세상 물정 모르는 철부지 같던 남동생의 결혼 생활을 내심 우려하며 22년이라는 시간이 흘렀다. 저출산 시대에 건강한 세 아이를 낳아 국가적으로도 큰 공을 세웠고 이들 부부의 매일은 항상 바쁘다.

그렇게 집안의 대들보 역할을 한 남동생과 올케가 새해 벽두부터 큰 상을 받아 또 한 번 경사를 안겨 주었다. 농업에 종사하며 큰 역할과 업적을 남긴 사람만이 받을 수 있는 영예로운 새농민상. 농업경영인으로서 자부심을 갖고 본분에 충실하며 대농을 무리 없이 잘하는 동생 부부를 보고 있으면 열심히 사는 동생네가 기특하고 흐뭇하기가 이루 다 말할 수 없다. 동네의 자랑이자 파주의 자랑이고 경기도의 자랑이며 나아가 이 나라 대한민국의 자랑이다. 시골 마을 입구에는 축하 현수막이 내걸렸고 평생 하나밖에 없는 아들을 위해 손바닥이 닳도록 치성을 드린 엄마의 눈물은 무엇을 의미하는지 가족들은 너무도 잘 알고 있다.

　상도 받기 전부터 누나들은 단체로 한복 맞춰 입고 가겠다는 둥 꽃다발을 들고 가겠다는 둥 부산을 떨더니 정작 수상식에는 여섯 누나 모두 일이 있어 참석하지 못하는 말만 앞세운 꼴이 되었다. 누나들의 유별난 마흔세 살 먹은 남동생 사랑이 가끔은 이렇게 엉뚱하기까지 하다. 수상식을 마친 동생이 가족 단체 카톡방에 수상식 사진을 올렸다. 남동생은 양복에 올케는 고운 한복을 입었는데 제 눈에 안경인지 모르지만 어쩜 동생네 부부가 제일 돋보였다. 사십 초반에 이런 큰상을 받기란 어려운 것으로 알고 있는데 초등학교 때부터 아버지가 애지중지 여긴 경운기를 운전하더니 어쩌면 동생의 직업은 이때부터 정해져 있었는지도 모르겠다. 농사라는 한 우물을 판 동생과 시집오자마자 들에 쫓아다니며 일하고 들밥 해대느라 고생한 올케의 노고가 그렇게 대견할 수가 없었다. 말은 제주도로 보내고 사람은 서울로 보내라는 말이 있지만, 애초부터 남동생의 꿈은 농사꾼, 고상하게 표현해서 농업인이었고 부모님의 뜻도 농사라는 가업을 아들이 이어 주길 원했던 터라 직업에 대한 고민 같은 건 없었는지 모른다.

　가만히 남동생과 올케의 수상 사진을 들여다보았다. 유수의 시간을 보내며 이들도 나와 같이 얼굴에서 세월의 흔적을 보게 된다는 안타까운 마음이 먼저 앞섰다. 누나들은 늙어가더라도 이 부부만큼은 늙지 않아 주기를 평소에도 얼마나 간절히 바라였던가? 지난 설 명절에 일찌감치 차례 준비를 끝내고 대식구의 음식을 준비하고 있을 올케를 돕고자 들어갔더니 차례 준비는 벌써 끝내고 여섯 시누와 여섯 시누 남편 거기다 조카들 음식 준비하느라 바빴다. 음식 솜씨가 워낙 좋아 명절 때마다 특이한 음식을 선보이고는 했는데 이번에는 베트남 음식이란다. 할 줄을 모르니 도와줄 것도 별로 없는 데다 올케의 분주한 모습이 왜 그렇게 마음이 뭉클하고 미안한 생각이 드는지 얼른 나오고 말았다. 다음 날 온 식구가 그 특별음식을 맛있게 먹어주는 것으로 고마움을 표시했지만 늘 올케가 고맙기만 하다.

　평소 남동생은 위로 여섯 누나가 있는 막내라도 손위 오빠나 한 집안의 어른으로서의 책임감 같은 것을 가지고 있다. 모르긴 몰라도 이런 것들이 어깨의 짐이 될 수도 있고 안사람의 눈치까지 살필 수 있는 문제일 텐데 고맙게도 올케 또한 시누들에 대해서는 아량이 넓다. 참 고마운 사람, 아끼고 싶은 사람, 아름답고 건강하게 세월을 먹으며 우리 윤씨 가문을 지켜주길 바란다.

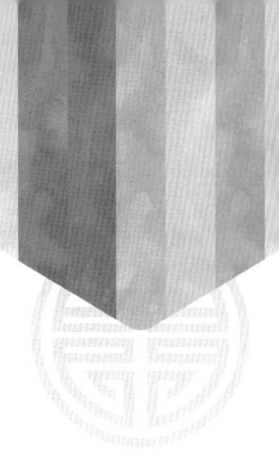

우산이 필요해

　비가 잦았던 요 며칠, 모처럼 아침 하늘에 몽실몽실 떠 있는 하얀 뭉게구름이 기분을 상쾌하게 한다. 근무지가 학교이다 보니 늘 활기찬 아이들의 좋은 기를 받아 가벼운 발걸음으로 출근을 한다. 오후가 되자 심상찮게 하늘빛이 회색으로 변하더니 급기야 비가 내리기 시작했다. 한 시간 후에 내렸으면 좋았을 것을 인색한 하늘은 그만 곧 하교하는 아이들의 발목을 잡아 버리고 말았다. 분명 기상청에서 오후 비 소식과 함께 우산 챙기라는 당부가 있었는데 나부터가 맑은 아침 하늘만으로 하루 종일 맑을 것이라는 계산 착오를 하기 일쑤이니 요즘처럼 바쁜 아이들이야 오죽하랴. 그러고 보니 우리 집 작은 아들도 학교 가면서 우산 챙기는 걸 깜빡했으니 어쩐다. 미처 우산을 챙겨오지 못한 여러 학생이 1층 현관 앞에서 비를 바라보며 우두커니 서 있다.

　몇몇 부모는 차로 데리러 오는가 하면 그렇지 못한 아이들은 비를 쫄딱 맞고 귀가할 판이다. 누군가 교실이나 복도에 버리고 간 분실 처리된 여러 우산을 창고에서 갖고 나왔다. 오늘처럼 미처 준비하지 못한 아이들을 위한 학교 측의 배려이다. 융통성 있는 아이는 재빨리 교무실에 들어와 우산을 빌려 가고, 평상시 조용한 아이들은 담임 선생님이 학생에게 다가가 우산을 건네준다. 어떤 부모는 직접 우산을 챙겨와 아이와 함께 빗속을 걸어가는데 그 모습이 참으로 정겹다. 갑작스럽게 비가 오는 날 낭패라고 생각하다가 우산을 받는 일만큼 기분 좋은 일은 없다. 이렇게 사소한 일로 사랑받는다는 느낌은 자존감은 물론 자신을 사랑하고 타인을 사랑하는 법을 배우게 된다.

 어린 시절 하굣길에 비가 억세게 쏟아져도 우리 부모님은 나를 위해 단 한 번도 우산을 가져온 적이 없다. 버스도 다니지 않는 시골이라 학교에서 집까지는 30분을 걸어야 하는데 비 오는 날이면 영락없이 비 맞은 생쥐가 되어 집에 도착하곤 했다. 비 맞는 서러움보다 젖은 옷이 몸에 달라붙는 창피함에 부모님이 밉기도 했었다.

 다른 동네와 달리 우리 동네 어른들은 비 오는 날 아이들에게 우산을 챙겨 오는 분이 없었다. 마을의 유일한 교통수단인 경운기가 있기는 했지만 바쁜 일손에 마음의 여유가 없었는지 모른다. 하지만 매번 반에서 1등 하는 친구 부모님은 우리 부모님처럼 농사를 짓고, 집도 뛰어가면 5분도 안 되는 곳에 살면서도 비 오는 날이면 우산을 꼭 가져오는 통에 늘 기분이 좋지 않았다. 얼마나 샘이 나고 부러운지 '이다음에 엄마가 되면 자식에게 꼭 우산을 가져다줄 것'이라고 맹세할 정도였다.

또한, 비가 오는 날이면 우리 집은 식구가 많아 우산 전쟁을 치러야 했다. 우산이 지금처럼 흔한 것도 아니고 없으면 또 산다는 생각조차 하지 못했던 시절이었다. 우산은 많은데 대부분 살이 부러졌고 제대로 된 우산은 고작 한두 개 정도였다. 하여 비가 오는 날이면 같은 학교에 다니는 언니와 나, 동생이 서로 좋은 우산을 차지하려는 쟁탈전이 벌어졌다. 부지런한 사람이 제일 좋은 우산을 챙길 수 있었다. 심지어 자면서 빗소리를 들으면 벌떡 일어나 우산부터 챙겨 아무도 모르는 곳에 숨겨 두거나, 밥 먹는 중간에도 우산을 차지하려고 서로 다투다가 아침부터 아버지에게 혼이 난 적도 한두 번이 아니다. 참으로 웃지 못할 사랑의 추억이다.

　어머니는 도저히 우산이라고 할 수 없을 만큼 형태가 망가진 우산도 버리지 않고 당신이 쓰셨는데 그런 모습도 싫었다. 또한, 두 동생에게 항상 밀렸던 언니도 늘 찌그러진 우산만 썼다. 부끄러웠을 텐데도 고약한 내 성질 때문에 늘 양보를 했던 것 같다. 한 번은 내 차지가 된 우산을 잘 챙겼다가 막상 학교에 가려고 펴 보니 도저히 쓸 수 없을 정도로 고장 나 있었다. 어찌나 화가 나던지 멀쩡한 우산 하나 없다고 심통을 부리며 마당에 여봐란듯이 우산을 패대기쳤다. 그리고는 억울함과 오기가 발동해 울면서 빗속을 향해 걸어갔다. 다행히 언니가 쫓아와 우산을 같이 쓰긴 했지만, 둘 다 한쪽 어깨에 맞는 비는 어쩔 수 없었다. 그땐 몰랐던 자매간의 촉촉한 사랑이 우산 속에서 아지랑이처럼 피어왔음을 이제야 알게 되었다.

　변변한 우산 하나 가지지 못했던 탓일까, 지금은 많은 우산을 가지고 있다. 예쁘고 튼튼한 우산은 식구 수보다도 몇 배가 많다. 결혼식이나 행사, 개업, 기념일 때 받은 우산뿐만 아니라 갑자기 내린 소나기 탓에 싸게 산 비닐우산까지 합치면 포화상태다. 부모님과는 달리 고쳐 쓸 수 있는데도 과감히 버리는 것은 그만큼 흔한 물건이 되어 버렸기 때문이다. 집집마다 있는 자가용도 우산의 절실한 필요성을 무디게 한다. 나부터도 비가 내리면 자가용을 타고 아이들을 데리러 간다. 짧은 시간이지만 비 오는 날 모자가 누리는 낭만 데이트다.

  번개가 번쩍이더니 천둥소리가 요란하다. 이제는 대지를 흔들어 놓는 세찬 비가 내린다. 학생들도 하나둘 집으로 가고 1층 현관 입구는 빗소리로 가득하다. '사랑은 비를 타고'라는 뮤지컬의 아름다운 운율에 맞혀 춤을 추는 듯하다. 부모님을 비롯해 언니 동생들이 스쳐 지나간다. 자라면서 무던히도 싸우고 샘 부렸던 일들이 큰 사랑으로 다가온다. 비 오는 날 우산이 필요했던 것은 어쩜 어머니의 사랑을 받고 싶은 무언의 행동이었으리라. 작은아들에게 전화해 역으로 우산 들고 가겠다고 했다. 일부러 가고 싶은 엄마 마음을 알았는지 우산이 필요하단다. 소중한 아들을 위해 예쁘고 튼튼한 우산을 펼쳐 들고 빗속으로 들어갔다. 사뿐사뿐 가벼운 발걸음과 함께 우두둑 우산에 떨어지는 빗방울에 사랑 가득 아름다운 멜로디가 내게 전해진다.

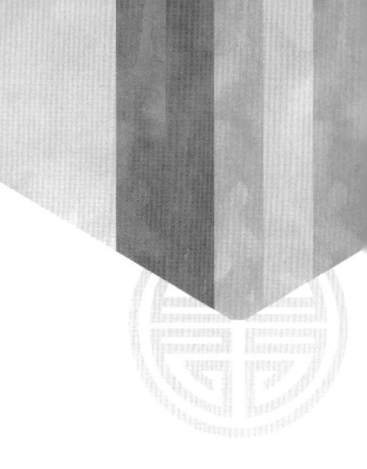

우족 미역국과 단무지

　살면서 누군가로부터 의미 있는 선물을 받은 일은 드문드문 있다. 초등학교 때 생일날 반 친구가 손수 만들어 준 인형부터 남편에게서 받은 18K 목걸이까지. 뭐니 뭐니 해도 내가 받은 선물 중 가장 값진 선물은 하늘이 주신 나의 두 아들이 아닐까? 정성 들여 태교하지는 않았어도 나름 건강하게 태어나줄 것과 된 사람으로 성장하기를 얼마나 간절히 바라며 기도했던가. 우리 부부에게 있어서 두 아들은 희망이다. 혹독한 산고를 잘 참을 만큼 평소 참을성이 있는 것도 아닌데 잘 견뎌냈고, 연습 없이 시작하는 '엄마' 되기란 나이가 적거나 많은 것과 상관없이 쉽지만은 않은 것 같다.
　첫아이만 낳고 둘째까지는 생각지도 않았는데 시어머니의 한마디가 나를 자극하는 바람에 오기로 둘째까지 낳았는지 모르겠다. 냉정하리만치 단호했던 어머니의 말씀은 둘까지 필요 없으니 하나만 낳아 키우라는 것이었다. 아들 한 명만 키우신 분이라 그런지 자식 욕심만큼은 없으셨고, 애들 많은 걸 무척 싫어하셨다. 형제 많은 속에 북적거리며 자란 나는 어머니의 말씀이 왜 그렇게 섭섭하던지 그 자리에서 둘째까지는 낳겠다고 못을 박아 버렸다. 그리고 오기로 낳은 둘째 아이.

요즘 산모들은 산후조리원에서 산후조리까지 마치고 나오는 게 일반적이다. 적잖은 돈이 들어 그렇지 다들 바쁘게 사는 요즘 어떻게 보면 바쁜 시어머니와 친정엄마의 부담감도 덜어 주고 산모는 편하게 조리할 수 있으니 매부 좋고 누이 좋은 일이지 싶다. 26년 전 그때도 산후조리원이 있었다면 어머니를 힘들게 하지도 않았을 테고, 미안해하는 엄마에게도 부담감을 덜어 줬을 것을 요즘 새댁들은 가사도 남편과 아주 자연스럽게 분담하는 데다 편하게 누리는 게 많아 복 받은 사람들이다. 사실 주위에서 친정엄마가 몸조리를 도왔다는 소리를 들으면 그렇게 부러울 수가 없다. 왜 그렇게 친정엄마는 늘 바빴는지, 봄은 농번기라 바쁘고 농한기인 겨울은 이것저것 팔러 다녀야 해서 바빴다. 엄마를 대신해 두 아이 모두 시어머니께서 몸조리를 도와주셨는데 어머니는 어려운 존재가 아닌가? 눈치 보이고 어렵고 마음 편한 게 당최 하나도 없었다. 둘째 아이 몸조리는 군인이었던 남편을 따라 창원에 살 때였다. 그나마 첫아이 키운 경험이 있어 그런지 퇴원 후 일주일만 부탁드리고 집으로 올라가시라 했다. 혼자 계시는 아버님을 걱정하는 착한 며느리인 척했지만 나름 속뜻이 숨어 있었다. 워낙 첫아이 몸조리 때 질리게 먹은 미역국을 둘째 아이 때도 먹게 될까 봐 지레 겁을 먹었기 때문이었다.

첫아이를 낳고 일주일 만에 퇴원해 왔더니 가까이 살고 계신 어머니가 곰솥에 미역국을 가득 끓여놓으셨다. 평소 북어채와 쇠고기를 넣어 끓인 미역국이나 두툼하게 썬 감자와 미역에 들기름을 달달 볶다가 푹 끓인 미역국을 좋아하는데 집 안 가득 풍기는 미역국 냄새가 코를 찌를 정도로 이상해 여쭤보니 우족이란다. 해산 한 사람에게 좋다고 끓이셨단다. 문제는 고기를 그다지 좋아하지 않는 내가 우족 냄새가 좋을 리 없다는 것이다. 곰솥 가득 끓인 미역국을 다 먹어야 한다고 생각하니 입덧하는 양 헛구역질이 났다. 며느리를 위해 공들여 끓인 음식인 만큼 싫지만 먹는 내내 고약한 냄새가 나는 미역국과 김치 대신 올려 주신 단무지 몇 조각을 반찬으로 먹었다.

　미역국도 질리는 판에 매번 올라오는 노란 단무지도 슬슬 질리기 시작했다. 그 흔한 계란찜이라도 해 주시던가 다른 반찬이라도 해주시면 좋은데 왜 자꾸 단무지만 올리시는지 이해가 안 갈 무렵 못 볼 것을 보고 말았다. 아뿔싸, 작은방에 둔 물건을 찾으러 갔더니 방 한 구석에 영업용 단무지가 한 판도 아니고 두 판씩이나 있는 것이 아닌가! 울어야 할지 웃어야 할지 아리송한 표정을 짓고 저걸 다 먹을 때까지 다른 반찬 구경은 다 했다고 생각하니 먹고 싶은 온갖 음식들이 머릿속에서 헤엄을 치며 왔다 갔다 하기 시작했다. 과자도 먹고 싶고 때아닌 복숭아도 먹고 싶고 시원하게 속을 풀어 줄 아이스크림도 먹고 싶고 머리에서 야단이 났다. 특히 바삭한 과자 한입 베어 물면 소원이 없을 텐데 참다못해 퇴근하는 동생에게 전화해 과자 이름까지 불러주며 사 오라고 시켰다. 해가 져 어머니는 건너가시고 동생이 사 온 과자를 오도독오도독 깨물며 정신없이 먹었다.

　문제는 남아 있는 미역국과 방에 있는 단무지를 어떻게 처치해야 할지가 고민이었다. 정말 먹을 때마다 코를 막고 먹을 정도로 참기 힘든 곤욕이었고 단무지 없는 다른 반찬이라도 올라오면 찔끔 눈 감고 미역국이야 어떻게 먹어 보겠는데 단무지만 올려주시는 어머니가 어찌나 서운하던지. 지금까지 가끔 남편과 예전 이야기를 하다 보면 손맛 없는 어머니라고 흉 아닌 흉을 보게 된다. 사실 어머니는 살림 솜씨 하나만큼은 감히 쫓아갈 수 없을 정도로 훌륭하셨지만 음식 솜씨는 자타가 인정할 정도로 손맛은 없으셨다. 대신 손이 크셔서 국 하나를 끓이더라도 한 냄비 끓이는 통에 다 먹어 없앨 때까지 다른 국은 끓이지 않는다. 어머니를 통해 알았다. 음식 솜씨가 없으면 절대로 손이 크면 안 된다는 것을.

  끝내 미역국과 단무지는 못 먹었다. 아니 안 먹었다. 퇴근하고 오는 남편에게 강제로 먹이다시피 했고 일부러 친정 동생들 오게 해서 먹이고, 찡그리고 먹는 며느리가 보기 싫으셨는지 아버님 드린다고 한 냄비 가져가시는 바람에 얼렁뚱땅 해치워 버렸다. 단무지도 질려 더는 못 먹겠어서 어머니가 가져간 미역국에 딸려 보냈다. 아마 당신 마음을 몰라주는 며느리가 미우셨을 것이다. 생각해 보면, 병원에 있는 일주일 동안 김치를 비롯해 이것저것 다 먹었는데 집에 와서는 딱딱한 음식이나 찬 음식, 매운 음식 등은 먹으면 안 된다는 고정관념만을 너무 믿고 어른들이 하자는 대로 따라 한 나나 가족 모두 그 틀에서 구속당한 것은 아니었을까? 아니면 경험 부족이었는지도 모르겠다. 사실 경험과 융통성을 발휘할 만큼 내 지혜도 뛰어나진 않았다. 동생이 사다 준 도둑 과자를 먹었던 그 맛은 지금 생각해도 달콤하다.

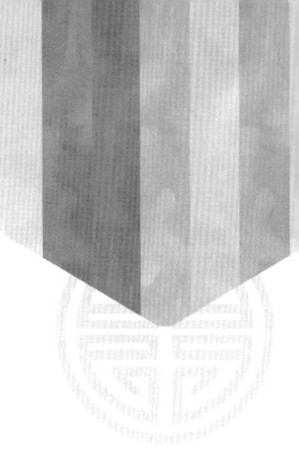

이국의 낯선 음식에 대한 불손

  필리핀 팔라우섬으로 여행을 떠난 남동생 부부가 근사한 호텔에서 근사한 식사를 하며 여유롭게 낭만을 즐기는 여러 장면의 사진을 가족 단체 카톡방에 올렸다. 올해 들어 벌써 해외여행만 여러 번 나간 동생이기에 가족방이 난리가 났다. 부럽다는 둥 복이 터졌다는 둥 매년 여러 번 해외로 떠나는 남동생 부부를 솔직히 부러운 눈으로 보고는 한다. 어렸을 때 어느 점쟁이 말에 의하면 남동생은 커서 비행기만 타고 다닌다고 했단다. 엄마는 그 말을 외교관이 되지 않을까 하는 기대를 품고 하루빨리 남동생이 어른이 되기만을 바라고 계셨는데 외교관이라는 직업과는 거리가 먼 동생의 직업은 농부다. 농부라도 얼마나 좋은 팔자인지 해외여행을 이웃집 놀러 가듯 다니고 있으니 뭔 복이 저리 많나 하는 생각이 들고는 한다. 농사 잘 지었다고 기관에서 보내주는가 하면, 이런저런 모임에서도 자주 가다 보니 최근에서야 해외여행을 나가 본 나에게는 더없이 부럽기만 하다.

해외여행 경험이 없었던 몇 년 전, 올케가 처음 보는 음식 하나를 해가지고 와서는 먹어보라고 들이미는데 짬뽕 국물같이 생긴 것이 각종 야채와 함께 그 속에는 토마토도 빠져 있고 무엇보다 시큼하기 짝이 없는 냄새가 생소하리만치 싫었다. 태국 음식 '똠얌꿍'이란다. 베트남과 태국 등 동남아시아 쪽을 두루두루 다녀본 덕분인지 똠얌꿍 재료를 구해 직접 만들었다는 올케는 현지 음식에 대해 상식이 풍부했다. 맛있게 먹는 두 사람과는 달리 이걸 무슨 맛으로 먹을까 할 정도로 새로운 맛에 선뜻 숟가락이 가질 않았다.

국내 여행도 못 가본 곳이 많고 시간적인 여유도 없이 사는 내게 해외여행은 그야말로 사치이고 큰마음을 먹고 떠나야 하는 것으로만 여기고 있을 무렵, 드디어 우리 칠 남매가 함께 떠나는 해외여행이라는 것을 가게 됐다. 목적지는 베트남 하롱베이를 포함해 북부지역. 한겨울의 추위에서 벗어나긴 했지만 기다리고 있는 것은 베트남의 고온다습한 기온. 공항에 내리자마자 코로 들어오는 뜨거운 공기는 숨조차도 제대로 쉴 수 없을 정도로 후텁지근했다. 남동생 부부를 대장으로 여기며 3박 5일의 여행을 즐기는 동안 낯선 것은 현지 음식이었다. 대부분이 한국 식당과 뷔페 위주의 식사이긴 했지만, 베트남 사람들의 음식문화도 접할 수 있도록 몇 끼는 현지 식당에서 현지 음식을 먹는 것이었다. 신경 써 준 가이드의 마음이 고맙기는 했지만, 생각보다 현지 음식 먹는 데 곤욕을 치러야 했다. 현지 식당으로 안내되어 가보니 바닥은 쓰레기가 굴러다니고 식탁에는 음식이 풍부하지만 젓가락 가는 음식이 없었다. 통째로 튀긴 낯선 생선도 한국에서는 먹어보지 않은 것이었고 우리나라의 취나물처럼 볶아 낸 이름 모를 채소도 향이 강해 두 번 젓가락이 안 갔다. 촌스러운 건지 아니면 해외여행을 안 해봤다는 티를 내는 건지 나 이외에도 여러 사람이 먹지를 못했다. 끝내 짐가방에 꼭꼭 넣어 두었던 컵라면과 밑반찬을 꺼내 먹게 되었고 현지 종업원이 물까지 끓이는 수고까지 하게끔 했다. 며칠 안 됐지만 타국에서 새삼 한국의 김치 냄새와 된장찌개 냄새가 간절하게 그리울 줄은 상상이나 했을까. 오히려 같이 따라서 간 아이들은 새로운 학습이라고 여기는지 현지 음식을 잘 먹었다.

 곳곳에서 느끼는 베트남 특유의 냄새가 감각을 혼란스럽게 했다. 외국 속담에 로마에 가면 로마법을 따르라는 말처럼 외국에 나갔으면 그 나라 문화를 있는 그대로 받아들여야 하는 게 맞는데 이 무슨 건방진 태도로 베트남을 얕잡아봤는지, 여행을 마치고 돌아와서야 나의 무례를 반성하게 되었다. 그 당시 옆에서 식사하고 있던 현지인들이나 식당 주인은 우리를 얼마나 고깝게 봤을까. 무시당했다고 생각했을 것임이 틀림없다. 세계화 속의 대한민국, 지금이야 세계 곳곳에서 한류 열풍이 주목을 받고—심지어 베트남 여행에서 심심치 않게 들었던 우리나라 인기곡과 가수들의 얼굴이 찍힌 브로마이드를 보면서 외국에서의 남다른 자부심과 애국심마저 불러일으켰다. —손가락 안에 드는 부의 국가로 인식되고 있지만, 개구리 올챙이적 생각하면 우리도 한때 여러 나라가 얕잡아 보는 보잘것없는 나라 중 하나였다. 우리나라에 주둔해 있는 미군들은 마늘 냄새와 된장찌개 냄새를 역겨워했고, 씻지 않은 한국인에게서 노골적으로 냄새가 난다고 혐오스러워했다. 외국인이 우리나라를 바라보는 깊게 뿌리박힌 부정적인 고정관념은 오래도록 지속되었고, 지금도 해외에 나가 있는 교민들은 마음 놓고 청국장이나 된장국을 끓여 먹지 못한다는 이야기를 들었을 때 음식에서 그들이 받아야 하는 냉대와 차별에 내 일처럼 부아가 났던 일을 왜 잊은 것인지.

 우리가 항상 맛있게 먹고 있는 된장찌개나 마늘은 워낙 어려서부터 접했기 때문에 냄새가 익숙하다. 어려서부터 냄새와 맛에 익숙한 한국인으로서 당연한 것과 같이 이국의 현지인들이 제 나라 음식 맛있게 먹는 것 또한 전혀 이상할 게 없는데도, 베트남 현지 식당에서 분짜라는 음식을 맛있게 먹는 현지인들을 이상스러운 눈초리로 바라보았던 불손한 행동이 여간 미안한 게 아니다. 여행 내내 이국 음식에 대한 거부반응 없이 잘 먹었던 동생의 말마따나 현지에 왔으면 현지 음식 먹는 건 당연한 일이고 현지 사람들은 맛있게 먹는 음식을 왜 이상하게 바라보냐고 했던 말이 하나 틀리지 않았다. 우리나라에 돈을 벌기 위해 와 있는 외국인 근로자들, 특히 동남아시아에서 온 근로자들은 우리나라 음식을 어떻게 받아들이고 느꼈을까? 내가 이국땅에서 느낀 것과 같은 생각을 했을 것이다.

 여행의 목적이 힐링이나 다른 나라 문화를 접해보기 위함이다. 그 속에는 생소한 음식 문화를 접하는 것도 포함되어 있다. 베트남도 우리와 다를 바 없는 사람 사는 곳이고 푸른 하늘 또한 한국과 다를 바 없다. 똠얌꿍이나 분짜 등 현지 음식이 동남아시아가 아닌 유럽의 부유한 어느 나라의 음식이었어도 거부했을까 싶은 생각이 들었다. 향신료가 아무리 강해도 아마 색다른 경험이라며 먹었을 것 같은데 어느 나라냐에 따라서 음식에 대한 선입견을 가지고 있는 것은 비단 나뿐만이 아닐 것이다. 다음 해외여행의 목적지가 어디가 될지 모르지만, 베트남에서의 무례함을 계기로 어리석고 부끄러운 행동은 하지 말자. 잊었는가, 우리가 과거에 서양인들에게 받았던 그 무시와 냉대를.

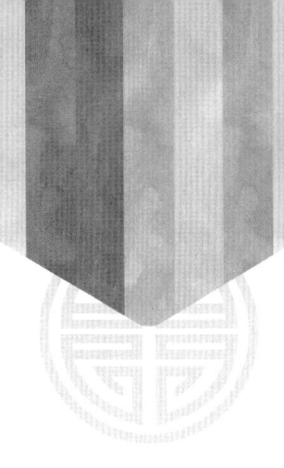

천둥 치는 날

 날도 밝기 전 잠결에 듣는 여러 번의 천둥소리. 저 멀리 하늘에서 전쟁이 났다. 그 전쟁이 날이 밝기가 무섭게 옮겨 왔고, 시커멓게 변한 하늘에서는 천둥과 번개와 요란한 빗방울 소리가 섞이어 일대 혼란에 빠졌다. 우산 없이 나온 사람들의 우왕좌왕하는 모습에 그들을 위해 우산을 내어 줄 그런 넓은 아량 따윈 없다. 나와 상관없는 그들을 향한 시선이 바삐 움직이는 발걸음만 쫓을 뿐이다. 그리고 다시 내 할 일을 할 뿐이다.
 초등학교 5학년 때였으니까 40년은 된 이야기. 밭에 김을 매러 나간 엄마, 아버지, 할머니, 그리고 언니. 어린 동생들을 데리고 점심밥을 짓다 말고 하늘이 수상쩍게 변하는 것을 보고 발을 동동 구르던 차, 시커먼 하늘에선 유리구슬만 한 우박이 우두둑 떨어지고 천둥과 번개는 어린 우리의 기를 눌러 버리고 말았다. 천둥이 한 번 칠 때마다 막내 여동생의 비명 소리 한 번, 번개가 한 번 칠 때마다 또 막내 여동생의 비명 소리 한 번. 밥 짓는 일은 까맣게 잊고 동생들을 달랬다. 그리고 천둥과 번개가 하나도 무섭지 않은데 내 눈에서는 자꾸 눈물이 났다. 혹시 저 못된 번개가 내 가족을 향해 내리꽂는 건 아닌지. 밭에 쓰러져 있을지도 모를 엄마와 아버지와 할머니와 언니를 생각하며 가슴이 찢어지는 아픔을 느꼈다.

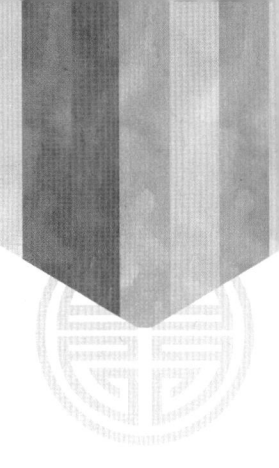

콩나물국이 겨울에 더 맛있는 이유

'오뉴월 감기는 개도 안 걸린다'는 옛말이 무색하게 여름이 한창인 요즘 큰아들이 된통 감기에 걸려 며칠째 고생을 하고 있다. 재채기에 끊임없이 나오는 콧물을 훔쳐대느라 코가 다 헐었다. 약도 약이지만 감기에 좋은 콩나물국을 얼큰하게 끓여 냈지만, 더운 여름에 국은 싫다며 마다한다. 아닌 게 아니라 이 더운 날 송송 썬 오이에 미역을 넣고 얼음 몇 조각 동동 띄운 시원한 냉국이면 모를까 '이열치열'이라는 말이 전혀 어울릴 것 같지 않은 콩나물국은 나라도 손이 가지 않는다. 아들 감기가 뚝 떨어지라고 끓인 콩나물국은 어쩔 수 없이 나 혼자 꾸역꾸역 먹어 없앨 판이다.

과학적인 증명까지야 할 수 없지만 내 나름의 경험에서 볼 때 음식도 계절에 따라 당기는 맛이 다르다. 여름에는 시원한 미역오이 냉국이 있다면 찬 바람이 불기 시작하는 겨울에는 김칫국이나 콩나물국은 개운할 뿐 아니라 시원하면서도 몸을 따듯하게 하는 아이러니

한 맛을 갖게 한다. 한여름에는 생각조차 나지 않는 호빵이 찬 바람이 불 때면 저절로 생각나고 어묵탕도 추운 겨울에 먹어야 더욱 맛있는 법이다. 겨울에 먹는 팥죽은 또 얼마나 맛이 좋은가.

콩나물시루처럼 안방에서 대가족 열한 명이 들끓었던 어린 시절 구들장이 깔린 온돌방 한쪽으로 콩나물시루가 놓여 있었다. 아침저녁으로 물을 주고 햇빛이 들지 않도록 잘 덮어두면 하루 사이에 다리가 늘씬하게 쭉 뻗은 콩나물이 자랐다. 흔히 자라나는 아이들에게 '오이 자라듯 한다'는 말이 있는데 이 표현보다는 '콩나물 자라듯 한다'는 말이 더 어울릴 것 같다. 이 콩나물이 겨울에는 아주 요긴하게 사용됐다. 돈 들 필요 없이 시루에서 꺼낸 콩나물로 콩나물 무침도 해 먹었지만 그때그때 엄마 마음대로인 김치를 송송 썰어 콩나물 김칫국을 끓이거나 맑은 콩나물국을 끓여 먹고는 했다. 온 식구가 옹기종기 안방에 둘러앉아 먹는 콩나물국이야말로 겨울의 대표적인 음식이었다. 아버지의 해장국으로도 심심치 않게 올라오기도 했는데 아버지는 매운 고춧가루를 한 숟가락이나 되게 풀어 땀을 흘리면서 드셨다.

지금 부모들은 겨울에 아이들이 감기라도 걸릴까 봐 밖에는 나가지도 못하게 하지만 내가 자랄 때는 아무리 추워도 밖에 나가 겨울을 즐기고는 했다. 썰매 타고 눈싸움하고 콧물이 마를 날이 없었던 그때 읍내에 있는 병원 한 번 가기가 어려운 점도 있었지만, 감기는 대수롭지 않게 앓는 잔병치레쯤으로 여겼기 때문에 병원을 찾는다는 건 상상도 할 수 없는 일이었다. 비상약으로 사다 놓은 벽장 깊이 숨겨 둔 감기 물약 한 스푼과 뜨끈뜨끈한 콩나물국 한 그릇이면 신기하게도 막혔던 코가 뻥 뚫렸고 얼마 안 있어 감기는 뚝 떨어졌다. 엄마의 정성이 들어간 콩나물국이 약보다 효과가 더 좋았다. 먹다 남은 콩나물국이 화롯불 위에서 졸아 가는 그 냄새는 또 얼마나 기가 막히던지. 찬 바람이 불기 시작하면 콩나물 사다가 나물로도 무치고 콩나물국을 끓일 참이다.

03부

상고머리의 멋진 날자

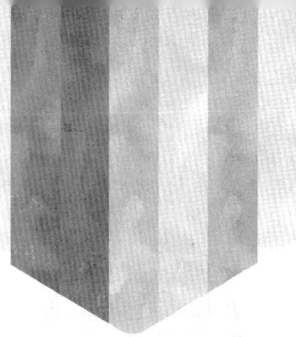

공부는 평생 하는 것

  선생님 한 분이 30년 묵은 대학생 때의 일화를 이야기했다. '형'이라 부른 가난한 남자 선배가 있었단다. 하라는 공부는 안 하고 같은 과 여학생과 사고를 치는 바람에 졸지에 애 아빠가 되어 학생 신분으로 저녁이면 쉬지 않고 식당에서 아르바이트하며 아기 분윳값을 벌었단다. 후배들은 그런 선배 사정을 딱하게 여기기보다 뒤쫓아 다니며 벼룩의 간을 빼먹듯 맛있는 거 사달라고 떼를 썼단다. 형의 호주머니를 털어 맛있는 음식을 얻어먹은 그 맛은 결코 잊을 수 없었다고. 그런데 지금 생각해 보면 참 철없는 행동이라며 케케묵은 과거의 시간을 회상하는 선생님의 얼굴에 잔잔한 그리움이 나타났다. 그러면서 내게 묻는다.
  "자기는 다시 20대로 돌아가면 뭐 할 거야?"
  서슴지 않고 답을 했다.
  "대학을 갈 거예요. 또래 친구들처럼 공부해서 선생님이 될 거예요."

조선 중기 김득신(1604~1684)이라는 사람은 『백이전』을 11만 3천 번이나 읽었을 정도로 자타가 공인하는 독서광이었다. 하지만 그리 똑똑하지 않은 인물이었는지 수없이 읽은 『백이전』 한 구절을 기억 못 하고 엉뚱한 말을 내뱉고는 하는 바람에 오히려 하인에게까지 핀잔을 들을 정도로 둔재였단다. 과거에 급제해 성균관에 들어가는 영예도 얻었고, 늦기는 했지만 그의 시들은 여러 사람에게 회자되기도 하고 무엇보다 반듯한 삶은 조선 양반 사회에서 그를 높게 평가했다.
　300년이나 흘러버린 시간이지만 여전히 '김득신'이라는 인물이 회자되고 있다. 그리고 그의 열정에 존경심까지 불러일으키게 한다. 나도 마찬가지로 적잖은 이 나이에 공부에 대한 열정은 어떤 목마름 같은 것이다. 하지만 자신감은 좀 떨어졌다. 새벽에 일어나는 것쯤이야 이제 익숙해졌지만 얼마 전까지만 해도 쓸 만했던 머리는 이제 몇십 번을 읽어도 금세 까먹기 일쑤다. 이 열정이 언제 누그러질지 모르지만, 공부는 평생 하는 것이라는 어느 노작가의 말이 메아리가 되어 여전히 가슴에 남아 있다.

기찻길 옆 오막살이에서 잠든 아기

 어려서 백번 이상은 불렀을 '기찻길 옆' 동요는 "기찻길 옆 오막살이 아기아기 잘도 잔다"로 시작된다. 그 동요를 수없이 불러보고 입에서 흥얼거렸어도 한 번도 의심하지 않다가 이제 와서 갑자기 문득 든 생각, 아기가 그 요란한 소리에도 어떻게 안 깨고 잘 수 있을까? 발소리에도 예민한 반응을 보였던 두 아들의 아기 때 생각을 하면 고개가 갸우뚱해진다. 기껏 우유 먹여 재운 뒤 아침에 먹고 치우지 못한 설거지나 할 생각으로 살짝 문을 여는 순간 아기는 눈을 뜨고 빤히 쳐다본다. 예민한 녀석. 다시 토닥토닥 달래며 재우지만 밖에서 나는 경적 소리에 깜짝 놀라 눈을 동그랗게 뜨고 울어댄다. 아기는 잘 때 제일 예쁜 법이다.
 저 앞에서 달려오는 서울행 경의 · 중앙선이 내 앞으로 쏜살같이 지나가며 내는 소리에 잠이 달아날 지경이다. 하루하루 아기 재우기가 힘들었던 내 상황과는 달리 가사 속 아기는 마음을 내려놓은 높은 경지에 도달한 건 아닐까? 그렇다면 어른인 나보다 더 어른이다. 기차 지나가는 소리에 잠깐 엉뚱하고 발칙한 생각이 드는 순간, 신경질적으로 누르는 뒤차의 "빵빵" 경적 소리에 정신이 든다. 자, 출발.

나는 나를 못 믿어

 나가면서 책상 위에 있는 서류를 꼭 챙겨 가리라 생각하고 또 생각하며 출근 준비를 서둘렀다. 서류 챙겼냐는 아들의 말에 쥐어진 것 없는 내 빈손과 차 안을 두리번거리고서야 서류 잊은 것을 알았다. 들고 온 기억도 없는데 이 무슨 헛짓인지. 같이 출근하는 아들 차를 얻어 탄 데다 시급을 요하는 일이 아니길 망정이지 자칫 아침부터 바쁜 아들을 번거롭게 할 뻔했다. 깜빡하는 일이 잦아졌다고 아들의 핀잔이 왜 '엄마도 이제 늙었어'라는 말로 들리는지.
 새해 벽두부터 식구들로부터 한소리 듣고 있다. 내 딴엔 남편과 두 아들이 잘되라는 의미로 하는 말을 가족들은 잔소리쯤으로 받아들였나 보다. 알아서 잘할 테니 잔소리를 좀 줄이라는 충고다. 게다가 아이들은 예전의 엄마가 아니라는 소리를 자주 한다. '예전의 엄마'는 어땠는데 그런 소리를 할까. 나는 유한 성격은 못 돼 나 자신에게 하는 실수마저 자존심 상하는 일이라고 여긴다. 뒷마무리가 깔끔한 걸 좋아하다 보니 업무적인 평은 과히 나쁘지 않다. 하지만 예민한 구석이 많아 걱정을 사서 하는 꼴이다. 일에 대한 자부심도 있었다. 그런데 착각이었다. 이제라도 깨닫게 되었다는 것에 대한 감사라도 해야 하는 걸까? 나 자신을 믿지 못할 정도로 나의 건망증은 해가 갈수록 심해지고 있다.

업무적으로만 해도 동시에 여러 가지 일을 척척 해낼 수 있는 멀티플레이어가 가능했던 사람이었다. 이제는 나는 물론이고 다른 사람들도 다 알 정도로 구멍이 나기 시작했고, 부정하고 싶지만 머리가 녹슬기 시작했다는 것이다. 그동안 나 자신을 믿고 자만하며 산 긴 시간이었다. 잊지 않기 위해 메모지에 적어두기까지 한다. 문제는 그 메모지를 어디에 뒀는지 찾지 못한다는 것이다. 기억력 감퇴를 개선시킬 수 있는 효과 빠른 약이라도 있다면 거금을 들여서라도 사 먹고 싶은 심정이다. 내 나이의 숫자가 점점 커져 갈수록 두려움과 공포도 함께 따라오고 있다. 여전히 열정은 넘친다. 문제는 열정만 가지고는 아무것도 안 된다는 것을 알게 된 일이다. 내가 할 수 있는 일이 있기나 한 것인지, 땅이 꺼지듯 한숨만 깊다.

나를 위한 맛있는 식사 준비

저녁을 준비하고 보니 식탁 위 반찬이 바다 냄새가 나는 것들이다. 양념장을 찍어 먹게 살짝 구운 마른 김, 다시마쌈과 매생이전 그리고 매생잇국. 일말의 양심상 큰아들을 위해 제육볶음을 곁들었다. 밥숟가락을 들기 전부터 큰아들은 코를 막았다. 매생이 냄새가 싫단다. 초등학교 1학년 때 급식으로 나온 매생잇국을 먹고 헛구역질을 했던 기억이 20년이나 지난 지금도 기억이 생생하단다. 며칠 전부터 매생이가 먹고 싶은 마음에 가족들에겐 미안하지만 매생이를 사 왔다. 웬만해서는 나를 위해 음식을 고집하지 않는데 어찌나 매생이가 머릿속에서 춤을 추는지 두 눈 딱 감고 샀다. 늘 가족 위주로 음식을 준비했던 터라 나를 위해 음식을 준비하는 일은 어색할 정도로 좀처럼 흔하지 않은 일이다.

사실 매생이를 먹기 시작한 건 몇 년 안 된다. 어려서 본 연못 속에서 힘없이 흐물흐물 거리는 물이끼 같은 것이 도무지 맛이라고는 없을 것 같아 식당에 가도 매생이 음식을 주문할 생각조차 하지 않았다. 어느 날 지인의 손에 이끌려 메뉴 선택의 기회도 없이 매생이 떡국을 먹게 되었는데 그 맛이 환상 그 자체였다. '이렇게 맛있을 수가', 마음속으로 탄성을 지르며 한 그릇 뚝딱 해치웠고 그 뒤로 겨울만 되면 매생잇국이 저절로 생각나는 바람에 일부러 매생이 음식을 하는 식당을 찾고는 한다. 나와는 달리 식구들은 매생이 냄새조차 싫어한다. 음식 안 가리고 아무거나 잘 먹는 비위 좋은 남편마저도 매생이를 싫어하니 식구들 입맛대로 음식을 준비하는 나로서는 집에서 매생이를 해먹을 기회가 없었다. 까짓것 나를 위해 몇천 원 못 쓸까 싶어 드디어 매생이를 사게 됐고 식탁에 둘러앉아 식구들이 싫어하는 매생이 굴국을 한 그릇 떠 훌훌 목구멍으로 넘기는데 내가 한 음식이지만 기가 막히게 맛있었다. 배불리 먹고 난 뒤 소원을 푼 것 같은 흐뭇한 표정으로 소파에 앉아 여유로움을 즐겼다. 그런데 마음 한편에서는 가족들에게 미안한 마음이 드는 이유는 뭘까?

고작 나를 위해 매생이와 굴 값으로 9천 원을 썼을 뿐인데 왜 가족들에게 미안한 생각이 드는지 모르겠다. 내 식성은 식구들과는 전혀 다르다. 나를 제외한 우리 집 남자들은 1년 365일 고기반찬을 해줘도 마다하지 않지만 나는 1년 365일 육류를 안 먹어도 먹고 싶은 생각이 들지 않을 정도로 고기를 싫어한다. 내 입맛 스타일을 고집하지 않고 식구들을 위해 꾸준히 고기반찬을 올리는 일은 게을리하지 않는다. 엄마로서의 모성본능인지는 모르지만, 친정엄마가 그랬던 것처럼 내가 차려 먹는 한 끼 식사에 대해서는 크게 신경 쓰지 않는다.

팔십이 넘으신 친정엄마는 지금껏 당신 입맛에 맞는 음식을 해 드신다거나 사드시는 걸 못 봤다. 언제였을까? 초등학교 때 식구들이 먹고 뼈만 남은 자반고등어 찌꺼기를 부엌에 앉아 발라 드시던 모습이 생생하게 남아 있다. 자식들이 어느 정도 철이 들어 엄마 밥 위에 생선 살이나 고기를 올려놓아 드렸지만, 당신 손으로 맛난 음식을 자신 있게 덜어가지 못했던 엄마의 모습은 늘 안타깝고 가슴 아픈 일이었다. 그렇게 당신 입으로 들어가는 음식에 대해서는 인색하셨지만, 자식들은 그런 엄마를 알아주지 않았고 외면했다. 엄마의 그런 모습이 진저리나게 싫었는데도 어느새 엄마를 닮은 나 자신을 발견한다. 가족들 생각하느라 엄마를 너무 희생하지 말라는 큰아들의 철든 소리가 가끔은 나를 변화시키는 데 힘이 되지만, 여전히 음식을 준비하는 일만큼에서 가족이 우선이라는 생각은 쉬이 바뀌지 않을 것이다.

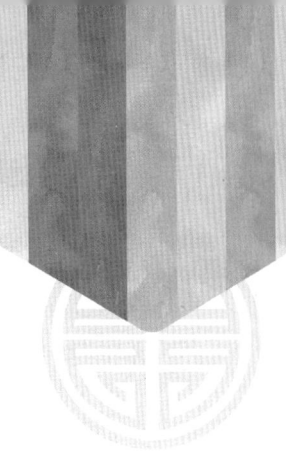

나에게도 일어날 수 있는 일

『효경(孝經)』에 이르기를 신체와 터럭과 살갖은 부모에게서 받은 것이기 때문에 함부로 다치게 해선 안 되며, 이것은 효의 시작이라고 했다. 한 번쯤 들었을 "신체발부 수지부모 불감훼상 효지시야(身體髮膚 受之父母 不敢毁傷 孝之始也)"라는 말을 생각하며 글을 잇고자 한다. 갑자기 왼쪽 어깨 통증이 찾아왔다. 손을 들 수도 움직일 수도 없는 상황에서 병원을 찾아 검사해보니 '석회성 건염'이란다. 몇 년 전 양손을 들 수 없을 만큼 아팠을 때 이미 석회성 건염 판정을 받았었다. 원인은 많이 써서 노화가 된 퇴행성이라는데 무슨 일을 그리 많이 했다고 노화가 되었는지 모를 일이다. 고통을 참으며 체외충격파를 이용해 치료를 마쳤는데 몇 년 사이에 다시 재발한 것이다. 거짓 없이 어깨를 잘라 버리고 싶을 정도로 통증이 심했다. 누워 잠을 잘 수조차 없었고 식구들 자는 데 방해라도 될까 봐 살금살금 침대와 소파를 오가며 고통을 참아보기도 했는데 그 괴로움은 말로 표현하지 못할 정도다. 췌장암으로 돌아가신 어머니가 떠올랐다. 참을성 많으신 분이었는데 통증을 못 이겨 강한 진통제를 맞고서야 겨우 주무시곤 했었다. 극에 달하는 고통을 동반한 말기 암 환자 앞에 어쩌면 내가 겪는 통증은 엄살일지 모르겠다. 부모에게 받은 귀중한 몸을 아끼지 않고 함부로 굴렸으니 부모에게 불효를 한 꼴이다. 딸이 아픈 걸 아신 친정엄마 걱정만 끼쳐 드리고 말았다.

 출근은 해야 하는데 옷을 갈아입거나 머리 손질까지 어느 것 하나 제대로 되는 게 없었다. 새벽이면 통증은 심해 식구들을 깨울 수도 없어 몰래 나와 한 손으로 운전대를 잡고 응급실에 가서 진통제를 맞고 왔다. 남편과 장성한 두 아들을 깨우지 않은 건 난데 캄캄한 거리를 오면서 가족들을 향한 마음이 왜 그렇게 섭섭하고 서러운 생각이 드는지 나도 모르게 눈물이 났다. 급기야 입원까지 하게 됐고 보름 정도를 고통 속에서 보냈다. 오른팔이나마 멀쩡해 얼마나 다행인지 그 수고가 그지없이 고맙기만 했다.

 산 경험이 좋은 교육이 되었을 정도로 건강이 제일 큰 재산이라는 말이 절실하게 다가왔다. 몇 년도 아니고 고작 며칠을 고통과 불편한 생활을 했을 뿐이다. 몇 년씩 아니 평생을 고통과 불편함으로 살아가는 사람들의 심정은 어떨까? 내 몸이 편하고 내 가족이 별 탈 없이 지내다 보니 장애에 대한 생각과 그들의 처지에서 생각하는 일조차 없었다. 두 아이를 낳았을 때가 떠오른다. 제왕절개로 낳을 수밖에 없었지만, 마취에서 깨자마자 아기 손가락 발가락 다 정상인지부터 물었었다. 주위에서 보면 장애를 앓고 있는 사람들이 생각보다 많다. 예전에는 가족 중 장애가 있으면 주위의 따가운 시선 때문에 드러내지 않는 것이 일반적이었지만, 이제는 장애인에 대한 인식이 많이 개선되었고 복지혜택이 잘되어 있다 보니 굳이 숨길 이유가 없게 되었다.

선천적이야 어쩔 수 없지만, 불의의 사고로 인하여 신체 일부를 잃는다는 것은 삶에 있어서 더할 수 없는 충격이고 큰 슬픔이다. 예기치 않은 불가항력적인 일을 미리 간파할 수 있는 능력이 있지 않고서야 어찌 피할 수가 있을까. 하루에도 교통사고는 꾸준히 발생하고 있고 화재나 붕괴 및 천재지변에 의한 사고에 우리는 항상 노출되어 있다는 것이다. 평생 장애를 안고 사느니 죽는 게 낫다는 사람이 있는가 하면 '개똥밭에 굴러도 이승이 낫다'라는 말처럼 삶의 의지력을 보이는 사람이 있다. 그런 갈림길에 섰던 일이 없었기 때문에 무엇이 맞고 틀리는지 감히 말할 자격은 없다. 하지만 삶이라는 게 단 한 번밖에 주어지지 않는다는 걸 생각하면 답은 쉽게 찾을 수 있을 것 같다.

오래전 온라인 매체를 통해 몸이 점점 굳어지는 중증 장애가 있는 아가씨를 알게 되었다. 착하고 성격이 밝은 데다 얼굴까지 예뻤던 아가씨였는데 살려고 하는 의지가 대단했다. 앉아 있는 것조차 힘겨워했고, 하루 대부분을 누워 지내야 했다. 그녀가 혼자 힘으로 할 수 있는 일이라고는 없지만 두 손이 그녀의 남은 희망이었다. 앙상한 그 두 손으로 장애인을 위한 인터넷 방송을 하고 있었고, 공예품을 만들어 주위 사람들에게 나눠주는 봉사까지 실천하고 있었다. 시한부 판정을 받아 놓은 상태에서 희망을 놓지 않는 그녀를 보는 것이 안타까울 정도였다. 너무 젊은 나이에 요절한 그녀를 생각하면 지금도 가슴이 먹먹하다.

　요즘은 학생들에게도 장애 인식 개선 교육을 꾸준히 하고 있고, 장애인에 대한 인식도 부정적이지만은 않다. 하지만 장애인에 대한 편견은 여전히 남아 있다. 이 자리를 빌려 나 자신을 용서할 수 없는 사건 하나를 고백하고자 한다. 얼마 전 모 대학교에서 강의를 들을 기회가 있었는데 수강자 중에 휠체어를 타고 온 지체부자유의 한 청년이 있었다. 한눈에 봐도 중증장애인이었다. 그 청년도 가장자리 맨 앞자리에 앉아 있는 내 옆에서 듣고 있었는데 갑자기 사레가 들었는지 힘겹게 기침을 하며 물을 찾았다. 급한 마음에 내가 가지고 있는 물을 주어 마시게 했다. 잘 마셨다고 인사까지 받고서는 쉬는 시간이 시작됨과 동시에 컵을 가지고 바로 화장실로 가 씻고 또 씻기를 반복했다. 남들에겐 착한 척 친절한 척 행동해 놓고선 무슨 이유로 그런 행동을 했을까? 시간이 꽤 지난 지금도 그때를 생각하면 장애인에 대한 편견은 없다고 생각했던 나의 이중적이고 어리석은 행동이 마냥 부끄럽기만 하다. 사고는 불특정 다수 누구에게나 예고치 않게 일어날 수 있다. 나도 그중 한 사람이다.

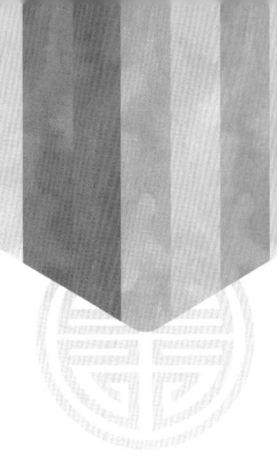

• • •
난장판이 된 창고

앞 동에 사는 제부가 지인에게서 얻은 갓 두 단을 주고 갔다. 꼼꼼한 성격답게 잔손이 가지 않게 쪽파까지 덤으로 말끔하게 다듬어 줬다. 맛있게 익으면 한 통 주겠다고 큰소리쳤지만, 김치 담그는 솜씨는 없는지라 자신은 없다. 지난 초여름, 열무김치가 먹고 싶어 이른 철도 아닌데 제법 값을 치르고 열무와 얼갈이 한 단씩을 사서 담갔다가 망친 기억이 있다. 대충대충 얼렁뚱땅 버무린 김치는 그나마 먹을 만한데 이상하게 신경 써서 담근 김치는 망쳐버리는 게 내 요리의 특징이다. 이번에도 큰 기대는 안 했다. 맛있으면 나눠 먹고 맛없으면 푹 익혔다가 김치찌개나 해 먹을 생각이다. 먼저 갓을 소금에 절이고 풀국까지 만들어 놓은 뒤 양파를 갈기 위해 북쪽 작은 베란다 창고에 둔 믹서기를 꺼내러 갔다.

"아이고, 이런." 코앞에 있는 믹서기를 금방 찾기야 찾았지만, 무슨 창고가 난잡하던지 마음만 심란해지고 말았다. 무슨 물건이 그리

많은지 제법 큰 창고에는 온갖 가재도구들이 산더미처럼 쌓여 있다 못해 출처도 알지 못하는 오래된 것부터 시작해 무분별하게 놓인 것들이 어지러울 정도였다. 살림 도구만 갖다 놓았기 때문에 북쪽 창고 출입은 보통 나만 한다. 이렇게 난장판을 해 놓은 범인이 나라는 사실을 부정하고 싶었다. 갓김치를 후딱 해 놓고 창고를 정리해 볼까 생각했지만 혼자서 한두 시간 투자해서는 도저히 정리가 안 될 것 같아 단념해 버리고 말았다.

밖으로 너저분하게 내놓고 사는 성격은 아니라 웬만하면 눈에 보이지 않게 안으로 두는데, 문제는 버리지 못하는 무슨 병이라도 있는지 평생 쓰지 않을 물건이란 걸 알면서도 쟁여놓다 보니 제대로 된 창고가 아니라는 것이다. 정리의 달인인 친정아버지를 닮았다면 좋았을 것을 문제는 쟁여놓은 물건을 정작 쓰려고 하면 찾지 못해 또 산다는 것이다. 업은 아기 찾는다더니 눈앞에 버젓이 넣어 둔 박스가 있는데도 못 찾다가 새로 산 뒤에 꼭 눈에 띄니 알뜰한 게 아니라 헛짓을 하는 꼴이다. 반은 버려야 할 것 천지다. 혹시나 쓸까 싶어 두었던 밥공기만 해도 몇십 개, 너무 오래돼 뚜껑이 어긋나버린 사용하지 못하는 김치 통 등등. 혹시나 한 것들은 10년이 흘러도 손길 한 번 가지 않았기 때문에 역시나 버려야 할 것들이다. 예전 같으면 무슨 기념 때면 친척이나 회사 사람들 초대해 집에서 상다리 부러지게 차려 냈지만, 요즘은 돈이 더 들더라도 밖에서 먹다 보니 살림 도구는 식구 수에 맞게 적당히 있으면 된다. 큰 곰솥도 굳이 필요 없고 밥공기도 몇십 개씩 필요 없다. 세상 돌아가는 변화에 맞춰 미련 없이 버릴 건 버리고 제대로 정리만 하면 반은 버려질 물건들이고 말끔하게 정리가 된다는 걸 알면서도 정작 실천에 옮기지 못하는 이유가 뭔지.

성격이려니 하다가도 게으름이 가장 큰 원인일 것이다. 양쪽 베란다 창고에 쌓아 둔 물건이 10년 전 이사 올 당시 정리해서 두었던 것들이 이동하지 않고 그 자리 그대로 있다는 것만 봐도 알 수 있다. 그 위에 쌓인 것들은 살면서 마구잡이로 올려놓은 것들이다. 조금만 부지런하게 움직여 주면 적지 않은 공간을 더 제대로 활용할 수 있는데 귀찮다는 생각에 계속 미루기만 하다 보니 저 꼴로 만들고 말았다. 누가 오면 우리 집이 깨끗하다고 한다. 우리 집 아이들만 해도 친구들 집을 다녀봤지만 우리 집만큼 깨끗한 집은 못 봤단다. 육안으로 보이는 공간만 깨끗할 뿐이다. 창고에 문이라도 달린 게 얼마나 다행인가. 시간이 지날수록 살림 도구도 늘기 마련이지만 법정스님이 말씀하신 '무소유'는 실천하지 못하더라도 과감하게 버릴 줄 아는 습관도 가질 필요가 있다. 창고가 언제 정리되고 비워질지는 나도 모른다. 큰맘을 먹지 않고서는 하기 힘들다. 어쩌면 죽어서나 자식들의 손에 치워질 허섭스레기로 버려질지도 모를 일이다. 생각하고 있는 지금, 팔을 걷어붙일 때다.

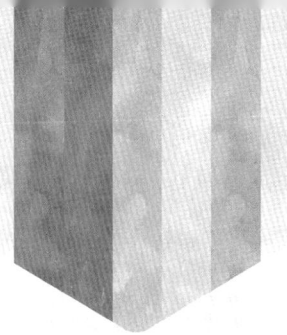

남편 엉덩이 토닥토닥

　집안일이라는 게 매일매일 반복해서 하는 일인데도 해야 할 것투성이고 무엇이 바쁜지 퇴근하고 오면 당최 몇 시간은 소파에 앉을 여유가 없다. 현관 번호키를 누르면서 한 손은 옷 단추를 풀며 들어오기 일쑤다. 옷부터 갈아입고 바로 청소기를 밀고 다음 진입할 곳은 부엌. 저녁쌀을 안치고 식구들을 위한 음식 준비에 들어간다. 찌개가 끓는 동안 빨래만 걷어 소파에 툭 던져 놓았다. 아침에 널어놓은 빨래가 해가 좋아선지 바짝 말랐다. 뽀송뽀송한 빨래의 감촉이 참 좋다. 거실을 몇 번이나 왔다갔다하는 두 아들은 무심히 지나다니고 설거지를 하면서도 눈은 자꾸 개키지 못한 빨래로 간다. 잠깐 무뎌지던 눈이 다시 빨래로 가는 순간, 아무 말 없이 TV를 보며 빨래를 개키는 남편의 모습이 오랜만에 정겹고 예쁘다. 그래 그래야지. 돈은 당신 혼자 버는 게 아닌데, 나도 번단 말이지. 무딘 성격 때문에 직접 엉덩이를 토닥거려주는 애교는 부리지 못하지만, 마음으로나마 토닥토닥. 종종 그래 줬으면.

내 몸이 나이를 먹는다

　남편 출근시키고 나면 바로 창문 열고 방과 거실의 구석구석까지 청소기를 밀고 걸레질을 했다. 다음은 화장실 차례. 세면대, 변기, 욕조, 바닥을 세제 묻힌 수세미로 박박 닦아 문지른 뒤 물로 씻어 낸 다음 걸레로 물기를 싹 닦아냈다. 좀 과장해서 표현하자면 화장실에서 이불 깔고 자도 더럽지 않을 정도다. 아이들이 행여라도 과자 부스러기를 떨어뜨리기라도 할까 봐 돌아다니면서 먹지 못하게 했고, 다 먹을 때까지 매의 눈으로 지켜보았다. 이웃집 가족들이 놀러 오면 티는 안 냈지만, 그 집 애들이 먹고 떨어뜨리는 것들도 예의 주시하며 날카롭게 스캔했고, 그들이 자리를 떠나기가 무섭게 다시 닦고 문지르는 게 일이었다. 걸레는 항상 비상 대기 중이었다.
　대체로 정리정돈 하나는 끝내주게 잘해 보이지 않는 창고까지 손 갈 게 없었다. 남편이 군인이라는 직업 때문에 한 곳에 2년 이상 머무르는 일이 드물었음에도 힘이 남아도는지 수시로 집안의 가구를 옮기며 환경을 바꿔보기도 했다. 손에서 걸레 대신 책이라도 놓을 줄 모르고 읽었다면 지식이라도 쌓였을 것을, 유감스럽게도 손에서는 걸레 잡고 있는 시간이 많을 정도로 깔끔을 떨었다. 삼십 중반에 직장을 다시 다니기 시작해서도 습관은 버리지 못했다. 몸은 피곤해도 퇴근하고 오면 청소기부터 잡아야 개운했다. 과장이지만 결벽증 같은 것이 있었는지 모르겠다. 무릎으로 기어 다니며 너무 열심히 걸레질한 탓인지 아니면 평소에 뼈를 튼튼하게 만들어주는 유제품을 기피해서 그런지 어느 날 무릎에 이상 신호가 왔다. 무릎을 도저히 바닥에 댈 수 없이 아팠고, 아파 죽을 것 같은데도 '악' 소리를 내면서까지 걸레질을 했다. 조상 중에 청소 못 하고 죽은 귀신이 내 몸에 달라붙기라도 한 건지 나는 청소에 너무 집착해 있었다.

　다행인지 모르지만 지금은 결벽증과 청소 집착증에서 해방됐다. 어느 날부턴가 작장과 집에서의 이중생활이 짜증 나고 피곤해지기 시작했다. 몸도 여기저기서 이상 신호를 보내기 시작했고, 병원 신세 지는 횟수가 차차 늘어갔다. 집안일에 전혀 관심조차 없는 남편에 대한 불만, 가족을 위한 식사 준비조차 귀찮은 일이 되었고, 매일매일 문질러댔던 걸레질도 힘들어 청소기로 만족하기로 했다. 청소나 일도 건강할 때 얘기지 아프면 나만 서러운 건 물론이고 식구들이 말은 안 해도 짜증 내는 게 보였다. 별수 없이 내 몸도 나이를 먹어간다는 사실에 내가 나를 아껴야겠다는 생각이 강하게 들었다. 밥 먹고 들어오겠다는 가족들의 소리가 이렇게 반가울 줄이야, 종종 그래 줬으면 좋겠다.

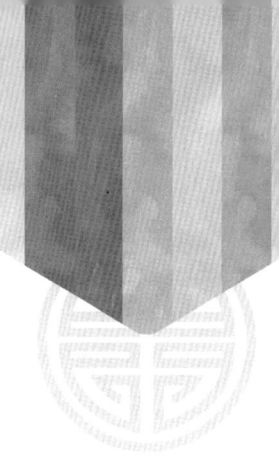

내가 그리는 집

"저 푸른 초원 위에 그림 같은 집을 짓고 사랑하는 우리 님과 한 백 년 살고 싶어." 남진의 '님과 함께'라는 노래 가사 첫 소절이다. 소풍 가서 반 장기 자랑이 있을 때면 다리 한쪽을 건방지게 꺾은 자세로 폼을 잡고 이 노래를 멋들어지게 불렀던 초등학교 친구가 생각난다. 가사 의미를 알고 부르기나 했을까만, 그저 어른들의 폼을 따라 하고 싶고 리듬이 재밌는 유행가를 따라 부르다 보니 듣는 사람들도 덩달아 신났던 것 같다. 어려서 듣던 이 노래를 뒷부분의 가사는 다 외우지 못하지만 지금도 가끔 입속에서 흥얼거릴 때가 있다. 뭐니 뭐니 해도 가장 좋아하는 가사는 첫 소절과 중간 부분의 "반딧불 초가집도 님과 함께면"이다. 이 노래 첫 소절은 내가 머릿속에서 그리고 있는 집과 참 많이 부합하는 부분이다.

요즘 가을이 물든 세상을 바라보는 마음이 결코 즐겁지 않다. 남자의 계절을 부정하며 노랗고 붉게 물든 가을을 바라보고 있으면 여름을 잃은 아쉬움과 마지막 껍데기까지 벗어낼 겨울을 맞이해야 하는 공허함으로 인해 쓸쓸한 가을이 더 쓸쓸하기만 하다. 뚝뚝 떨어지는 나뭇잎은 내 눈물이라도 되는 양 기분을 망쳐 놓기 일쑤다. 사람들의 징징대는 소리와 쓸데없이 주고받는 유익할 것 없는 농담은 그저 소음에 지나지 않는다. 마음이 가난한 이따위는 시궁창에 던져 버려도 시원찮을 판에 가을이면 단골손님처럼 여지없이 찾아오니 가을이 벗어 놓은 것들을 미련 없이 모두 버리고 떠나고 싶은 그곳, 내가 동경하는 푸르른 산과 초원이 있는 그곳, 내가 그리는 집으로 떠나고 싶다.

　태생이 시골 촌년이다. 마을로 접어드는 길은 있지만, 사람들은 저 길로 이어지는 마을이 있을까 할 정도로 두메산골이라고 불러도 지나치지 않을 그런 곳에서 자랐다. 매일 아침 눈을 뜨면 변함없이 산부터 보이는 곳. 버스조차도 들어오는 것을 꺼릴 정도로 신작로의 상태는 좋지 않았다. 시골 촌년의 묵은 때를 벗어내지 못한 탓에 깔끔하게 옷을 입고 서울을 나가도 촌티가 줄줄 흘렀다. 예닐곱 살 무렵 서울에 살던 이모가 거금을 들여 사준 바나나 한입을 먹고 바로 토악질을 할 정도로 도시에서나 먹을 법한 생소한 것들이 낯설었다. 졸업하고부터는 도시로 나가 사는 것이 큰 바람이었기에 직장도 서울로 가고 싶었지만, 보수적인 부모님의 완강한 반대에 부딪혀 결혼하기 전까지 눌러살아야 했던 시골. 결혼 후 복잡한 부산에서도 살아봤고 서울의 이웃인 안양에서도 살아봤지만, 태생은 못 속이는지 답답한 도시는 내 스타일이 아니었다. 지금은 아파트 생활을 하고 있지만, 나이를 먹으면 먹을수록 흙냄새로 가득한 마당 있는 집에서의 생활을 꿈꾸게 된다.

어느 날 문득 우두커니 혼자 거실에 앉아 있자니 왜 그렇게 집안 분위기가 조용하고 삭막하던지, 머지않아 두 아들도 이 집을 빠져나갈 테고 남편과 나만 벙어리가 된 채 TV나 보면서 오지 않을 두 아들을 기다리고 있을 미래의 모습이 그려졌다. 오래전부터 마음으로 그려놓은 계획이 하나 있다. 조용한 시골, 그것도 인적이 아주 드문 산골에 들어가 노년을 보내는 일. 아직은 일할 수 있는 나이이니 열심히 건강관리 하며 일을 하다가 시골에 들어가 내가 좋아하는 책이나 실컷 읽으며 여생을 보내고 싶다. 여우는 죽을 때 자기가 자란 굴을 향해 머리를 둔다는 '수구초심'이라는 말이 있다. 미물도 고향을 그리워하는 마음을 가지고 있듯이 내가 태어난 친정에 들어가 산다는 보장은 못 해도 칠 남매가 함께 자란 지난날의 그리움을 마음껏 품으며 살고 싶다.

요즘 중년 남성들이 좋아하는 TV프로가 낚시 프로인 '도시어부'와 자연에 묻혀 사는 이야기를 담은 '나는 자연인이다'란다. 남자들의 로망이라고도 하던데 우리 집은 거꾸로다. 남편은 나이 먹어서도 편한 아파트에서 손주들 보는 낙으로 살고 싶단다. 하지만 난 손주 볼 마음의 준비가 안 돼 그런지 손주나 보며 아까운 시간을 보내고 싶지는 않다. 자연과 함께하는 삶, 나를 키운 빨간 기와집과 칠 남매의 추억을 먹으며 사는 여유로운 삶을 누릴 수 있기를.

될성부른 나무는

 작은아들이 초등학교 3학년 무렵, '파주시 거북선만들기 대회'에 출전하게 되었다. 종합 운동장을 가득 채운 출전한 학생들만 해도 수백 명은 되었다. EBS 교육방송에서 취재까지 나올 정도였으니 보통 행사는 아니었다. 학생들이 운동장에 앉아 주최 측의 긴 인사를 듣는 동안 여기저기서 야단이 났다. 어린아이들이라 그런지 벌레처럼 꿈틀대고 일어났다 앉는 것도 모자라 왔다 갔다 정신없는 상황. 개회식이 끝날 때까지 태도 하나 흐트러짐 없이 앞줄에 앉아 허리를 곱게 펴고 정 자세로 앉아 있는 학생이 돋보였다. 작은아들이다. 함께 간 엄마들도 칭찬 일색이다. "아, 역시 다르구나." 내 입에서는 이 소리부터 나왔다. '될성부른 나무는 떡잎부터 알아본다'고 했는데 작은아들은 어려서부터 남들과 다른 특별한 아우라를 가지고 있었다.

 지금 예비 장교로서 하절기 훈련에 들어간 아들이 날씨 때문인지 힘들어하는 게 느껴진다. 걱정은 되지만, 잘해 내리라 믿어 의심치 않는다. 분명 대한민국의 훌륭한 인재이자 재목이 될 아이. 부모로서 내가 해 줄 수 있는 것은 아들을 위한 기도와 응원뿐. '아들, 오늘도 나는 너를 응원한다.' 엄마와 아들이라는 관계를 떠나 건강한 육체와 건강한 육체보다 더 건강한 정신을 가지고 있는 대한민국의 젊은 청년이 내 아들이라는 사실이 가슴 뿌듯하고 자랑스럽다. 아들의 앞날에 무궁한 발전과 영광이 있기를.

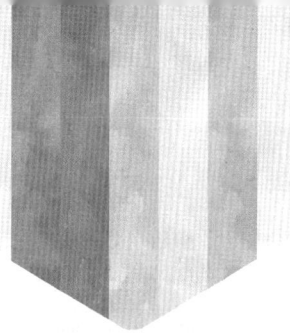

딸 부럽지 않은 두 아들

 아들만 둘인 나를 두고 주위에서는 딸 없음을 걱정해 준다. 이다음에 분명 딸이 없는 것을 땅을 치며 후회할 거라는 말과 엄마에게는 딸이 꼭 있어야 한다는 것을 강조하고는 한다. 딸 여섯에 아들 하나를 둔 친정엄마를 보더라도 엄마 마음 알아주는 것은 아들보다는 딸이다. 나는 아들만 둘을 둔 것을 후회하지 않는다. 예쁘게 머리를 땋고 얼음공주 옷을 입은 어린 여자애를 보면 예쁘다는 생각은 들어도 안아 주고 싶을 정도는 아니다. 하지만 사내아이를 보면 두 팔이 저절로 벌어질 정도로 더 눈에 들어오고 예쁘다. 셋째를 낳는다면 그 아이도 분명 아들일 게 틀림없다. 지금껏 딸에 대한 미련이 없다는 것은 어쩌면 두 아들이 큰 속을 썩이지 않았다는 얘기일 수도 있겠다. 애들이 자라면서 속 썩는 일이 없었다면 그건 새빨간 거짓말이고, 지금도 가끔 속 뒤집어질 정도로 보기 싫을 때가 있다. 그거야 더 살아봐야 알겠지만 죽을 때까지 딸 없는 것을 후회할 날이 오지는 않을 것 같다.

큰아들은 지금도 동생이라면 끔찍하고 동생도 형을 좋아한다. 어려서부터 두 아들은 서로 의지하며 자랐다. 남편이 군에 있을 당시 초등학교에 막 입학한 큰아들이 군 목욕탕에 어린 동생을 데리고 가서 씻기는 모습을 연대장이 보았나 보다. 손 들어, 발 들어 해가며 동생을 씻기는 큰아들의 모습을 부대에서 칭찬하더라고 기분 좋아 퇴근한 남편의 어깨가 평상시보다 더 으쓱해져 있었다. 두 아들은 모두 집안일 돕는 게 몸에 뱄다. 청소기를 밀어준다거나 분리수거를 해주는 일이 사소한 것 같지만 내게는 힘을 덜어주는 일이다. 식사하고 절대로 그냥 일어나는 법이 없는 큰아들은 항상 뒷정리를 해준다. 아침에 마지막으로 집을 나서는 큰아들은 자기가 먹은 밥그릇은 설거지까지 끝내놓고 출근할 정도다. 가정교육을 잘 시켰다는 것을 자랑하는 것은 아니다. 부족한 부모 밑에서 마음이 꽉 찬 두 아들이 대견하기에 몇 자 적어보았다.

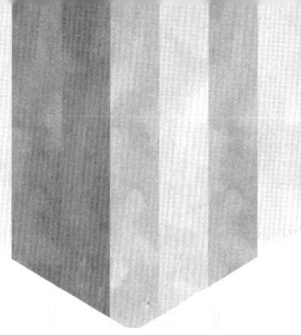

로또

　로또 붐이 일던 시기였는지는 모르지만, 잠시 로또 1등 당첨의 상상 나래를 폈던 적이 있었다. 어린 세 살짜리 아들 손을 잡고 강원도 산골 버스 매표소에서 산 로또복권. 한낱 손바닥보다 작은 종이짝에 불과한 것이 본전도 못 찾는 꽝이 될 수도, 몇십 억이 될 수도 있다니. 조상님이 보우하사, 꿈속에서 번호 하나 점지해 주시지 않는 야속한 조상을 탓하며 손이 가는 대로 숫자를 적으며 황당한 1등의 꿈을 바랐던 코미디 같은 일을 내가 했었다. 몇 번 재미로 하다가 재수가 좋아 5천 원에 한 번 당첨된 이후로 내 팔자에 무슨 영광을 누리겠다고, 허황된 꿈에서 깨어난 순간 딱 끊어버렸다.
　내가 로또 1등이라는 헛물을 켠 것 이상으로 로또 당첨을 꿈꾸며 매주 구입하는 사람이 있었다. 어느 날 로또 구입에 든 비용을 한 달과 1년으로 따져 셈해보니 담배가 몇 갑이고 술이 몇 병이라는 계산이 나오더란다. 몇만 원 짜리에 당첨된 적이 딱 한 번 있었긴 하지만 그동안 갖다버린 돈이 아깝다는 생각이 들어 더 이상 로또를 사지 않게 되었단다. 허황된 꿈에서 깨어난 게 얼마나 다행인가. 몇 등인지는 모르지만 몇억에 당첨된 적이 있는 동네 오빠가 있다. 평소에 착하고 건실하더니 복 받았다며 동네 사람 모두가 시기와 질투보다는 칭찬을 했는데 정말 복 받은 사람인지 여전히 잘살고 있다.

로또 1등에 당첨된 전력이 있는 남자가 절도죄로 검거됐다는 기사가 눈에 들어왔다. 로또 1등이라면 몇억도 아니고 몇십 억은 됐을 텐데 누군가는 평생에 1억 만져보기도 힘든 그 많은 돈을 뭐 하느라 다 날리고 인생에 빨간 줄을 남겼을까. 노름을 했는지 서투른 사업을 했다가 말아먹었는지 진탕 먹고 놀고 신나게 인생 즐기다 개털 신세로 전락하고 말았는지 그 이유는 알 수 없지만, 왠지 입맛이 쓰다.

그 돈이 내게로 온다면 과연 난 어떻게 썼을까. 가끔 상상하는 것처럼 집을 사고 예금을 하고 탄탄하게 노후를 준비했을까. 아니면 고급 세단 승용차를 뽑고 명품을 온몸에 휘감는 등 인생을 즐기는 데 썼을까. 절도범도 처음엔 나처럼 야무진 계획을 세웠었겠지. 돈 앞에선 나라고 노예가 되지 말라는 법은 없다. 나도 나를 모르니.

마음 따로 몸 따로

 정신이 허공에 떠 있다는 느낌을 경험해 본 사람들은 나의 마음을 알 것이다. 정말 그렇다. 육체는 바닥에 붙어 있는데 정신은 저 높은 곳도 아니고 고작 내 키만큼의 높이에서 둥둥 떠 있는 기분. 낚아채어 머릿속으로 집어넣고 싶지만, 사다리가 필요하다. 내 정신이 왜 또 달아난 것일까. 마음 따로 몸 따로 되어 버린 지 이틀째. 그 좋아하는 책도 글자만 보일 뿐 머리와 가슴으로 전달이 안 되고 있다. 이성적 판단은 혼미해져 버렸다. 배려라는 마음도 어디론가 도망가 버렸고 사랑이라는 마음은 어디로 숨어버렸는지 도통 찾을 수가 없다. 내 육신만 끌고 다닌들 무슨 의미가 있는가. 달아난 내 정신아! 무엇이 문제인가. 차분히 앉아 달아난 정신을 기다려 본다. 책도 가만히 덮을 수밖에.

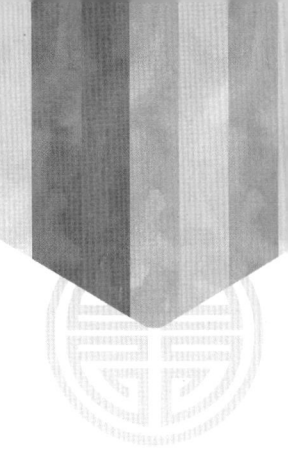

목석같은 남편

"약 먹게 물 한 잔 따라줘."
"양말 어디 있어?"
"바지 어디 있어?"

평상시 남편이 집에서 너무도 자연스럽게 하는 말이다. 일이 있어 늦게 귀가하는 날이면 벌써 퇴근한 남편은 아내인 나를 '식순이'로만 여겼는지 현관에 들어서기가 무섭게 밥 달라는 소리부터 한다. 집안 일을 한다거나 물건이 어디에 있는지 남의 일처럼 여기는 남편을 도무지 이해하기도 힘들거니와 남편의 생각을 읽고 싶다. 며칠 전에도 다리에 약을 발라야겠다며 뜨거운 불 앞에서 저녁 준비를 하는 내게 소리를 질러가며 약통을 찾았다. 안방 서랍장 위에 약통이 있는 걸 모를 리가 없을 텐데도 갖다 쓸 생각은 않고 찾기부터 한다. 아무래도 마누라가 해결해 줄 거라는 생각에 안 보려고 하는 게 문제인 것 같다. 일하고 있는 내게 갖다 달란 소리가 아니고서야, 순간 화가 치

밀어 어디 있는지 한번 찾아보라고 퉁명스럽게 한마디 던졌더니 아무 말 않고 자연스럽게 안방으로 들어가 약을 바르고 있었다. 그 모습이 얼마나 얄밉던지 아닌 게 아니라 뒤통수를 한 대 쳐 주고 싶은 심정이었다.

  이런 일은 우리 집에서 종종 일어나는 소소한 일상이다. 더 화가 나는 일은 주위에서 밥은 본인이 하고 설거지는 남편이 해준다거나 청소기를 밀고 심지어 음식 찌꺼기를 비롯해 쓰레기 버리는 것까지 남편이 다 한다는 말을 들었을 때다. 다른 부부와 비교하지 않으려고 하지만 이기적인 인간이다 보니 때에 따라서는 불만을 토로하면 듣기 싫은지 한마디 한다.

  "그런 사람 얻어서 살아."

  뭘 바라겠는가? 가끔은 마음이 너그러워질 때가 있다. 난 그래도 앉아서 일하는 깨끗한 직장인데 남편이 하는 일은 노동 아닌 노동에 직원들 관리까지 해야 하는 등 어떤 날은 파김치가 되어 오면 딱하고 안된 생각에 집안일 따위는 덜 힘든 내 몫으로 여기고는 한다. 비단결 같은 이런 마음이 들다가도 자기만 혼자 돈 버는 것도 아니고 같이 돈 버는 처지에서 희생은 나 혼자 하는 것 같은 억울한 생각이 들 때면 가만히 있는 남편에게 괜한 트집에 화풀이까지 하고 만다. 남편을 향한 선과 악의 두 그림자가 앞서거니 뒤서거니 하는데 거의 악이 승리하는 것 같으면서도 왠지 진 것 같은 찜찜한 기분이 드는 이유는 뭘까?

  먼 미래의 지금을 생각했더라면 신혼 때 확실하게 해뒀어야 할 것을, 놓쳐버린 것들에 대해 땅을 치고 후회한들 무엇 할까. 차라리 하늘의 별을 따고 말리라. 가부장적이고 손 하나 까딱 안 하려는 남편이 이렇게 된 데에는 내 탓이 크다. 신혼 초부터 전역하기까지 16년 동안 자잘한 심부름은 말할 것도 없고 반찬 투정까지 다 받아 줄 정도로 남편이 요구하는 대로 들어주다 보니 남편은 그것에 길들었고 습관이 되어 버렸다. 출근하는 아침이면 남편이 씻는 동안 양말과 내의, 군복을 차례대로 입을 수 있게 일렬로 쭉 늘어놓는 건 기본이고, 군화도 바로 신을 수 있게 현관 앞 중앙에 가지런히 놓으면 남편은 내가 해준 대로 입고, 신고, 손 흔들고 나가면 그만이었다.

 몸에 밴 친정어머니의 내조를 자식들이 보고 배운 것도 있겠지만, 결혼을 앞둔 딸을 앉혀 놓고 시집가서 시부모뿐만 아니라 아내로서의 할 일을 조목조목 가르치셨던 영향도 컸다. 친정어머니의 가르침을 가장 잘 따르고 있는 '내조의 여왕'이라고 해도 전혀 손색이 없는 큰언니에 비하면 내가 하는 건 내조의 축에도 들지 않지만, 이제는 그 내조에서 벗어나고 싶은 게 솔직한 심정이다. 남편을 너무 깎아내린 것 같아 미안한 생각이 든다. 알아서 하는 스타일이 아니라 그렇지 시키면 아버님을 닮아 그런지 꼼꼼한 구석이 있다. 머지않아 두 아들 모두 결혼하면서 떠날 이 집에 남편과 나만 남을 텐데, 원수니 어쩌니 해도 서로 의지할 수밖에 없다. 때려죽인다 해도 절대로 바뀌지 않을 목석같은 남편, 우리 사이에 얼어 죽을 사랑이 꺼졌는지는 모르지만 '부부의 정'은 있는 모양이다.

무더위의 극치를 보여준 2018, 그 여름

백 년 만의 더위라 했다. 1994년, 그러니까 큰아들이 한참 이 방 저 방으로 기어 다니며 어지르는 동안 나는 그 뒤를 쉴 새 없이 쫓아다니며 제지하고 정리하기를 반복하고 있었을 때다. 그 해도 그렇게 더웠다고 하는데 발품을 많이 판 기억은 있어도 여름이 더웠던 기억은 전혀 없다. 올여름처럼 더웠으려고. 살인적인 더위라는 말을 절실히 실감한 여름으로 기억하게 된 2018년도다.

빙하가 계속해서 녹고 있다는 건 삼척동자도 아는 사실, 하지만 매스컴에서 열심히 떠들어도 직접 와닿지 않았다. 이번 더위를 겪고 나서야 지구온난화의 심각성을 깨닫게 되었다. 자칫하다가 생존하고 있는 지구의 모든 것들이 익어 버릴지도 모른다는 허무맹랑한 생각까지 들었다. 가까이엔 임진강이 조금 더 나가면 한강이 유유히 흐르는 데다 넘쳐 나는 게 물이라고 생각해 처음 물 부족 국가라는 발표를 들었을 땐 무슨 근거로 저런 무식한 발표를 하냐며 콧방귀를

뀌었었다. 그런데 지금은 절실하게 깨닫고 있지 않은가. 사실을 알면서도 수도꼭지에서 시원하게 쏟아지는 물줄기에 희열을 느끼며 콸콸 틀어놓고 설거지와 샤워를 했고, 나부터 실천은커녕 나 하나쯤 내 가족만큼은 괜찮을 거라는 안일한 생각으로 신나게 펑펑 써댔다. 생태계의 파괴와 환경오염의 심각성 및 그 주범이 인간이라는 사실을 인식하면서부터 해프닝 같았던 지구 종말론이 사실이 될지 모른다는 생각에 겁이 덜컥 나기 시작했다.

올해는 우리나라뿐 아니라 세계 곳곳에서 더위로 인해 사망자가 속출하는 등 농작물 피해도 엄청났다. 살다 살다 이렇게 더운 여름은 처음이다. 여름에 폭염 현상이 나타나는 것은 당연하고, 보통은 여름 열대야가 나타나봤자 일주일, 낮에도 덥다고 할 정도는 잠시뿐이지 기가 넘어갈 정도는 아니었다. 이번 여름은 약 한 달가량을 낮과 밤을 가리지 않고 그냥 더운 것도 아니요, 더워 죽겠다는 말이 입에 밸 정도로 살인적이고 엄청난 무더위였다. 집안 온도마저도 예년 32도를 갈아 치우고 35.5도 최고를 기록했다. 여름의 시작이 있으면 끝이 있기 마련, 잠시 머물다 갈 계절이 이번에는 가혹하리만치 끔찍한 계절로 기억되고 말았다. 더위를 타지 않던 내 입에서 '잡아먹을 놈의 여름'이라고 노래를 부르다시피 했으니 말이다. 가족들의 입에서 밥 달라는 한마디에 짜증을 낼 정도로 불 근처엔 가기조차 싫었다. 밥 한 끼 해 먹기를 더위로 받은 열을 괜한 가족에게 열로 받아치려 한 졸렬한 나 자신이 어찌나 한심하던지 여름이 참 가지가지로 괴롭혔다.

사람만이 지쳐 나자빠진 게 아니었다. 사람 못지않게 더위를 이기지 못한 채소며 과일도 축 널브러져 성장을 제대로 못 하거나 가을 낙엽처럼 메말라 으스러졌고 채솟값 폭등으로 가계 부담까지 얹어주었다. 삼복에 주인 눈치 살피며 납작 엎드린 개들마저 더위에 흉한 꼴 더 안 당하려고 용을 쓰고 안간힘을 썼을 텐데 사람과 다를 바 없이 맥을 못 추기는 매한가지였다. 너무 약이 오른 나머지 한번은 에어컨도 켜지 않고 제까짓 더위가 이기는지 내가 이기는지를 놓고 오기를 부렸다. 실내 온도 최고를 찍던 날, 퇴근하자마자 청소기를 밀고 걸레질을 하는데 말할 것도 없이 옷은 금세 땀으로 흥건히 젖었고, 가슴 통증과 함께 숨이 콱 막히면서 이러다간 미련하게 청소하다가 쓰러져 죽었다는 기사가 나오겠다 싶어 에어컨을 켜 버렸다. 보기 좋게 KO를 당했다.

계속해서 머물며 사람을 괴롭힐 것 같던 더위도 이제는 아침저녁으로 선선하다 못해 냉한 기운이 집안으로까지 유입되는 바람에 자다 말고 창문을 닫을 정도다. 때가 되면 가고 올 계절이지만 하루 사이에 변심한 날씨의 마음은 종잡을 수 없는 갈대 같다. 열은 열로 다스린다는 이열치열이라는 말이나 피하지 못하면 즐기라는 말을 무색하게 했던 여름, 그 여름이 이제 자리를 내어줄 준비를 하고 있다. 한두 마리의 모기가 귓가를 돌며 잠을 깨우지만, 모기 입이 비뚤어진다는 처서도 지났다. 9월이 코앞인데 낮에는 여전히 강한 햇살에 저절로 표정이 일그러지지만 37~38도를 겪기도 했는데 이쯤이야 참지 못할 것도 없다. 32도는 이제 껌 같은 온도다. 살아 있는 것들은 환경이나 상황에 맞게 적응하고 길들기 마련인지 어쩌면 점점 뜨거워지는 지구를 대비해 인간을 훈련시키고 갑자기 더위 앞에 비굴하게 무릎 꿇지 말라는 자연의 배려인지도 모른다. 산들거리는 바람이 코끝을 간지럽히고 가을 냄새가 조금씩 느껴진다. 잊히지 않을 여름은 접고 가을 맞을 준비를 해보자. 어서 오라고 두 팔 벌려 반갑게 맞이하련다. 봄 동안 충분한 비를 뿌려준 덕분에 가뭄 없는 여름을 보내고 있는 논의 벼이삭만큼은 여유롭고 행복해 보인다. 충분한 일조량에 벼꽃을 피우고 조금씩 낟알 하나하나를 채워 가고 있으리라.

물음표 떼기

　남편과 부부로 산 지 벌써 25년이 넘었다. 어느새 시간이 이렇게 흘렀을까. 검은 머리 파뿌리가 될 때까지 서로에게 믿음을 주며 사랑하며 살겠다는 하객들 앞에서의 맹세는 그저 형식적인 선서였을까? 결혼 생활을 보내면서 웃었던 일보다는 찡그렸던 일이 많았고, 사랑한 날보다는 아무것도 아닌 일들로 아옹다옹하며 지낸 날이 더 많았다.

　결과가 상처라는 사실을 알면서도 긍정의 말보다는 부정의 말을 왜 그렇게 쏟아 냈을까.

　물음표가 붙지 않은—"그래, 알았어" "기꺼이 들어주고말고" "괜찮아, 그럴 수 있지" "내가 대신 아팠으면 좋겠다" "사랑해" "당신이 최고야"—긍정의 말 대신,

　물음표가 붙은—"뭐?" "왜?" "싫어?" "네(당신)가 그걸?" "그걸 말이라고 하는 거야?" "넌(당신) 안 될걸?"—부정의 말.

꼬리표처럼 따라다닌 물음표만이라도 떼어냈다면 다툼의 절반은 줄일 수 있었을 텐데. 짝을 잘못 만나 삶이 불행하거나 힘든 게 아니라 내 아집과 내 알량한 자존심이 원인이었다는 걸, 너무 늦게 알아 버렸다.

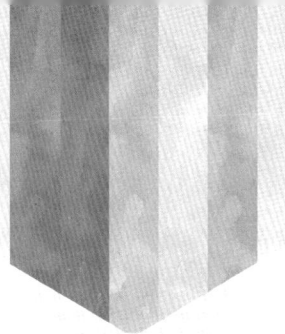

반려 식물

 오랜만에 베란다 화초를 관심 있게 들여다보았다. 화초 키우는 일은 좀 게을러야 한다는 말이 있지만, 자칫 그 게으름이 지나치면 낭패 보기 십상이다. 봄을 나는 동안 나태함과 게으름으로 인해 화초 따위엔 관심 없는 듯 죽지 않을 정도로 달랑 물만 주고 말았다. 정성을 들인다거나 따뜻한 인사 한마디 건네지 않았다. 요 며칠 전 화분에서 떼어낸 화초 몇 뿌리를 지인에게서 받아왔다. 마침 키우는 화초 중에 같은 종이 있어 그 옆에 심을 요량으로 베란다에 나갔다가 기겁하고 말았다. 여러 개의 화초가 누런 잎을 산발하고 있었고, 사람으로 치자면 심폐소생술을 해야 할 정도로 숨넘어가기 일보 직전인 정신 잃은 화초가 있는가 하면 반항이라도 하는지 제멋대로 자란 화초가 있는 등 어수선한 상태였다. 화초 키울 자격이 있을까 부끄러운 생각마저 들었다. 산발한 누런 잎들을 떼어내고 정리를 마친 뒤 물을 흠뻑 주었다. 그리고 잊지 않고 건넨 말, "얘들아, 미안해. 너희에게 너무 무관심했구나. 맛있는 물을 먹고 건강하게 잘 자라다오." 그리고 얼마 뒤 베란다를 나가보니 화초들이 생글생글 탱글탱글 건강한 육체미를 자랑하고 있었다. 빛이 났다는 표현도 좋을 것 같다. 관심 두지 않으면 사람이나 화초나 빛을 잃는다는 걸 알면서도 왜 이 녀석들에게 신경을 못 썼을까. 말 못 하는 미물이지만 사랑을 주고 안 주고의 차이가 크다는 건 오래전부터 화초를 키우면서 안 사실이다.

행운목, 족두리 난, 고무나무 등 20년 넘게 키운 화초가 여러 개 있다. 내가 제일 사랑을 준 화초는 행운목이었다. 백일도 안 된 갓난쟁이인 작은아들을 안고 집 앞 화초 가게 가서 어린 모종을 사다가 키웠다. 작은아들과 동갑내기로 생각하며 아이들 자라는 흐뭇함을 행운목을 통해서도 느꼈다. 행운목에서 꽃을 보는 일은 아주 드물다고 하는데 내 키보다 더 크게 자라면서 두 번 꽃을 피웠다. 어찌나 향이 좋은지 집 안 가득 퍼진 꽃향기는 그윽했고, 손수 키운 화초에서 꽃을 피웠다는 것이 무엇보다 기분 좋은 일이었다. 행운목이라는 화초 이름처럼 행운이 찾아오지 않을까 은근 기대를 했던 건 사실이지만, 별일 없이 평탄한 일상으로 만족한다. 그런데 겨울을 나는 동안 관리를 잘못했는지 시름시름 앓기 시작하더니 영양제도 도움이 안 되었고, 아예 죽고 말았다. 20년 넘게 키운 화초인 만큼 뽑아내는데 내 몸에 생긴 상처 부위를 건드리는 느낌이었다. 15년 넘게 키우고 있는 산세베리아도 아끼는 식물 중 하나다. 16년의 외지 생활을 정리하고 고향인 이곳으로 이사 오면서 동생이 사다 준 5천 원짜리 산세베리아다. 어찌나 잘 자라는지, 큰 화분으로 두어 번 갈아타면서 예쁜 꽃도 피워주었다. 몇 뿌리가 시름시름 앓는 것 같아 삽목을 했더니 몇 달 뒤 새싹이 나며 또 하나의 화분이 만들어졌다. 이렇게 삽목을 해서 키우고 있는 산세베리아가 여러 개로 늘었다. 다 예쁘게 잘 자라주어 어찌나 고마운지, 자식 같은 것들이다.

　가끔 화초 키우는 일이 귀찮게 여겨질 때가 있다. 그럴 때면 누구를 줘 버릴까도 생각한다. 가까운 지인 한 분은 화초를 키우고 싶어 사오기만 하면 얼마 지나지 않아 죽어버린다는데 나는 웬만해선 화초 죽이는 일은 없다. 법정스님이 난 화분 몇 개를 얽매이는 것 같아 남을 줘버렸다는 말씀처럼 화초 키우는 일은 어려운 건 없으나 신경 쓰이는 일이다. 당연히 물은 주지만 특히 겨울에는 베란다에 있는 녀석들이 얼어 죽지 않을까 신경 써야 한다. 온도가 몹시 떨어진 날씨에는 난방을 해서 따뜻한 집 안의 기온을 베란다에 나눠줘야 하고 자주 들여다보고 살펴야 한다. 그리고 말도 걸어줘야 한다는 것. 한가하지 않은 바쁜 일상에서 이런 부분까지 신경 쓸 새가 어디 있겠냐마는 화초를 몇십 년 키우다 보면 자연스럽게 화초에게 말을 걸게 된다. 흐뭇하게 바라보는 자식 자라는 모습과는 비교할 수 없지만, 화초에게 사랑을 주고 키우는 일은 일상에서의 행복한 부분 중에 하나다. 반려견처럼 반려 식물이라고 부르면 좀 우스울지 모르지만, 말만 못할 뿐 한집에서 우리 가족의 일거수일투족을 보면서 함께 생활하는 이 녀석들의 존재를 함부로 할 수 없음이다.

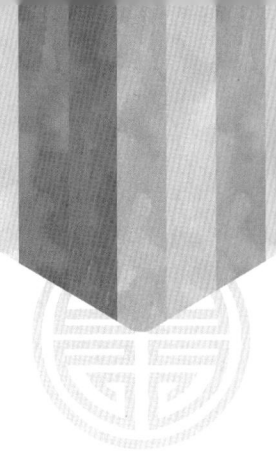

밥 차려 주는 여자

　열심히 일하고 쉬게 되는 주말이면 오히려 쉬는 것이 아닌 노동의 시간으로 생각되는 이 잔혹한 기분은 도대체 무얼까? 화장실 청소만 하더라도 안방과 거실을 오가며 문지르는 것만 해도 진이 빠지는데 청소기쯤이야 팔다리만 움직이는 대수롭지 않은 일이라고 여기기 십 상이지만 허리디스크와 협착증을 앓고 있는 나로서는 허리를 구부릴 수밖에 없는 불안한 포즈로 구석구석 밀어대는 것도 만만찮은 일이다. 게다가 가족들의 매 끼니를 차리는 것 또한 엄마이자 아내인 내임무다. 남편의 아침 메뉴는 항상 고정적이다. 라면에 계란 하나 풀어 끓이면 끝. 하지만 입맛이 까칠한 작은아들은 그때그때 요구하는 메뉴가 다르다. 특별한 메뉴는 아니지만, 계란 두 개 부쳐 간장이나 고추장에 들기름 몇 방울 떨어뜨려 비벼 달라거나 김치와 베이컨 등을 넣은 볶음밥을 해달라는 둥 차려주는 대로 먹는 것이 아니라 주문에 맞춰서 밥상을 차려야 한다는 것이다.

주부 경력 25년이 넘는 딱지가 무색하게 어찌 된 것이 심술과 꾀, 투정만 늘었는지 간혹 주부 딱지를 내려놓고 싶을 때가 있다. 아내이자 엄마의 역할은 여느 주부 못지않게 충실했다고 자부했었지만, 예전의 그 아내가 아닌 그 엄마가 아닌 좀 있으면 갱년기를 맞이해야 하는 여자라는 사실에 억장이 무너질 때가 있다. 평일에는 직장에 갔다 와서도 게으름 피우지 않고 가족을 위해 식사를 준비하지만, 휴일만큼은 푹 쉬고 싶다는 생각이 점점 강해지고 있다. 이틀간의 휴일 동안 내 입에 집어넣을 밥뿐만 아니라 식구들 끼니까지 책임져야 하는 부담감에서 벗어나려 무지 애쓰고 있다. 그러다 보니 금요일 저녁에 먹다 남은 찬밥 한 덩어리가 수난 아닌 수난을 겪는다. 싱크대 한쪽에 꿔다놓은 보릿자루인 양 눈치 보며 있다가 찾지 않는 주인의 손길을 서러워한 나머지 고약한 냄새를 풍기며 자폭을 하는 바람에 끝내 음식 쓰레기통에 버려지는 처지가 되기 일쑤다.

다행이라면 다행이랄까, 아직은 지저분한 것을 못 보는 성격이라 청소만큼은 그런대로 잘하고 있다. 마누라가 없으면 청소기도 잘 밀고 밥까지 차려 먹으면서 어찌 된 일이 내가 있으면 손 하나 까딱하지 않으려는 시체 놀이 하는 남편 때문에 부아가 난다. 쉬는 남편 굳이 못 쉬게 할 게 뭐 있나 너그럽게 있다가도 한번 심술이 나면 이런 너그러운 마음을 베풀기도 싫고 밥 차려 주는 아내나 엄마의 역할도 싫어지고는 한다. 왜? 왜? 왜? 돈은 같이 벌면서 왜 나만 집안일을 감수해야 하는 건지, 이런 외침이 휴일이면 나타나 최대한 내가 할 수 있는 오기와 아무도 알아주지 않는 시위에 애꿎은 찬밥만 울고 있다. 누구나 다룰 수 있는 가전제품, 변화된 양성평등 사회, 그리고

4차 산업혁명 시대를 사는 지금, 왜 우리 집 남편만이 변화를 두려워하는지 모를 일이다. 남편의 의식구조를 개조해 버리고 말겠다는 바람은 이미 포기한 지 오래지만 스스로 알아서 하게 될 날이 올지 누가 알랴. 마누라만 쳐다봤다간 큰코다칠 수 있다는 사실을 깨달았으면 좋겠다. 그나저나 똑같이 주어진 휴일, 나도 푹 쉬고 싶다.

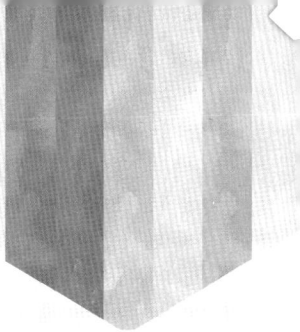

별난 감시자들

 얼마 전 남편과 두어 달 떨어져 지낼 수밖에 없는 일이 생겼다. 두 달 동안 남편을 못 본다는 아쉬움보다는 자유부인이 된다는 생각에 괜히 기분이 들떴다. 어떻게 해야 두 달을 알차게 보냈다고 할 수 있을까 싶어 이런저런 궁리를 했다. 없는 모임을 만들 수도 없고 결근을 하면서까지 낮 시간을 즐길 수도 없는 일이고, 그렇다고 먼 곳에 사는 친구들을 불러낼 수도 없는 일이니, 남편만 없을 뿐이지 다른 일상은 평소처럼 그대로라는 사실이다. 오히려 변한 것은 저절로 큰 줄 아는 두 아들의 개인 생활이 바빠지다 보니 나 혼자 텅 빈 집에서 우두커니 보내는 시간만 많아졌다. 남아도는 게 시간이었다.
 숙식을 회사에서 해결하고 있는 남편 건강을 염려하기보다는 우리 부부는 서로 할 일이 없어 그런지 나는 나대로 남편이 혹시 딴짓이나 하지 않을까 보이지 않는 남편을 감시하고, 남편은 남편대로 이 마누라가 나 없다고 신나게 돌아다니는 건 아닌지 수시로 전화를 해

댔다. 서로 그립다거나 서로 하루의 안부가 궁금해서 그랬더라면 이 나이에 주책이라는 소리도 아깝지 않았을 텐데 이 무슨 짓인지. 퇴근하고 동료들과 분위기 있는 카페에 앉아 수다 삼매경에 빠져 있으면 망원경으로 내가 있는 곳을 훔쳐보기라도 하는지 하필이면 그때 꼭 남편에게서 전화가 오는지. 받고 싶지 않아도 걱정할까 봐 받을 수밖에 없고 거짓말도 할 수 없어 곧이곧대로 이야기하면 시큰둥한 반응에 애들 저녁밥까지 걱정하고 있다. 재미있게 놀고 들어가라는 소리는 못 할망정, 떨어져 있어도 밥 타령이다.

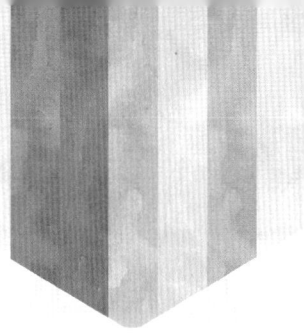

부부에게서 파스 냄새가 난다

　저녁 설거지까지 말끔하게 끝내고 8시가 넘어서야 겨우 자리에 앉았다. 퇴근 후 집에 오자마자 청소기를 밀고 저녁을 준비하는 등 일상적인 일이지만, 집안일이라는 게 끝이 없다. 사람의 몸무게를 근으로 따지는 것이 거북스럽기는 하지만, 백 근도 안 되는 몸을 질질 끌다시피 퇴근하는 길은 간혹 쉬러 가는 것이 아닌 또 다른 일이 나를 기다리는 집으로 끌려간다는 생각이 종종 들 때가 있다. 엄마라는 이유로 아내라는 이유로 거역하고 싶고 벗어나고 싶은 '밥순이'라는 딱지를 평생토록 달고 살아야 하는 운명이지만 바꿔 생각해 보면 남편 또한 가족을 위해 돈을 벌어야 하는 '가장'이라는 딱지를 달고 살아야 한다는 것이다. 예전에는 남편이 가족을 위해 돈을 벌고 가정을 책임지고 희생하는 것이 당연하다는 생각만 했다. 가계의 보탬이 되고자 애들 키워놓고 다시 다니기 시작한 내 직장은 남편의 무능을 간접적으로 보이는 것 같아 한동안은 자존심 상하는 일이라 여길 때도 있었다. 한 사람도 모자라 부부가 같이 희생해서 두 아이를 가르치고 키워야 하는 결혼 생활이 절대 만족스럽지 않았다. 우리 부부가 게으를 수 없는 이유였다. 돈이나 벌어오는 가장으로 살아온 긴 세월, 아내인 나의 이해심은 부족했고 남편을 향한 타박은 그칠 줄 몰랐다.

요즘 허리 협착증으로 불편한 허리를 부여잡고 직장과 집안일을 해대는 데에 따른 짜증이 부쩍 늘다 보니 자연적으로 그 짜증은 아이들보다 남편에게 화살이 갔다. 협착증 판정을 받은 올 초부터 몇 달째 양방과 한방을 오가며 치료를 받았지만, 차도는 없고 신경을 건드리는지 통증으로 인해 생활 리듬이 깨져 버렸다. 설상가상 얼마 전에 남편도 갑자기 허리 통증이 오는 바람에 졸지에 우리 부부의 모습이 참 우스울 정도로 못 봐주겠다. 나는 나대로 허리를 구부정하게 하고 있고 남편은 남편대로 여기저기 저리다며 손수 주무르고 있다. 약국에서 두 개의 파스를 사다가 부부가 똑같이 파스를 덕지덕지 붙였다. 내 몸도 모자라 남편에게서까지 파스 냄새가 진동한다. 둘의 모습이 하도 기가 막혀 '허리 병신들'이라고 웃어댔지만, 그 웃음이 기분 좋아서도 아니고 우스운 농담이어서도 아니라는 것쯤은 안다.

나도 나지만 남편이야말로 쉴 줄은 모르고 일만 하려고 한다. 체육을 전공한 남편은 몸도 다부지고 탄탄한 데다 운동 실력도 아주 좋았다. 세월 앞에 장사 없다는 말처럼 관리 소홀도 있었지만, 세월을 비껴갈 수는 없었다. 이 옷 저 옷에 밴 파스 냄새가 고단한 삶을 말해 주지만, 우리 부부에게서 나는 파스 냄새가 우리 아이들 앞에 서는 당당하다.

산행

　일요일 오늘, 대기질 미세먼지 수준 '나쁨.' 맑은 창공을 본 지가 까마득한 옛일이 된 듯 요즘은 미세먼지나 박무는 일상적인 현상이다. 나처럼 미리 약속돼 있으면 모를까 일부러 이 나쁜 공기를 마셔가며 산에 오를 사람이 얼마나 될까 싶은 예감은 보기 좋게 빗나갔다. 목적지에 도착하고 보니 벌써 주차장은 만원이다. 서울 사는 지인 내외분이 오랜만에 얼굴도 볼 겸 감악산 산행도 하자는 얘기에 문밖 앞까지 바짝 와 있을 봄이 보고 싶은 마음에 망설임 없이 2주 전에 약속을 잡았다.
　30년 전의 해묵은 과거 얘기이긴 하지만 감악산은 그때도 계곡 주변으로 행락객이 벌 떼처럼 모여들었고 환경오염이라는 개념조차 전무한 상태에서 취사 행위는 기본이요, 먹다 남은 음식을 물이나 산에 던지는 일은 예사로 여기던 때였다. 알고 버리고 모르고 버린 행위로 인해 오염은 시간문제였고 행락객이 환경오염의 주도적인 역할을 톡톡히 한 꼴이었다. 새롭게 단장한 감악산이 이제는 행락객이 아닌 등산객으로 붐비고 있다. 몇 년 전 시에서 설치한 출렁다리 덕분에 파주의 명소로 떠올랐고, 주말이면 매스컴을 통해 찾아온 많은 인파와 조금만 늦으면 차 댈 곳이 없어 도로 갓길까지 차를 대는 혼잡함을 구경하는 것도 재미 중 하나가 되었다. 파주 사람들도 많이 찾고는 있지만, 전라도나 경상도 등 먼 지역에서도 관광차를 이용해 단체로 찾아올 정도다.

설악산에 비하면 3분의 1 정도의 높이밖에 안 되지만 경기도의 5대 악산 중 하나로 불릴 정도의 험한 산세가 이름값을 톡톡히 하고 있다. 가파른 절벽이 여느 유명산에 절대 뒤지지 않을 정도로 빼어난 경관을 자랑하는 임꺽정 봉에 올라 내려다보면 파주시와 양주시, 연천면이 눈에 들어온다. 요즘 같은 미세먼지가 자주 끼는 날에는 시계가 좁은 것이 아쉽지만 맑은 날은 유명산 정상에 오른 것 못지않은 기분을 충분히 느끼고도 남는다. 산에 오르는 기쁨도 기쁨이지만 뭐니 뭐니 해도 감악산을 찾는 가장 큰 즐거움은 출렁다리를 건너는 게 아닐까? 사람이 별로 없는 다리를 건널 때는 그냥 조금 흔들린다는 기분이지만 사람 수가 많을 때는 말 그대로 출렁거려 현기증까지 느낄 정도다.

올라가는 길에 들른 범륜사에서 많은 시간을 보낸 탓에 산 정상은 다음에 찍기로 하고 중턱까지 가서 되돌아 내려왔다. 길을 틀어 손마중길을 통해 내려오다 보니 많은 사람이 출렁다리를 건너고 있는 모습이 보였다. 예상했던 대로 운제폭포까지 와 보니 그 주변이 인파로 꽉 찼다. 우르르 몰려든 등산 인파를 가만히 살펴보니 구두나

단화를 신고 온 사람들이 더러 있었다. 이들은 산행이 목적이 아닌 단지 출렁다리만 왔다 가기 위해 온 사람들이다. 입구에 있는 계단이 좀 힘들긴 해도 출렁다리를 건너면 바로 연결된 운제폭포까지는 무난한 코스다. 시골 출신인 데다 학교를 걸어서 다녔기 때문에 걷기는 몇 시간이라도 자신 있다. 잘 걷는다고 해서 산에 오르는 것까지 잘하는 것은 아니지만, 등산의 재미가 붙기 시작한 요즘 누가 산에 가자고 하면 얼른 따라나서게 되는데 제일 기본적으로 갖추고 있어야 할 스틱 하나조차 없다. 많은 등산 인파 속에 나의 행색이 좀 초라하게 보일 정도로 머리부터 발끝까지 깔맞춤을 한 사람들이 왜 그렇게 많은지 외국인들이 대한민국 사람들의 산 사랑에 놀라고 등산 명품으로 깔맞춤한 모습에 또 한 번 놀란다더니 여기서 내가 보게 되었다.

안전장비를 챙겨 올라가는 것과는 무관하게 잘 차려입은 것까지 내가 말할 자격이야 없지만 대한민국의 체면치레와 겉치레의 민낯을 보는 것 같은 쓸쓸함은 긴 여운을 남겼다. 게다가 등산 에티켓을 저버리는 행동을 목격하고 나서 그 쓸쓸함은 더했다. 그것은 한참 산을 오르는데 한 무리의 등산객이 앉아 쉬다가 막 자리를 뜨는 것이 보였다. 숨을 헐떡거리며 가파른 길을 올라가 그들이 쉬었던 자리가 적당하기에 멈춰서 보니 주변으로 먹고 버린 쓰레기가 눈살을 찌푸리게 했다. 알 만한 사람들이 왜 그러는지, 포장만 잘된 등산객일 뿐 공공질서나 시민의식은 빵점인 그들의 행태에 은근 부아가 치밀었다. 나보다 더 화가 난 지인이 저만치 가는 그들을 쫓아가는 것을 겨우 막고 양심이 버린 쓰레기를 주섬주섬 주워 배낭에 넣었다.

입구를 향해 출렁다리를 거의 건너오자 초등학교 3~4학년쯤 되는 여학생은 가족과 함께 온 모양인데 입구 초부터 다리 난간을 잡고 무서워 죽겠는데 왜 자꾸 건너게 하냐며 우는가 하면 팔십은 돼 보이는 할머니는 옆으로 서서 난간에서 한 손 한 발을 떼어가며 조심스럽게 아들 뒤를 쫓으며 건너는 모습 등 출렁다리를 건너는 별의별 볼거리로 웃다 보면 어느 정도 피로가 가시는 기분이다. 거대한 산을 오르는 산악인이 산에 오르는 목적에 비하면 내 이유는 말도 안 되게 우습겠지만, 내가 산에 오르는 것은 '성취감'을 통해 마음을 키우고 싶기 때문이다. 자신 없고 두려움에 하지 못했던 일들을 해보지도 않고 포기한 것이 어디 한둘이었을까. 지혜롭지 못하고 결단력 없는 우유부단한 성격 탓에 늘 자신과의 싸움에서 지고 만 것들이 너무 많았다. 산을 오르면 누구나가 느끼는 '성취감.' 그 성취감과 자기 만족감은 별것 아닐지 모르지만 무언가를 해낼 수 있다는 희망이자 자신감의 원동력이 된다. 비록 거대한 산은 아니지만, 이 산을 통해서도 충분히 배우게 된다는 사실이다.

삶에 정답이 있을까?

 동생이 흥분한 목소리로 전화를 했다. "언니, 아무래도 ○○ 언니가 잘못된 것 같아." 심상찮은 짧은 이 말에 러닝머신 위에서 열심히 땀을 흘리고 있는 내 몸에 순간 소름이 쫙 끼쳤다. 자세한 건 신랑이 와 봐야 알겠지만 틀림없는 무슨 사달이 난 것 같다는 게 동생의 말이었다. 찜찜한 기분으로 전화를 끊고 몇 시간이 지나도 연락이 없기에 문자를 보냈더니 잘못된 건 아니고 갑자기 쓰러져 병원으로 실려 간 끝에 암 진단을 받고 결과를 기다리는 중이란다. 상태가 좋지 않은 건 분명했다. 지레짐작으로 사람 하나를 저세상 사람으로 만들어 버린 해프닝으로 끝나긴 했지만, 어쨌든 사장님을 잘 아는 나로서는 암 진단을 받았다는 사실만큼은 충격이 아닐 수 없었다.
 출판인쇄업을 하는 여장부의 기질을 가지고 있는 사장님은 동생네와 잘 아는 사이인 데다 내가 학교 신문을 담당하면서 제부 소개로 만나게 되었다. 동생네와는 각별하게 지내다 보니 단지 형식적이고 가벼운 관계로 여기지 않았고, 같은 여자로서 느끼는 공감대가 크다 보니 해를 거듭하면서 서로 마음의 돈독함을 가지는 사이가 되었다. 불과 보름 전까지만 해도 학교 일로 통화까지 했었는데 환자복을 입고 누워 있는 사장님을 생각하니 나도 모르게 눈물이 맺혔다. 참 괜찮은 분인데 사람 일이란 내일을 기약할 수 없다는 사실을 또 한 번 실감했다.

주위에서 누가 사고로 죽었다느니 누가 암으로 죽었다느니 하는 소리는 살고 죽는 것이 당연한 이치인 줄 알면서도 결코 가볍게 들을 수만은 없다. 친정아버지가 팔십 생일을 며칠 안 남기고 돌아가셨을 때 주위에서는 '호상'이라고 했다. 하지만 그 호상이라는 말이 위로 차원에서 한 말이겠지만 듣는 가족들은 듣기 거북하다. 명이 짧은 것도 어쩌면 숙명인지 모르나 안타까운 죽음을 맞이하는 사람들을 종종 보게 되면 사는 것이 허무하지 않을 수 없다. 어찌 됐든 '죽음'이라는 말은 항상 많은 여운을 남기게 된다. 제 명을 다하지 못하고 죽은 사람을 보면서 많은 사람은 말한다. "그렇게 죽을 줄 알았으면 실컷 쓰고 죽기라도 하지." "아등바등 아끼면서 살더니 자식 좋은 일만 시켰네." 등등 망자를 동정하는 이 말이 절대 남의 이야기가 아닌 '나'에게도 일어날 수 있는 일이다. 나도 마찬가지지만 많은 사람은 떵떵거리고 살 미래를 꿈꾸며 재산을 모으고 불투명한 앞날을 기대로 가득한 채 살고 있다.

팔십의 내 노모 또한 누구에게 뒤지지 않을 삶의 열정이 넘쳐흐르도록 열심히 살았다. 그런데 엄마의 열정과 살아가는 방식에 안타까운 마음이 드는 이유는 뭘까? 일만 하고 산 사람이 어디 엄마뿐이겠냐만 엄마의 딸로 태어난 나로서는 엄마같이 산 사람은 없을 것 같은 측은한 생각은 버릴 수 없다. 자식들까지 모두 두 손 두 발 들어 버릴 정도로 억척스럽게 산 엄마의 삶. 내 입에 들어갈 맛있는 음식도 아까워 체기처럼 걸리는 자식 주려고 냉장고에 쟁여 놓는 분. 당신 위해선 단돈 천 원 하나 안 쓰려는 분. 철학같이 믿은 당신 삶의 방식이 잘못되었음을 알고 자식 앞에서 진저리치며 한탄하기도 하지만 이미 몸에 깊이 밴 습성은 버리지 못한다.

 우리가 우리 자신에게 묻는 질문 하나가 '잘 살기 위한 삶의 기준은 무엇일까' 하는 것이다. 내일 어떻게 될지 모르는 불투명한 미래를 생각하면 당장 오늘만 생각하고 쓰는 것이 현명한 것인지, 아니면 100세 삶을 바라며 노후대책을 철저히 대비해 지금 당장 악착같이 안 쓰고 모으는 것인지. 어쩌면 답이 없는 물음표가 정답일지 모른다. 알 수 없는 것이 인생 아닌가? 그나저나 사장님이 자리를 털고 일어나 이렇게 사는 것이 잘 사는 거라고 시원한 답이나 줬으면 좋겠다.

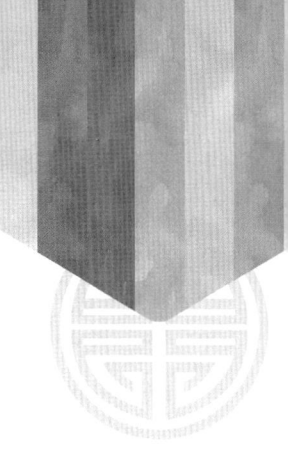

상고머리의 멋진 남자

 하루 공휴일을 푹 쉬고 월요일 같은 기분으로 주중 출근을 했다. 쉬어도 또 쉬고 싶은 게 공통된 직장인들 마음. 무겁게 책상 앞에 앉아 하루 처리해야 할 일을 메모장에 하나하나 적어 내려갈 무렵 사무실 문밖에서부터 까르르 웃고 들어오는 여 선생님에게로 시선이 집중되는 순간 함께 들어온 남자 선생님에게로 시선이 돌아갔다. 평상시와 너무 다르게 머리 스타일을 바꾼 남자 선생님을 가지고 카풀을 하는 여 선생님이 사무실로 오면서까지 놀려대며 웃는 것이었는데 남자 선생님의 새로운 변신에 사무실 사람 모두 놀라며 환성을 질렀다. 멋쩍어하면서도 성격이 좋아 그런지 이렇게 관심받아 보기는 오랜만이라며 진작에 머리 스타일을 바꿀 걸 그랬다며 너스레를 떠는 모습이 밉지 않았다. 옆과 뒷머리를 바짝 치올려 시원하게 깎고 앞머리의 길이는 적당히 둔 상고머리 스타일인데 보통 장교들이 이런 스타일로 자른다. 새롭게 변신한 모습이 훤칠한 키와 균형

잡힌 체형까지 더해져 영락없이 영관급 장교다. 복고로 돌아가냐는 둥, 왜 바꿨냐는 둥 잘 어울린다는 말보다는 스타일을 바꾼 것에 대해 호기심으로 다들 궁금해했지만, 선생님과 함께 근무한 십 년 동안 이번이야말로 제일 마음에 들었다. 아무튼 내게는 신선한 충격이었고 오랜만에 남자다운 스타일을 본 것 같이 기분이 좋았다.

각자가 선호하는 머리 스타일이 있을 것이다. 내가 제일 좋아하고 선호하는 남자 머리는 상고머리다. 어린 유치원 남자아이 머리를 상고머리로 자르면 얼마나 예쁘고 앙증맞은지 모른다. 대중매체 영향으로 개성 있고 드러내는 것을 좋아하는 요즘 사람들이다 보니 머리 스타일도 유행을 따르는 경향이 강하고 별의별 스타일이 많다. 다 개인 취향인 걸 가지고 내가 싫다고 그들의 머리 스타일까지 지적할 필요는 없지만, 해병대 머리처럼 아래와 옆 부분은 밀어 버리고 위에만 길러 묶고 다니는가 하면 저걸 머리라고 다니나 싶게 가위라도 있으면 당장 어떻게 해 버릴 것 같은 보기 거북할 정도의 희한한 머리 스타일도 있다. 이상하게 상고머리는 젊은 남성에게는 비인기 스타일인지 눈에 잘 띄지 않는다. 우리 집 두 아들만 해도 엄마가 제일 좋아하는 머리 스타일을 제쳐 두고 대체로 상고머리에서 변형된 '투 블럭컷'이라는 이상한 머리를 한다거나 파마를 하니 말해 무엇 할까.

처음부터 상고머리를 좋아하지는 않았다. 상고머리를 선호하게 된 데에는 남편의 영향이 크다. 결혼 전 양가 부모님에 의해 남편을 소개받은 첫선 자리에서 남편은 군복에 단정하게 자른 상고머리를 하고 나왔다. 빛나는 계급장이 멋있는 것도 있었지만 상고머리가 어찌나 멋있게 보이던지 남편을 향한 내 눈에 콩깍지가 씐 이유는 군복과 상고머리 때문이었다. 전역하기 전까지 변함없이 상고머리를 했는데 어쩔 수 없이 16년 군 생활에 종지부를 찍고 전역을 하면서 남편 머리 스타일도 바뀌게 됐고, 그 후 내게는 없던 버릇이 하나 생겼다. 어느 곳에 가든지 남자를 보게 되면 먼저 머리 스타일을 보게 되는 것이 아닌가. 단정하고 품위 있어 보이는 상고머리가 왠지 나이 불문하고 남편이 장교 시절 함께했던 동료 같은 생각에 반가운 마음이 앞선다. 어쩌면 군복을 벗을 수밖에 없었던 아쉬움과 미련 같은 것이 체증처럼 남아 있다 보니 군인 스타일의 상고머리를 통해서 위로받으려 하는 마음이 있기 때문인지 모른다. 상고머리를 한 사람은 알고 보면 대부분이 군인이다.

이제 곧 다른 남자가 아닌 작은아들에게서 그 위안을 받을 수 있게 되었다. 작은아들의 바람이기도 하지만 우리 부부가 소원했던 장교의 길을 가게 되어 곧 다가오는 12월이면 상고머리로 자른다. 덤덤한 아들과 달리 내 마음은 급한 나머지 지금이라도 당장 상고머리로 자르고 남들 앞에 보란 듯이 다니면 안 되겠냐고 하지만 이번이 마지막이 될지 모른다며 파마를 하겠단다. 남편의 지금 머리도 파마머리다. 처음 파마를 하겠다고 했을 때 반협박을 해가며 반대했지만 마누라의 협박 따윈 괘념치 않는다는 듯 여봐란듯이 파마를 해가지고 왔다. 그 후로 계속해서 파마한 머리를 고집하고 있는데 가끔 예전처럼 상고머리 하는 건 어떠냐고 물으면 지겹도록 한 머리 뭐 또 좋아서 하겠냐며 정색을 할 정도로 싫어한다. 말하기 싫은 숨은 속뜻이 있다는 걸 알기 때문에 그때마다 나도 그냥 넘겨버리지만 한 번쯤 상고머리를 해 줬으면 좋겠다. 내 머릿속에는 이미 상고머리에 소위 계급장을 단 늠름한 작은아들이 들어가 있다.

숫자 '1'의 즐거움

 '1'이라는 숫자를 딱히 좋아했던 적은 없었다. 오히려 남들이 꺼리고 지금은 많이 사라지긴 했지만, 어느 건물의 엘리베이터에서 'F'로 표시되는 '4'라는 숫자를 오래전부터 좋아했다. '죽을 死'의 한자 의미와 숫자를 뜻하는 '넉 四' 자가 아무리 생각해도 연관성이 없어 보이는데 짜 맞추기 좋아하는 사람들에서 비롯된 것인지는 몰라도 숫자 '4'는 다들 기피하는 경향이 강하다. 나처럼 '4'를 좋아하는 사람도 분명 있을 것이다. 특별히 '4'를 좋아하게 된 계기가 있거나 이유가 있는 것은 아니다. 하늘에서 뚝 떨어지기라도 했는지 어려서부터 '4'가 친근하게 느껴졌다. 어쩌면 칠 남매 중 넷째인 내가 '4'라는 숫자에 의미를 부여해 버린 건 아닌지 모르겠다.
 홀수의 개념 때문인지 '1'이라는 숫자는 왠지 외로움이 느껴진다. 성적, 순서, 서열 등 인간의 가치를 등수로 매기는 개운치 않은 입맛을 가지게끔 하는 숫자이기도 하다. 두 아이를 키우면서 나도 얼마나 '1'을 향해 뛰라고 외치고 외쳤는가. 지금에서 생각하면 아무것도 아닌 것에 아이들만 잡았다는 후회감이 강하게 든다. 이런 부정적 반감이 들어간 '1'은 학창 시절 운이 따랐는지 모르지만, 성적으로 1등을 차지한 적이 있었다. 학년 전체에서 1등을 했다면 내 머리는 영재였을 테지만, 안타깝게도 학년 전체가 아닌 반에서 1등이라는 것이 좀 안타까운 일이긴 해도 어쨌든 성적에서 1등을 한 덕분에 부모님의 기를 살려준 효녀이기도 했다.

요즘은 공부가 아닌 다른 일로 1등을 하고 있다. 몇 년째 직장에서 '1등'으로 출근 도장을 찍는다는 것이다. 별것도 아닌 일로 으스대는 꼴이지만, 한 시간 반이나 일찍 출근해 나름의 시간을 갖는다는 것이다. 자랑할 만한 건 아니다. 그냥 그렇다는 것뿐. 1등이라서 기분 좋은 것보다 아무도 출근하지 않은 공간에서 조용히 앉아 책을 본다거나 글을 쓰는 일이 행복하고 몸이 그것을 즐기고 있다는 것이다. 일찍 출근한 시간만큼 여러 장의 책을 넘길 수 있고 여러 줄의 글을 쓸 수 있다. 사무실 옆 아름드리 상수리나무를 찾아오는 직박구리와 까치, 꾀꼬리, 너무 흔해 존재감이 사라진 참새마저도 좋은 벗이 되어주기도 한다. 내 가슴이 이런 것을 기억하는 한 나의 습관은 계속될 것이다.

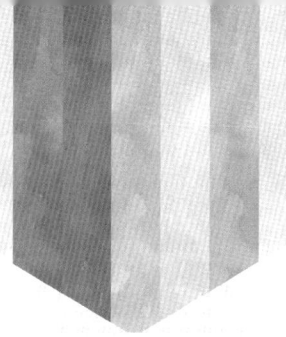

시대의 흐름에 맞춰보는 것도

　집 안 가득 향 내음이 그윽하다. 향을 피우기 전에 작은 소동이 있었다. 제사 준비를 끝내고 향을 피우려고 향 상자를 연 순간에야 향이 떨어진 걸 알았다. 나를 쳐다보는 남편의 눈초리가 곱지 않다. 아랑곳하지 않고 아끼고 아끼던 향을 꺼내와 향을 피웠다. 제사용 향과는 비교할 수 없는 그윽한 향이 집 안에 가득하다. 남편이 중대장으로 있던 시절 연대 소속 절에 계신 법사님이 특별 선물로 주신 수제 향이었다. 가끔 기도할 때 사용했지만 다시 구하기 힘들 것 같아 아끼던 향이다. 추운 겨울날 베란다와 앞문을 열고 제를 올렸음에도 향이 오래 남았다. 제사상 앞에 앉아 상에 올렸던 음식을 정리하며 아직 치우지 않은 두 분의 사진을 바라봤다. 영정사진을 목적으로 찍어서인지 두 분의 표정은 미소 없이 굳어 있다.

　오늘은 어머니 기일이다. 고봉으로 꾹꾹 눌러 담은 두 그릇의 매에서 한 숟가락 덜어 물을 만 것을 두 아들이 나눠 먹는 것도 잊지 않는다. 식구라 해봤자 남편과 두 아들이 전부인 조용하게 치른 제사지만 보통 제사에 올리는 여느 가정집처럼 준비하는 음식은 똑같다. 가족이 적다고 뭘 하나 줄이는 일은 없다. 고작 일 년에 기제사 두 번에 설과 추석에 올리는 차례상 두 번이 전부인데 내 나름대로 꾀를 낸 것이 있는데 선뜻 남편에게 말을 꺼내지 못하고 있다. 요즘 추세가 제법 규모가 큰 집안에서도 제사를 줄인다고 하는데 두 달 간격으로 있는 아버님과 어머니 제사를 하나로 묶어버리면 안 될까 하는 것이다. 게으르고 잔꾀만 늘었다는 남편 호통이 두려워 진작부터 생각만 하고 있을 뿐, 얘기도 못 꺼냈다. 적당한 때에 말해 볼 참이다. 결코 게을러서는 아니지만 사실 제사 준비가 여간 쉬운 일은 아니다. 그리고 변화의 흐름에 맞춰 바꿔보는 것도 괜찮을 것 같다. 어쩌면 우리 대에서 제사 지내는 일은 마지막일 수도 있다. 지금 시대의 흐름을 봐선 충분히 가능한 일이다. 자식들에게 제삿밥을 꼭 얻어먹고 싶은 생각도 없는 데다 제사라는 것이 큰 의미가 있을까 싶다. 유교에서 비롯한 제사의 의미가 퇴색한 지 오래인 만큼 현대사회에서 제사라는 의미도 중요하게 생각하지 않는 사람들이 대부분인 것이 사실이다.

　한 시대를 거슬러 올라가 아버지가 살아 계시던 어린 시절만 해도 제사나 명절의 의미는 아주 컸다. 친척 집안 남자들이 잠도 안 자고 밤 열두 시에 모여 제사를 지내고 제사 음식을 나눠 먹던 때가 있었다. 강산이 여러 번 바뀌고도 남을 몇십 년이 흐른 지금 친정도 변화의 바람에 동조해 제사를 축소하고 여러 집안이 한데 모여 지내던 제사도 각자 가져간 지 오래다. 게다가 요즘 명절은 어떤가? 설이고 추석이고 간에 명절날만 기다렸는지 긴 연휴를 가족들이 모여 조상을 모시기보단 해외로 눈을 돌려 빠져나가는 것이 일반적인 현상이 되어 버렸다. 처음에는 조상을 섬길 줄 모르는 사람들이라고 욕을 했었다. 이미 그런 고정관념이 바뀐 지 오래고 조상님께 큰 죄를 짓는다는 생각도 버렸다. 명절 스트레스 안 받아 가정이 평안하면 그것도 조상 잘 섬기는 방법 중 하나일 것 같다는 생각이다. 그나저나 남편에게 제사 합치자는 얘기는 언제가 적당할지, 도무지 입이 안 떨어진다.

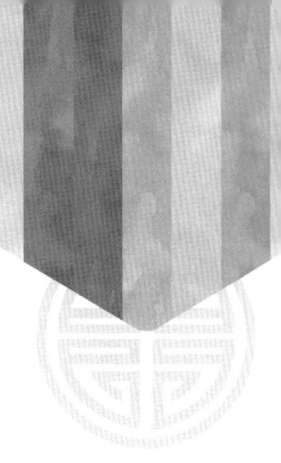

시어머니 입장에서

　산들거리는 가을바람이 적당히 부는 휴일, 밖으로 나오라는 가을의 속삭임에 많은 사람이 유원지를 찾았다. 이제 겨우 돌이나 지났을 어린 아기를 안고 한껏 멋을 낸 젊은 부부도 상추객 속에 합류했다. 하늘거리는 꽃무늬 원피스를 입은 아기 엄마는 유원지 카페 야외 테이블에 앉아 우아하게 차를 마시는 폼이 전혀 아기 엄마 같지 않다. 오히려 분주한 건 아기 아빠였다. 가방에서 꺼낸 우유병을 아기에게 물리는가 하면 칭얼대는 아기를 어르고 달래는 것도 아기 아빠의 몫이다. 초보가 아닌 너무 자연스럽고 익숙한 솜씨다. 아기 엄마는 가끔 아기와 눈 마주치며 웃어주는 게 전부다. 가만히 이들 부부를 지켜보고 있자니 다정하게 보이는 것은 물론이고 아기 돌보는 게 쉽지 않음에도 아기 아빠의 편안해 보이는 얼굴로 봐선 이들이 사는 환경을 들여다보진 않았어도 육아 분담은 확실하게 한 것 같다. 세상 좋아졌다는 말이 나도 모르게 튀어나왔다.

우리 애들을 키울 때만 해도 집안일부터 시작해 아기 키우는 일은 전적으로 여자인 내 몫이었다. 육아 분담을 한다거나 가사를 분담한다거나 하는 일은 맞벌이 가정에서 더러 나타나는 드문 일이었고, 대체적인 분위기는 여자가 해야 하는 당연한 일로 여겼던 때였다. 직장 여성도 아닌 집에서 아이 키우며 살림하는 것밖에 없었는데도 하루가 늘 바빴고, 낮잠 자 보는 것이 소원일 정도로 가사와 육아는 힘든 일이었다.

　부부가 함께해야 한다는 육아나 가사 분담에 대해 남자들의 의식이 부족했던 시대는 이제 거의 사라졌을 정도로 요즘 젊은 남자들의 생각은 무척 긍정적인 데다 자리를 잡아가고 있다. 가까운 조카네만 봐도 신선하게 놀랐던 적이 있는데 퇴근하고 돌아오면 아기는 아빠인 조카가 보고 조카며느리는 그때부터 집안일을 한다는 것이다. 처음부터 어렵지 않게 자연적으로 그랬다는 말에 퇴근하면 힘들지 않냐고 했더니 아기 보는 게 더 힘들다며 오히려 아내를 걱정하는 게 아닌가. 조카의 세련된 생각이 하도 대견해 등을 두들겨 줬던 적이 있는데 요즘 아기 아빠들 대부분이 그런단다. 직장 여성이 늘어난 것도 이유일 테지만 아무튼 여성의 권리가 예전과 다르다는 것은 분명하다.

　그런데 여성의 권리가 살아나고 긍정적인 사회 변화 현상에 대해 새삼스럽게 의문 하나가 생긴다. 과연 아들을 둔 시어머니 입장에서도 육아나 가사 분담이 긍정적인 일이겠냐는 것이다. 언젠가 한번 지인에게 들은 얘기에 의하면 한없이 예쁘게만 보였던 며느리가 갑자기 미워졌다는 것이다. 그 계기가 젊은 여성들이 들으면 얼토당토

않다며 분개할지 모르겠는데, 어느 날 아들네 놀러 갔다가 보니 퇴근하고 돌아온 아들이 직장에서도 힘들 텐데 손주 뒤를 쫓아다니며 놀아주더라는 것이다. 거기까지는 좋았는데 잠시 후 주방으로 들어가더니 앞치마를 두르고 아내 옆에서 설거지도 하고 음식을 같이 만드는데 그걸 보는 순간 속에서 불덩이가 확 올라오더란다. 아들이 집에서도 편히 앉아 쉬지 못하고 집안일을 하는 것 같아 놀고먹는 며느리에게 한소리 할까 하다가 잘못 말했다가는 부부 사이만 갈라놓는 꼴이 될까 싶어 아무 소리 못 하고 속만 상한 채 집으로 돌아왔다는 것이다.

애지중지 키워봤자 남의 좋은 일만 시켰다고 땅을 칠 정도로 약이 바짝 올라 있는 지인에게 뭐라 위로도 할 수 없어 들어주는 것으로 끝내긴 했지만, 아들만 둘인 나도 시어머니 처지가 되면 얼마든지 지인과 같은 마음일 수 있다는 생각이 들었다. 신세대 시어머니라고 자처했던 지인이었는데도 불구하고 가사 분담을 잘하고 있는 당신 아들 문제에서만큼은 신세대가 되지 못한 구석이 있지만, 나라고 그러지 않는다는 보장도 없고 화장실 들어갈 때 다르고 나올 때 다른 것이 사람의 마음인지라 자신 있게 말할 수 있는 처지도 아니려니와 솔직히 지인의 마음을 이해하는 쪽으로 기우는 걸 느꼈다.

직장에 다니는 엄마 때문에 어려서부터 청소기를 밀고 빨래를 개는 일에 익숙한 두 아들이지만, 머지않아 결혼을 하게 되면 자연스럽게 주방에 들어갈 텐데 사실 나도 마냥 아들 잘했다는 소리는 나오지 않을 것 같다. 큰아들은 지금도 밥을 다 먹고 난 뒤 시키지 않아도 그냥 일어나는 법 없이 같이 거드는데 가끔 아들에게 결혼해서도 아내한테 이렇게만 하면 90점은 먹고 들어간다고 얘기하지만 이게 내 진심에서 나온 말인지 모르겠다. 아이러니하게도 일반적인 여성의 입장과 시어머니의 관점에서 이중적인 성격을 보이는 셈인데 아마 대한민국의 아들을 둔 시어머니 입장이라면 나와 같은 생각을 하지 않을까.

 보수적인 근성이 찌꺼기처럼 남아 있는 탓인지 모르지만 당장 고민하는 내 생각을 봐서라도 세련된 시어머니가 되지는 못할 모양이다. 어떤 생각으로 그런 소리를 했는지 모르지만, 시집살이시킬 것 같은 시어머니라고 남편과 형제들에게 듣고는 한다. 시집살이를 전혀 시키지 않았던 돌아가신 어머니에게서 시집살이한 적도 없는 나로서는 강하게 부정을 하지만 앞을 누가 알겠는가, 안 시킨다고 장담할 수 없는 일이다. 결혼해서 집안일까지 열심히 하는 아들이라면 며느리를 한 번쯤 들었다 놓을 것 같다. 어느 집 딸이 내 며느리가 될지 모르지만, 애지중지 키운 내 아들처럼 그 딸도 귀하게 자랐을 텐데 굳이 시집살이시킬 마음은 추호도 없다. 하지만 저들끼리 가사를 분담하든 육아를 분담하든지 간에 내가 모르면 그만이니 분담을 해도 나 모르게 했으면 좋겠다. 내가 만약 아들이 아닌 딸만 있는 사람이었다면 정반대의 생각을 했겠지. 이기적이지만 입장에 따라 다를 수밖에 없는 일이다. 내 아들이 귀한 것을.

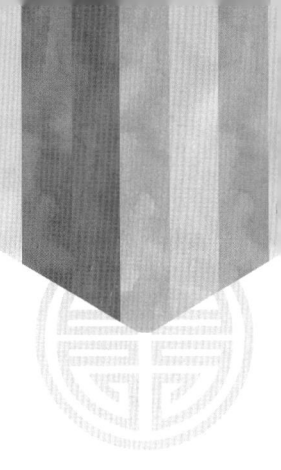

아들을 기다리며

　며칠 전부터 마음이 들떴다. 그동안 비싸서 사 먹지 못했던 굵고 좋은 복숭아를 골라 바구니에 담고 맛살과 신선한 생오징어도 담았다. 거창하거나 고급스런 음식은 아니지만 만찬 준비를 마쳤다. 순전히 작은아들이 좋아하는 음식으로만 준비했다. 한 달 동안 예비장교 훈련을 마치고 돌아오는 작은아들을 맞이하는 마음은 흥분되고 즐겁다. '자식'이란 애틋하기 마련인지라 죽을 때까지 걱정하고 늘 마음에서 놓지 못하는가 보다. 자식 일곱을 키워 결혼시킨 친정엄마를 보더라도 자식에 대한 걱정은 죽을 때까지 쥐고 있어야 하는 업이라는 생각이 든다. 다 내어주어도 아깝지 않을, 하늘마저 감동하게 하는 것이 가슴 절절한 단어인 '모정'이 아닐지.
　부모로서 내 능력이 이것밖에 안 되지만, 내 자식들을 위해 헌신할 수 있는 힘은 죽지 않았다. 이런들 자식이 알아주겠냐는 현실적인 질문을 하는 사람이 있겠지만 난 내 자식들의 버팀목이 되어 주고 쉴 수 있는 큰 나무가 되어 주고 바른길로 갈 수 있도록 안내해 주는 그런 단단한 부모가 되고 싶다. 너무 흔히 듣는 말이지만 유대인의 격언에 '고기를 잡아주지 말고, 잡는 방법을 가르치라'는 말이 있다. 준비되지 않은 상태에서 세상으로 아들을 밀어내기는 싫다. 고된 훈련과 동기들과의 공동생활을 통해 아들은 분명 육체와 정신이 더욱 단단해졌으리라. 난 지금 몇 시간 후면 만날 아들을 생각하며 설레는 마음을 조심스럽게 진정시키는 중이다.

⋯ 연습 중

　남편은 오늘 일 때문에 늦는 댔고, 큰아들은 업무가 밀려 야근한 댔고, 작은아들까지 친구와 군산으로 놀러 갔다 오느라 막차나 타고 올 수 있단다. 저녁 차릴 일은 없어 편하지만, 싱크대 앞에서 괜히 왔다 갔다 하다가 소파에 앉았다. 평소 습관처럼 TV 리모컨을 켜보지만 몇십 개의 채널이 모두 재미가 없다. 매달 통장에서 빠져나가는 케이블 시청 요금이 아깝다는 생각을 해 본다. 밖으로 한 바퀴 돌다 오고 싶지만 하필이면 오늘 비가 내릴 게 뭐람. 머지않아 이 집을 떠날 자식들이란 걸 알면서도 괜히 섭섭한 마음이 드는 건 뭔지. 난 지금 두 아들이 떠나고 말 앞으로의 상황을 대비해 연습 중.
　일곱 자식을 떠나보낸 엄마의 집은 지금 얼마나 적막할까? 이웃집의 누구는 어떻고 누구네 집에는 무슨 일이 있었다고 이 얘기 저 얘기 딸년과 하고 싶어 전화했을 게 틀림없을 텐데 난 엄마의 마음을 외면해 버리기 일쑤다. 바쁜 일이 있어도 혼자 있는 엄마를 생각해 그러면 안 되는 걸 알면서도 바쁘다는 핑계로 저녁 드셨냐는 처음 인사가 마지막 대화로 끝내고 만다. 전화를 끊으며 무심한 딸년을 향해 한마디 하셨을 게 분명하다. "망할 년."

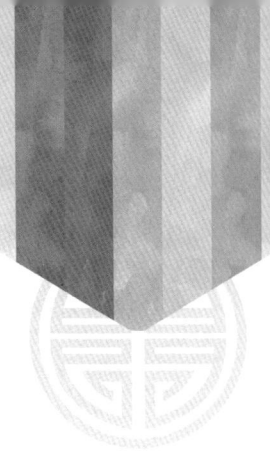

우산 속 허상

　미친 듯이 들이치는 비에 머리는 엉클어져 바람맞은 꼴이고 가슴 아래부터는 물에 빠진 생쥐 꼴이었다. 오랜만에 맞아 본 비였다. 장마 영향으로 아침부터 쏟아붓는 비는 종일토록 내렸다. 퇴근 무렵엔 그쳐줬으면 했는데 웬걸, 하늘을 노려보고 있는 나의 시선이 기분 나빴던지 내가 가는 걸음마다 무섭게 비를 퍼부었다. 바람까지 불어대느라 우산은 무용지물에 가깝다. 이미 버스를 타고 집에 가기엔 비에 흠뻑 젖고 말았으니 이왕 우스운 꼴이 된 몸 터벅터벅 비와 어울려 걸었다. 참 오랜만에 비를 맞아본다.
　생각이 많고 걱정이 많은 데다 마음이 복잡한 요즘이다. 아무것도 아닌 일에 예민한 반응을 보이는가 하면 이유 없이 펑펑 울었으면 속이 시원할 것 같은 매일. 작년부터 시작한 잔병치레가 올해는 유독 잦더니 병원 신세를 툭하면 지는 내 자신에 대한 염려 때문인지도. 마음은 청춘인데 몸이 따라주지 않는다는 말이 딱 들어맞는다. 얼토당토않는 삼재 탓과 아홉수까지 들먹이게 되고, 나도 모르게 어서 빨리 이 둘로부터 벗어나고 싶다는 생각뿐이다. 10년 넘게 다닌 직장이 갑자기 싫어졌다. 어느 것 하나 마음에 드는 구석이 없다. 우산마저 거추장스럽다. 주위 눈들이 없다면 쓰고 있는 우산을 집어 던지련만 이 상황에서도 체면 나부랭이를 생각하고 있으니. 어쩌면 요란스럽게 때리는 비가 허상에 젖은 나를 때리는 죽비인지 모르겠다.

또래 아이들보다 일찍 성숙하였고, 결혼해 20여 년을 살면서 몸살처럼 앓은 경험들은 나를 단단하게 만들었다고 생각했다. 그렇게 믿고 살았는데 착각이었다. 엄마로서는 단단해졌을지 모르지만, 엄마라는 역할을 뺀 윤정수라는 한 여인으로서는 단단해지기는커녕 무르고 약해지고 힘없고 오히려 약해진 나를 보게 된다. 불교에서 말하는 '일체유심조', 모든 것이 마음이 지어내는 것이고 마음이 부처를 만든다고 했다. 치르와 미치르가 파랑새를 찾아 밖을 헤맸던 동화 속 이야기처럼 부처가 되고 싶었던 나는 마음 밖에서 부처를 찾으려 했던가? '어른답다'는 게 과연 뭘까? 아이들이 어제 싸웠다가도 오늘 친구가 되고 또 다음 날이면 내 편 네 편 나뉘는 것처럼 나이 먹어서도 오늘 다르고 내일 다르기가 옹졸해지는 기분이다. 이런 마음을 내는 내가 싫고, 당최 마음잡기가 이렇게 힘들어서야. 언제 그랬나 싶게 내일은 맑게 갠 하늘을 봤으면 좋겠다. 오늘처럼 늘 비가 오지 않는 것처럼 내 마음도 언제까지나 먹구름이 끼지 않으리라. 정수야, 내일은 맑음을 보여 주거라.

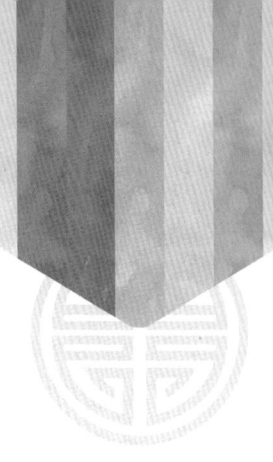

이 부부

　감정을 앞세워 남편과 싸울 때면 힘이 빠져 버린다. 부부싸움은 애정이 남아서라고 사정을 모르는 남들은 이야기한다. 부부싸움을 그들도 해봤을 텐데 어디 사랑이 남아서 그 힘을 쓸데없는 이런 것 따위에나 쓰는가. 거짓말쟁이들. 젊었을 때만 해도 그저 남편에게서 원인을 찾으려 했고 남편을 원망했다. 싸움의 근원이 남편이라고 몰아붙이며 쓸데없는 알량한 자존심 따위나 앞세워 남편이 굽히고 들어올 때까지 절대로 먼저 사과 따윈 하지 않았다. 그게 뭐라고. 속 좋은 남편은 이런 마누라 비위나 맞춰주며 나이를 먹어갔다. 오십 줄에 접어 든, 얼마 안 있으면 며느리를 봐야 하는 나이를 먹고서도 우리 부부는 아이들만도 못하게 철이 덜 들었다. 나 같은 사람 만나기 한번 활짝 피지 못한 남편이 안 됐다는 생각이 요즘 부쩍 드는 건 왜인지. 나도 안 됐지만, 남편은 더욱 안 된걸.

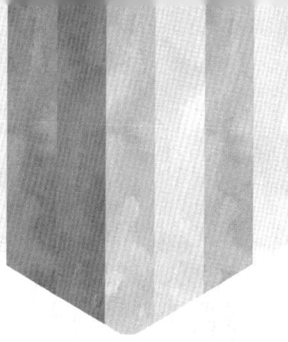

트라우마

 정의를 위해 싸우는 주인공들이 놓은 덫에 걸린 범죄자가 건물 안에 갇히는 신세가 된다. 아무리 문을 두드리고 고함을 쳐도 그와 동행했던 부하들은 아무도 나타나지 않았다. 급기야 갇힌 공간에서 약이 바짝 오른 범인은 미친 듯 고함을 질러대지만 결국 그가 가게 될 곳은 철창 안. 톰 크루즈 주연의 영화 '미션 임파서블' 시리즈의 한 장면이다. 폐쇄된 공간에서 범인이 고래고래 소리를 지르는 장면이 잠깐 비추는 동안 당황한 범인 못지않게 내 가슴이 조여드는 것처럼 숨이 막혔다. 주위가 어두컴컴해지는 어떤 공포감 같은, 드라마가 아닌 실제 상황이다. 부리나케 심호흡하고 진정을 시켰다. 트라우마가 돼 버린 폐쇄된 공간에서의 공포감은 어쩌면 나의 마지막은 컴컴한 공간에서 거친 숨을 몰아쉬며 죽음을 맞이할 수도 있다는 생각까지 들고는 한다. 이런 현상은 그때 이후로 나타난 증상이다.
 2년 전 겨울, 여행을 떠나는 아침 기온은 평년 겨울보다 따뜻했다.

1개 소대 규모의 칠 남매 부부와 아이들까지 동반한 대가족 여행은 날씨나 기온 모두를 눌러 버릴 정도로 흥분되는 일이었다. 목적지는 베트남, 전에 이어 두 번째 베트남 여행이라 그런지 낯설지 않았다. 베트남 중부 쪽을 돌며 여행이 시작됐는데 그날은 구찌 지역도 여행 계획에 들어가 있었다. 구찌 지역에는 그 유명한 구찌터널이 있었다. 베트남전쟁 영화에서 단골로 등장하는 구찌터널은 1948년경 프랑스 식민 정부 시절 프랑스와 대응을 목적으로 당시 작은 체구의 베트남 사람들만 겨우 지나다닐 수 있을 정도로 좁게 파 놓은 지하 동굴이다. 얼마 지나지 않아 베트남전쟁이 발발하면서 북베트남군의 게릴라 작전지로 사용하게 되면서 유명해진 곳이다.

 터널이 시작되는 입구에 도착하자 가이드는 안으로 들어갈 신청자를 받았다. 남자들은 모두 들어간다는데 여자들은 꺼렸다. 둘째 언니와 올케는 여러 번 체험해 봤다며 신청을 안 했고 여동생 둘은 무서울 것 같다며 그만두겠단다. 그냥 땅굴이겠지 하고 아무렇지도 않게 식구들과 섞여 들어갔는데 들어가자마자 통한의 후회를 했다. 말 그대로 겨우 한 사람만 지날 수 있었고 서 있을 수도 없는 수그린 자세가 불편하고 답답했다. 뒤에 다른 팀의 여행자들이 바로 붙어 따라 오고 있어 후진도 안 되었고, 중간중간 희미한 불만 있을 뿐 컴컴한 공간을 기어가는데 갑자기 공포감이 일며 가슴이 조여 오는 증상이 나타나기 시작했다. 식은땀과 계속되는 가슴 조임에 반 비명에 가까운 소리로 앞에 가는 가족들에게 빨리 가라 소리 지르며 정신없이 그곳을 빠져나왔다. 1분밖에 안 되는 거리라는데 한참을 빠져나온 기분이었다. 너무 질려 있는 내 꼴에 가족들이 달려들어 괜찮냐고 했지만, 타지에서 그것도 좁은 동굴에서 허무하게 생을 마감하게 되는 줄 알았다. 말로만 듣고 남의 일처럼 여겼던 폐소공포증을 여행지에서 겪게 되리라고는 상상도 안 했던 일이다. 습하고 높은 기온이긴 했지만, 바깥바람을 쐬고 확 트인 공간에 숨을 고르게 쉬니 금세 안정을 되찾을 수 있었다. 전혀 예상하지 않았던 터라 찜찜한 기분은 여행 내내 가시지 않았고 그 후로 나는 구찌터널에서 겪었던 똑같은 상황을 여러 번 경험하게 되었다.

얼마 전 엘리베이터를 타고 9층 버튼을 누르고 집으로 올라오는데 갑자기 멈춰버린 것이다. 잠깐의 순간이었다. 나도 모르게 구찌터널의 악몽이 떠올랐고, 식은땀과 가슴이 조여 왔다. 당황한 나머지 가슴을 잡고 비상 버튼을 마구 누르며 관리실 누군가가 전화 받기를 간절히 애원했지만 내 신호가 가지 않았는지 아니면 관리실에 사람이 없었는지 전혀 응답이 없었다. 워낙 정신이 없다 보니 손에 쥐고 있는 휴대폰을 이용할 생각도 못 했다. 엘리베이터 안의 CCTV를 제발 봐주기를 바라고 있을 때 무슨 조화로 그랬는지 엘리베이터가 다시 움직였다. 너무 당황스러운 데다 화까지 나 그곳을 빠져나오기가 무섭게 관리실로 전화부터 걸어 관리 소홀이 아닌지 채근하며 전화를 끊었다. 그 후로도 TV에서 폐쇄 공간이 나오면 그때 상황이 재연된다는 것이다. 이제는 트라우마가 돼 버렸는지 폐쇄 장면만 나오면 나도 모르게 가슴이 답답하다. 어쩌면 나의 폐소공포증은 베트남의 구찌터널에서 처음 생긴 것이 아닌 어렸을 때 형제들과 이불 속 장난에서 비롯된 것인지 모르겠다. 갇힌 이불 속에서 잠깐이지만 숨을 쉴 수 없어 느꼈던 공포감. 구찌터널의 공포감을 통해 무의식 속에 갇혀 있던 오래된 이불 속에서의 기억이 되살아난 게 아닌지 조심스럽게 추측해 볼 뿐이다. 1995년 무려 천 명이 넘는 사상자를 낸 삼풍백화점 붕괴 사건으로 인해 사건 발생 10년이 지난 뒤에도 외상 후 스트레스 장애로 고통받는 사람들을 TV에서 본 기억이 있다. 외출 자체를 두려워했고, 어쩔 수 없이 외출해야 하는 상황에서는 공포로 일그러진 얼굴로 건물이나 자동차를 피해 무겁게 발을 떼는 그 모습이 그 당시에는 너무 과장된 행동이 아닐까 의심의 눈초리로 보았었다. 이제야 그들의 마음을 이해할 수 있게 되었다. 전혀 예상하지 않은 평범한 일상에서 발생한 트라우마가 아닐 수 없다.

하고 싶은 일을 한다는 것

　1월부터 12월까지 한 덩어리가 되어 묵은 먼지 하나 달라붙지 않은 빳빳한 새 달력 중 어느새 1월 한 장이 떨어져 나가는 신세가 되고 말았다. 사정없이 힘을 가해 그 무리로부터 분리해 버린 인간의 손이 얼마나 야속했을까? 하지만 나 또한 쓰레기로 버려진 신세가 된 1월이 그리 예쁘지만은 않다. 1월 달력 한 장이 떨어져 나가고 며칠 몸살을 앓고 나서야 완전하진 않지만, 마음의 안정을 찾아가고 있다. 신년 초부터 왜 그렇게 심란했는지 모르겠다. 더 정확히 말하면 심란하기보다는 머리가 복잡하다 보니 덩달아 마음마저 시끄러워졌다고 해야 맞겠다. 정확한 의미도 알지 못한 채 아홉수에 대한 속설만큼이나 거리감이 생겨 버린 내 나이 마흔아홉의 시작. 하고 싶은 게 너무 많은 게 문제였을까? 올해는 그동안 공부하느라 제대로 쓰지 못했던 글을 원 없이 써보자고 마음먹은 터에 책을 읽고 열심히 일하고 열심히 주부 노릇 하고 변함없이 일상을 평온하게 지내고 있었다.

　결정적인 한마디가 나의 발목을 붙잡을 줄이야. 그것은 얼마 전 지인이 신년운세를 봐주면서 시작되었다. 생년월일과 난시를 대니 올해 내 운은 공부운이 대길에 들었고 평생 공부할 운명이라는 것이었다. 평소 갖고 있던 생각도 여건이 된다면 공부는 더 해 보겠다고 여겼던 터라 지인의 이 말은 기정사실인 양 원 없이 글이나 써보자던 다짐은 사라지고 바로 편입 원서를 넣어 버렸다. 대학교 편입 합격까지 받아 놓은 상태에서 마우스 클릭 몇 번만 하면 등록이 끝나고 말 일을 다시 무슨 생각이 들었는지 등록도 못 하고 마음만 심란한 상태에 빠지고 말았다. 신년운세가 시작이긴 했지만, 편입을 마음먹기까지 심사숙고하고 숱하게 생각했던 부분인데 생각만 하다가 두 토끼 모두 놓치는 꼴이 되는 건 아닌지 불안에 빠지기 시작했다. 서로 반대 방향으로 뒤틀려 감아 올라가는 칡나무와 등나무의 갈등이 내게도 글을 쓰느냐 공부를 하느냐의 갈림길에 서서 방향 잡지 못하고 발만 동동 구르는 신세가 되어 버렸다.

　답답한 마음에 동치미같이 속을 뻥 뚫어줄 속 시원히 답을 줄 누군가가 있었으면 얼마나 좋을까? 하지만 이 답은 누군가가 아닌 결국은 내가 풀어야 할 숙제였다. 급기야 답 대신 찾아온 지독한 몸살. 안 하면 그만인 것을 내 자존심의 상처와 오점을 용납 못 하였던지 고민만 골똘히 하다가 며칠 끙끙 앓고 말았다. 주위 사람들에게는 찬 바람을 맞아서 감기 몸살이 찾아왔다고 했지만 모난 내 성격을 잘 알기에 몸살의 원인은 내 속으로부터 생긴 것이었다.

　몸살의 후유증은 의외로 답을 찾아 주는 계기가 되었다. 우선 글을 써야 한다는 것. 편입은 좀 미뤄도 된다는 것. 얼마나 나는 글을 쓰고 싶었던가. 게다가 늦지 않게 책을 꼭 내고 싶은 나와의 약속도 지키고 싶었다. 내가 글을 쓰게 된 출발도 친정엄마를 위해서였던 만큼 엄마 손에 내 이름으로 낸 책 한 권을 드리겠다는 다짐을 했었고 엄마와도 약속을 했었다. 오래도록 건강하실 거라는 착각에 빠져 있다가 요즘 잔병을 치르는 횟수가 늘고 있는 엄마의 모습을 보면서 글이 써지지 않는 머리를 쥐어 잡은 채 마음만 바빴고, 편입하겠다는 이기적인 내 욕심만 채우려다 잠시 엄마를 잊고 있었다는 생각이 들었다. 다른 건 뒤로 미뤄도 엄마를 위해 글을 써야겠다는 생각에 마음을 확고히 했다.

글을 쓰는 일이란 쉬운 일이 아니다. 머리와 마음이 일심동체가 되어야만 좋은 글이 나오는 법이다. 그때서야 평생 공부하고 살 팔자라는 말이 글을 쓰는 일을 두고 한 말은 아닌가 하는 생각이 들었다. 그리고 우연인지는 모르지만, 며칠 전 출장이 있어 버스를 기다리다가 내 옆에서 버스를 기다리던 멀쩡하게 생긴 중년의 남자가 나를 훔쳐보고 있다는 의식이 강하게 들 무렵 나를 향해 "상위 1%입니다. 잘살아서 상위 1%가 아니라 마음 씀씀이가 1%입니다."라며 자기는 지금 무엇을 하는 사람이라고 뒷말을 흐리며 마침 도착한 버스에 오르는 것이 아닌가? 아무 생각 없이 듣고 있었던 터라 그 말의 뜻을 묻고 싶었지만, 이미 그가 탄 버스는 사라지고 없었다. 점쟁이였는지 역술가였는지 그의 정체가 지금도 궁금할 뿐이다.

이것으로 내 머릿속은 정리가 되었다. 공부에 대한 미련이야 평생 갖게 될 생각이라는 것 또한 잘 안다. 늘 공부는 내게 글을 쓰는 일만큼 목마른 것이었으니까. 여건이 된다면 편입을 하든가 대학원을 가든가 공부는 다시 할 생각이다. 중요한 건 지금 나는 하나의 어려운 숙제를 풀었다는 생각에 마음이 편하고 즐겁다. 몸살로 잃었던 입맛이 조금씩 찾아오는 느낌. 나를 실망시키지 않게 힘을 내 보자. 내 책을 받아 보시고 기뻐하실 엄마를 위해서라도.

하루

대략적인 나의 하루 그림을 그리자면

오전 4시 20분 _ 새벽 기상. 빨래를 돌리고 커피 한 잔 마시며 독서 또는 글쓰기.
오전 6시 _ 출근 준비 및 가족들 식사 준비. 이 시간을 이용해 뉴스 시청(3일 동안 TV 켜지 않음).
오전 7시 5분 _ 출근. 남들보다 출근이 이르다. 이 시간을 즐긴다. 8시 30분까지 새벽에 이어 책을 본다거나 글을 쓴다.
오후 4시 40분 _ 퇴근.
오후 5시 _ 집 도착. 저녁 준비 후 잠깐의 독서.
오후 7~10시 _ 한 시간 반 정도의 운동과 잠깐의 독서(3일 동안 TV 켜지 않음). 그리고 참을 수 없는 육중한 눈꺼풀을 이기지 못하고 취침.

오전 4시 20분 _ 다시 하루 시작.

3일 동안 TV를 켜지 않았다. TV를 없애는 가정이 늘어난다는데 솔직히 바보상자로 불리는 TV를 굳이 없애고 싶지는 않다. 우선 드라마를 좋아하는 남편이 말릴 것이고 주말 저녁 예능 프로를 즐기는 아이들이 반대할 것이다. 무료한 시간을 달래주는 것 또한 TV이기도 하다. 그런데 TV가 해결해 주지 못하는 무료한 시간을 달래주는 것은 책이다. 그러므로 TV를 없애도 된다는 결론. 안타깝게도 가족 중 나만 그렇다.

3일 동안 TV를 안 볼 수 있었던 것은 남편이 보름 동안 교육 가고 없어 가능할 수 있었다. 우스운 일은 나도 모르게 소파 위의 TV 리모컨에 자동으로 눈이 간다는 것이다. 그 귀여운 놈을 잡으려고 몸이 숙여진다. 습관적이다. 어렵지 않게 리모컨을 누르지 않는다. 내일은 어떨지. 4일 차 도전에 성공할 수 있을까?

04부
의지의 '빨리빨리', 한국인

3천 원짜리 쉰 떡

　남루한 차림의 한 아주머니가 크지도 않은 소쿠리를 무작정 우리가 앉은 테이블에 들이밀기부터 했다. 얼굴에 깊게 파인 주름으로 봐서 짐작하건대 세월의 모진 풍파를 겪었으리라. 다짜고짜 "아가씨들, 떡 좀 팔아 줘. 다 팔고 몇 개 안 남았구먼. 얼른 팔고 집에 들어가고 싶어서 그래. 맛있는 떡이여." 한다. 내가 그 아주머니를 훑으며 어림짐작으로 나이를 가늠했듯이 아주머니도 우리 얼굴에서 나이를 대충 읽었을 텐데도 서슴없이 '아가씨'라는 말을 하는 걸 보니 하루 이틀 장사한 분은 아닌 것 같다.

　소쿠리 안에는 꿀떡, 절편, 개피떡 등 종류는 몇 안 되었지만, 열 팩은 족히 되는 떡을 아주머니 바람처럼 우리 일행이 다 팔아주기에는 무리였다. 조금 전까지 맛있는 스파게티와 돈가스를 배불리 먹고 후식으로 시원한 맥주까지 마시고 있는 데다 집에 있는 식구들 저녁도 출근하면서 식탁 위에 수저와 컵까지 만반의 준비를 해놓고 왔기 때문에 떡을 살 이유는 없었다. 게다가 아주머니를 의심해서가 아니라 온종일 팔고 남은 떡이니 날씨가 덥지는 않아도 혹시 쉬거나 변했을지 모르는 떡을 믿을 수가 없었다. 떡 먹을 사람이 없어서 안 사겠다고 했는데도 아주머니는 막무가내로 계속 버티고 서 있었다. 결국 사정하는 아주머니를 인정머리 없게 그냥 돌려보내기도 미안한 마음이 들어 개피떡 한 팩을 집어 가격을 물으니 삼천 원이란다. 마트에서 이천 원이면 살 것을 굳이 천 원을 더 얹어 사야 하나 손해 보는 기분이었지만, 아주머니를 떼어 놓아야 한다는 생각에 서둘러 값을 치렀다. 진심 어린 마음으로 빨리 팔고 집에 가시라고 친절하게 인사까지 했지만, 아주머니는 나가지 않고 옆 테이블로 가더니 손님들에게도 우리에게 했던 말 그대로 "총각들" "아가씨들" 해 가며 팔아달라고 사정했다. 하지만 요즘 젊은 사람들답게 딱 한마디 '필요 없다'는 분명한 의사 표현에 아주머니는 포기하고 그때서야 밖으로 나갔다. 겨우 하나 팔고 문을 나서는 아주머니의 뒷모습에서 얼굴의 주름 못지않은 삶의 더께를 보는 것 같아 마음이 편치 않았다.

집에 오자마자 남편 앞에 떡을 내미니 저녁 먹고 자리에 앉은 지 얼마 안 됐을 텐데도 얼른 하나를 입에 넣었다. "쉰 떡을 사 오면 어떡해?" 남편의 어이없어하는 표정에 당황해 떡 하나를 입에 넣어보니 심하지는 않아도 떡 소에서 쉰 맛이 났다. '이런, 그러면 그렇지!' 아주머니에게 속았다는 배신감도 배신감이지만 아주머니를 진심으로 걱정해 준 마음을 물리고 싶었다. 결국 아주머니에게도 속고 떡이라는 놈에게도 속은 셈이다. 그나저나 아주머니 소쿠리에 담겨 있던 떡은 다 팔았을지, 그 떡을 먹은 누군가도 나와 같이 배신을 느꼈을지도.

Me-Too 열풍

　연일 대한민국이 시끄럽다. 최순실 사태와 대통령의 무능함도 모자라 결국에는 대통령 탄핵사태에 이어 새 정부가 들어서고, 어린아이들마저도 귀에 익숙해진 '다스 사태'가 가라앉질 않는 가운데 평창올림픽에 갑자기 툭 튀어나온 북한 팀 합류로 정부는 그들을 맞느라 정신을 뺏긴 듯하다. 어지러운 대한민국의 안정은 언제나 찾아오려는지 국민의 한 사람으로서 답답하기만 하다. 설상가상, 대한민국에 화의 기운이 넘쳐나는지 아무리 겨울이라지만 불이 났다 하면 대형 사고로 이어지는 건 뭔지. 많은 인명피해를 본 제천 화재와 밀양 세종병원 화재, 우발적인 화를 누르지 못해 방화범의 딱지를 평생 붙이고 살아야 하는 모텔 화재 사건과 산불사고까지, 자잘한 화재 사건 보도는 이제 짜증이 날 정도다. 보통 겨울에 화재가 빈번하게 일어날 확률이 높지만, 올겨울의 화재 사고는 이러다간 대한민국이 불로 망하는 건 아닌지 걱정이 될 정도다.

화재 사건이 끊이지 않고 터지는 가운데 현직 여성 검사의 검찰 내 성추행 사건이 일어났다. 검찰 내부 통신망에 7년 전 장례식장에서 간부 검사로부터 강제 추행을 당했다고 폭로한 것이다. 성추행 사건은 가해자가 남성이라고 해도 사회의 시선은 아직 피해자인 여성을 더 혹독하게 바라보는 것이 사실이다. 검찰 간부의 성추행 사건 내막을 폭로한 피해 당사자인 여성 검사로서는 쉽지 않은 결정이었을 게 틀림없다. 이 사건은 일파만파 '미투 열풍'으로 확산되어 검찰 출신의 여성 변호사도 과거 성추행 피해를 봤다고 폭로했다. 소위 '지식인'이라 부르는 학식 있고 점잖은 분들이 왜들 그러는지 모를 일이다.

법조계에 이어 언론계와 정계에서도 성추행 피해를 본 여성들의 폭로가 계속 꼬리에 꼬리를 물었다. 이게 웬걸, 매년 노벨 문학상 후보로 거론되고 있는 우리나라 문학사의 원로인 고은 시인도 성추행 당사자로 지목되면서 문학계 또한 발칵 뒤집혔다. 연예계에서 터진 미투는 어쩌면 예상했던 일, 양심선언 하듯 각 계에서 연신 터지는 미투 열풍을 부정적인 시각으로 바라보기도 하지만, 그들의 용기 있는 결단과 행동에 응원을 보내며 잘못 인식된 성문화도 바로 잡히길 바란다. 한파와 미투 열풍이 어느 때보다 거센 겨울이다.

개인주의가 판을 치는 세상

 저녁상을 물리고 여유롭게 앉아 쉬고 있는데 인터폰이 울려 나가 보니 평소 이야기를 재미있게 하는 우리 동 경비 아저씨였다. 손에는 '입주자 찬반동의서'를 쥐고 계셨는데 집마다 방문해 서명을 받는 중이란다. 며칠 전부터 아파트 현관을 시작으로 엘리베이터까지 게시판이란 게시판은 죄다 도배하다시피 공지한 것으로 읽어 내려가다 눈살을 찌푸리게 한 내용이었는데 이유인즉, 우리 아파트 측에서 옆의 부지에 짓고 있는 아파트의 미세먼지와 소음 발생 건으로 민원을 넣으면서 문제가 시작된다. 민원 제기로 인해 데시벨 측정까지 하였고 기준치 이하로 나온 결과에도 불구하고 해당 업체에 번호인식차단기를 설치해 달라고 요구한다는 데에 따른 찬반 표를 받게 된 것이다. 서명하라는 경비 아저씨가 내민 찬반동의서를 보니 대부분의 집에서 찬성표에 동그라미를 했다. 처음부터 이런 일로 공지한 것

자체가 불만이었던 터라 고민하지 않고 보란 듯이 반대에 동그라미를 했더니 경비 아저씨도 내 한 표에 힘을 실어 주셨다.

"요즘 세상이 이래요. 나만 편하면 남이 어떻든지 신경 안 쓰는 몹쓸 사회가 돼 버렸어. 그거 잠깐 참으면 될 걸 민원을 넣고 지랄을 해요."

이기주의에 물들어 버린 막가는 세상이라는 현실이 더욱더 슬프기만 했다. 얼마 전에도 찬반동의서를 들고 다니며 초등학교 학군에 대해 찬반 표를 받더니, 요즘 사람들은 왜 그렇게 '민원'을 좋아하고 즐기는지 모르겠다. 그때도 초등학교 취학을 앞둔 예비 학부모들이 민원을 제기한 데에서 비롯된 일이었다. 아파트를 중심으로 양쪽에 초등학교가 있었는데 주소상이라면 북쪽에 있는 초등학교에 입학하는 것이 맞다. 하지만 취학을 앞둔 젊은 엄마들은 좀 더 떨어진 서쪽에 있는 초등학교에 입학할 것을 교육청에 요구했는데 교육청에서 말하길 민원 해결 방법은 아파트 입주민들의 동의를 받아야 한다는 것이었다. 교통편이 불편하기는 두 학교 공통된 문제라면 문제였는데 오히려 서쪽에 있는 학교가 더 먼데도 굳이 그 학교로 취학할 것을 요구하는 이유는 따로 있었다. 구석진 북쪽 학교는 시내도 먼데다 임대 아파트까지 넘쳐나다 보니 서쪽 학교로 아이들을 보내고 싶은 부모들의 욕심 때문이었다. 더 좋은 환경으로 보내고 싶은 부모 마음이야 이해하지 못하는 건 아니지만, 학군 규정이 엄연히 있는데도 억지를 부리는 부모들이 도무지 이해가 안 갔다. 꼴에 이름 있는 아파트라고 이런 데서 잘난 척을 하려 하는 사람들의 이기적인 생각에 동의할 수 없어 그때도 이번처럼 반대에 한 표를 던졌었다.

 이웃사촌이라는 말처럼 콩 한 쪽도 나눠 먹는 때가 있었고, 이웃의 아픔은 내 아픔이듯이 동병상련의 아픔을 공유하던 때가 있었던 시절 좋았던 때는 옛말이 되었다. 이웃 간 층간 소음으로 불미스러운 일이 허다하게 일어나고, 앞집이 누군지 모르고 사는 것도 일상적인 현상이 돼 버렸다. 개인주의와 이기적으로 변한 사회현실이 못마땅한 나로서는 시대에 뒤떨어진 생각일지 모르나 팔 한쪽을 잃은 듯 시리고 슬프고 안타깝기만 하다. 한번은 지인이 아이를 데리고 고깃집에 갔다가 그 집 사장 딴에는 아이가 귀여워 손에 먹을 것을 쥐어줬을 텐데 부모 허락 없이 줬다고 친정 아버지뻘 되는 주인을 오히려 나무랐다는 말을 모임에서 자랑삼아 했다. 구역질 나게 씁쓸한 마음으로 듣고 난 뒤 새삼 지인을 다시 보게 됐는데 그 후로 망가진 이미지 때문인지 지인이 하는 모양새는 모든 게 좋게 보이질 않았다. 오죽하면 아기들 귀엽다고 마음대로 만지지도 말고 먹을 것도 주면 안 된다는 충고성 말까지 생겼을까?

 어쩌다 이 사회가 이렇게 변해 버린 것일까? 시골스러움과 도시다움의 차이가 아닌 문명 발달이 빚어낸 기이한 병리 현상이자 모순으로 뒤범벅된 몹쓸 현상이지 싶다. 우리 아파트만 해도 그 아파트가 생긴다는 말이 돌면서 아파트값이 오르기까지 해 입주민들이 앞장서서 반기기까지 해놓고선 득은 그새 잊고 실이 되는 소음과 미세먼지를 가지고 민원이나 넣고 뭐 하나 해줬으면 하고 이따위 찬반 투표를 하고 있으니 당최 그들을 이해할 수가 없다. 우리 아파트 또한 지을 때 주위에 소음을 줬을 것이고 미세먼지를 날렸을 게 뻔했을 텐데 '개구리 올챙이 적 생각 못 한다'라는 말이 딱 들어맞는 경우이다.

남이 그런다고 나까지 개인주의자가 될 필요는 없다. 고학력자가 넘쳐나는 세상에 지성인은 눈을 부릅뜨고 찾을까 말까 한 요지경 세상이 그저 개탄스러울 뿐이다. 어쩜 집에서 내 잔소리가 느는 이유 중 하나도 각박하게 변해 버린 세상에 우리 아이들만큼은 그들과 굳이 같이 할 필요가 없음을 강조하기 때문인지 모른다. 소소한 것들, 예를 들어 어느 자리에서 건 상대방을 배려하고 이해하려는 마음을 갖고, 겸손한 마음과 굳이 목이 뻣뻣할 필요는 없다는 것과 '난사람'보다는 '된 사람'이 되라고 틈만 나면 이야기한다. '될성부른 나무는 떡잎부터 알아본다'라는 말처럼 싹수가 노란 애들로 자라지는 않아 다행이지만, 얼마나 알아듣고 행동할지는 그 아이들의 몫이다. 어디 가서든 돼먹지 못하다거나 경우 없다는 소리는 듣지 않았으면 좋겠다.

너무 철학적인 이야기를 들이민 것 같은 감이 없지 않으나 공자가 말한 인의예지 중 유독 인(仁)사상을 강조한 데에는 사람 사이에 기본이 되는 도리를 지키자는 것을 인식시켜 주고자 해서일 것이다. 어쩌면 개인주의 사회에서는 꼭 필요함에도 불구하고 이런 딱딱하고 철학적인 단어들은 구석에 처박히는 신세가 될지 모를 일이다. 문제는 누구나가 청소년기에 한 번쯤 겪어 봤을 자기중심적인 생각을 성인이 되어서도 고치지 못한 나르시시스트가 넘쳐난다는 데 문제가 많다는 것이다. 부디 이런 사회적 병리 현상에서 하루빨리 깨어나기를 당부하고 당부한다. 우리 아파트의 경우도 입주민들이 조금만 참고 이해하려고 했다면 경비 아저씨가 일일이 방문해 서명 받으러 다니는 수고는 덜었을 것이다. 짓고 있는 옆 아파트와 얘기 중이라는 방송이 나오는 것으로 봐선 깔끔하게 마무리가 안 된 듯한데 여전히 씁쓸한 이 맛은 뭔지, 밥맛 떨어지게 하는 민원 따윈 제발 즐기지 않았으면 좋겠다. 도덕성까지는 아니더라도 최소한의 양심만큼은 가지고 있어야 하지 않을까.

고려인, 디아스포라

　소싯적에는 정치가 어떻고 경제가 어떻고 간에 당최 관심이 없었다. 이기적인 발로인지 모르겠지만 나 하나 아무 일 없으면 되었고, 사는 데 지장 없으니 알 필요도 없었다. 무사안일주의에 빠진 나의 행태는 고스란히 젊은 내 자식들이 이어받기라도 했는지 작금의 대한민국에 털끝만큼의 관심도 보이지 않은 데에는 내 책임이 큼을 통감한다. 나이가 들면서 없었던 애국심이 솟았는지 모르지만, 요즘은 더 많은 관심으로 역사책을 읽는다거나 돌아가는 정세에 귀 기울이게 된다. 역사는 보는 관점에 따라 달라지기 마련, 역사를 바라보는 시선이 다 옳다고는 할 수 없으나 적어도 역사에 관심 두는 사람들이 많아졌으면 하는 바람이다. 지금의 대한민국이 있기까지 조국을 위해 많은 희생자가 있었음을 결코 간과해서는 안 될 것이라는 사실을 이 시대를 살아가는 피 끓는 청춘들에게 반복해서 이야기해도 지나침이 없으리라.

얼마 전 TV에서 중앙아시아에 뿌리를 박고 살아가는 고려인의 삶을 보여주었다. 가슴이 뭉클할 정도로 강한 민족성을 느끼지 않을 수 없었다. 이들은 한민족 디아스포라였다. 1937년 스탈린정권하에 이루어진 구소련의 고려인 강제이주정책으로 인해 우즈베키스탄, 카자흐스탄, 러시아 등에 내버려지면서 조국을 떠나 힘겹게 산 이들에게 또다시 겹친 모진 삶은 어땠을까. 강제이주 과정에서 국가에서는 보상을 해주어야 한다는 문서가 존재했지만, 보상 따윈 없었다. 중앙아시아로 뿔뿔이 흩어진 이들이 결코 놓지 않았던 것은 벼 종자였다. 황무지를 개간한 고려인들의 억척스러운 삶을 통해 원주민들은 분명 이중적인 시각으로 보았을 것이다. 처절할 정도의 냉대와 죽지 않기 위해 오기로 버틴 삶의 시간, 고려인 1세대가 일궈놓은 그 땅 위에 2세대 3세대가 건강하게 뿌리를 박고 살아가는 모습이 가슴 훈훈하게 전해졌다. 한민족 디아스포라의 끈질긴 민족정신과 민족애가 대한민국 밖에서 튼튼하게 존재한다는 사실이 자랑스럽다. 대한민국 안에서의 우리 모습은 지금 어떤가.

고립무원 대한민국

  일본과의 정치·경제적 갈등으로 빚어진 사태는 불매운동에 이어 일파만파 확산되고,
  미국과 중국과의 무역 갈등 사태는 고래 싸움에 새우 등 터지는 꼴이다.
  북한의 연이은 발사체 도발,
  사면이 막혀 버린 상태에서 하늘마저 무너져 버리면 쏟아날 구멍이나 있을까.
  답답한 대한민국이 아닐 수 없다.
  사면초가에 고립무원 대한민국, 갈수록 태산이다.

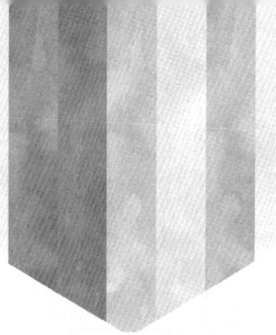

괜한 기대

　TV에서 '세계는 지금' 프로그램을 시청하던 중 눈길을 끄는 기사 하나가 있었다. 이탈리아 시칠리섬의 간지마을에서 단돈 1유로, 한국 화폐로 1,250원에 집을 살 수 있는 이야기였다. 단 5천 7백만 원 이상을 들여 내부 인테리어를 다시 하는 것이 조건이었다. 배보다 배꼽이 클 것 같은 계산이지만, 세계 여러 나라 사람들에게 팔려나간 것은 물론이고 난민들의 새로운 보금자리가 되어 주었단다. 인구가 감소한 것을 염려한 지방정부의 배포 큰 이 정책으로 인해 마을은 다시 인구가 늘었고 지역 경제 발전에 큰 영향을 주었다는 소식이 신선하게 다가왔다.
　입시가 곧 시작되는 요즘 예비 수험생들은 대학원서 접수를 코앞에 두고 있는 시점에 얼마 전 정부의 부실 대학 발표는 예고된 일이었지만 혼란을 가중시킨 발표이기도 했다. 우후죽순으로 생긴 지방 대학이 이제는 인구감소로 인해 사라질 위기에 처한 것이다. 인구와 비례할 수밖에 없는 구조이다 보니 피할 도리는 없을 것 같다. 서울에 허름한 집이라도 하나 가지고 있으면 부자라는 소리를 듣는 요즘이다. 정부의 대책에도 불구하고 두 배나 올라버린 집값은 대통령 지지율 하락으로까지 이어졌다. 어찌 됐든 서울 사람들은 웃었고 지방은 대학도 울고 집을 가지고 있는 사람들은 재미를 못 본 집값에 울상을 졌다. 지역 경제까지 영향을 미친 것은 물론이다.

  내가 사는 파주만 해도 집값은 크게 달라진 게 없다. 지방 활성화를 위해 지방 자치단체도 나름의 대책을 내놓고 있지만, 오히려 파주에 들어섰던 대기업 직원들이 많이 줄었다는 소리만 들렸다. 지역 경제를 살리기 위한 조치를 내놓는다는 게 어디 쉬운 일인가. 게다가 성공한다는 보장도 없다. 지역 특성상 북한과의 관계에 따라 지역 경제에 영향을 받을 수밖에 없다. 다른 지역보다 파주 사람들이 남북관계에 관심을 두는 것은 당연하다. 시칠리섬의 간지마을을 보면서 내가 사는 파주와 이 집이 들썩거릴 날이 과연 올지 괜한 기대인지 모르지만, 쨍하고 해 뜰 날이 오지 않을까.

나만 그런 줄?

　매미 소리가 정신을 분산시킬 정도로 요란스럽다. 덩치가 큰 놈도 아니고 고작 엄지손가락 반밖에 안 되는 몸에서 인간들 귀가 찢어질 정도로 소리를 내지르다시피 하니 미물이지만 대단하다. 보통 매미가 요란을 떨 시기엔 틀림없이 무더위까지 같이 오게 마련인데 말이 무섭게 더위에 숨이 막힐 지경이다. '삼복지간에는 입술에 묻은 밥알도 무겁다'는 옛말이 하나 틀린 것 없이 요즘 여름 나기가 아주 힘겹기만 하다. 그런데 내 머리에서는 얄궂을 정도로 계산적이다.

　세금 갉아먹는 해충은 아닌지 싶을 정도로 나의 이중적인 작태가 교만하기 그지없다. 직장에서는 덥다 싶으면 바로 에어컨을 작동시킨다. 내 돈이 아니니 아낄 게 뭐 있나. 세금이 줄줄 새는 줄 알면서도 아끼지 않고 퇴근하기 전까지 에어컨 바람을 쐰다. 그나마 아주 작은 양심이라도 있다면 퇴근할 때는 잘 꺼준다는 것이다.

　집에 오면 후끈한 열기가 숨이 막힐 정도다. 청소를 하고 나면 땀으로 목욕이라도 한 것처럼 온몸이 젖는다. 샤워를 한다거나 강풍도 아까워 미풍에 놓고 선풍기를 돌리는 것으로 땀을 식히지만, 에어컨을 켤 생각은 추호도 없다. 정 틀어야 한다면 열대야가 있을 때만 잠시 맛보기식으로 틀었다가 꺼버린다. 요금 폭탄 맞는 게 겁나 벌벌 떠는 주제에 에어컨은 왜 모셔두고 있는지, 에어컨 가지고 있을 자격이나 있을까. 내 것이 소중하고 아까우면 남의 것도 마찬가지인 것을. 국민이 낸 세금으로 월급 받아먹고 있는 나 자신이 부끄럽다. 윤정수, 각성하자.

당신을 닮고 싶다

　루시 모드 몽고메리의 소설 『빨간머리 앤』을 다시 읽었다. 열 번은 읽었으리라. 읽을 때마다 새롭고 재밌다. 어려서 놓치지 않고 보았던 만화, 읽을 때도 한 구절 한 구절 놓치지 않고 읽었다. 만화를 보면서도 그랬지만 직접 읽는 소설에서도 앤이 되려고 했고 또 앤이 되고는 했다. 책을 읽는 독자 개인의 취향에 따라 다르지만 좋아하는 소설이나 작가가 있다면 분명 이유가 있을 것이다. 이 소설을 좋아하는 이유는 앤과 앤을 키운 매튜와 마릴라 커스버트 자매, 그리고 길버트 블라이스 등 그들에게선 고결함과 인간으로서의 아름다움을 느낄 수 있어서다. 앤의 상상력이 만들어내는 이야기도 좋지만, 무엇보다 내가 이 책을 읽고 또 읽는 이유는 작가의 풍부한 어휘력과 문장력에 반했기 때문이다. 한 줄 한 줄 공을 들였다는 것이 느껴진다.
　우리나라 소설을 읽으며 같은 생각을 하게 하는 작가가 있다. 난 단연코 박경리와 최명희 두 분을 꼽는다. 안타깝게도 두 작가 모두 생존해 계시지 않는다. 최명희 작가는 암으로 1998년 52세를 일기로, 박경리 작가는 2008년 81세의 일기로 작고했다. 두 작가의 작품 『토지』나 『혼불』을 읽으면 그들의 글을 모방하고 싶은 욕심이 강하게 생긴다. 혼신을 다한 작가에게서 대작이 나올 수밖에 없는 만고의 진리다. 세 작가의 글재주를 닮고 싶은 마음은 무죄다.

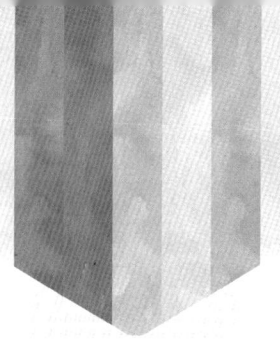

덧없는 인생은 없다

왕복 KTX표를 끊어 지방으로 조문을 갔다 왔다. 친하게 지내는 지인의 갑작스러운 어머니의 부음 소식에 가만히 있을 수 없어 더디 가는 시간을 초조한 마음으로 하루를 보낸 뒤 부리나케 다녀왔다. 무엇보다 상황을 어떻게 받아들여야 할지 안절부절못하고 있을 지인의 건강이 걱정되었다. 평소에 건강하셨던 분이라는 걸 알았기에 비록 내 부모는 아니지만 부음 소식은 놀라움 그 자체였다. 사고로 돌아가셨다는 자초지종을 듣고 난 뒤 묘한 기분이 들었다. 신실한 불교 신자로서 복 짓는 삶을 사셨던 분이셨기 때문에 더욱 그랬는지 모른다.

우리는 말하지 않는가. '인생사 덧없다'고. 지인의 어머니가 당한 사고가 순간에 일어난 것처럼 '순간'에 누구나 예고 없이 생사를 달리할 수 있다는 것이다. 이런 것을 생각해 볼 때 과연 아등바등하며 살아야 할까, 허무하기 그지없는 인생사라는 생각을 지울 수 없다.

과연 지금 내가 고집하는 삶의 방식이 유의미한 것이고 정답에 가까운 길을 가고 있는 것일까 의문이다.
　우리 인생의 종착점이 어디인지 분명하지 않지만, 내가 내린 결론은 덧없는 인생은 없다는 것. 우리가 태어난 이유는 다 나름의 이유가 있다고 하지 않나. 철학자 스피노자의 "내일 지구가 멸망한다 해도 한 그루의 사과나무를 심겠다."는 명구처럼 순간에 생명의 끈을 놓는다고 해도 오늘을 알차고 유의미하게 살아야 하지 않을까. 우리의 삶이 불투명한 이유는 어쩌면 호기심을 스스로 풀라는 이유 때문인지 모른다. "자다가 죽었으면 좋겠다."던 할머니의 습관적인 말도 최소한 인간으로서 의무를 다했을 때 가능할 수 있는 말일지 모른다. 결코 삶에 정답은 없다. 각자가 생각하고 판단한 방식대로 열심히 살면 되는지도. 세상은 모든 개인을 포용할 수 있다. 각자의 몫에 충실하면 된다.

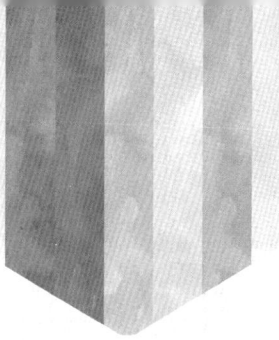

도시락

　한때는 매운 음식을 거침없이 즐겨 먹었다. 매운 음식을 먹고 나서 속을 훑는 아픔도 겪었지만, 거뜬히 이겨냈다. 겁 없이 덤벼든 게 오만이었는지, 언제부턴가 속 쓰림이 심했고 참다못해 병원 신세까지 지게 되었다. 역류성 식도염과 위염이란다. 속을 버리고 나서야 음식을 조심하기 시작했지만, 여전히 관리 소홀로 위장병은 늘 달고 다니는 고질병이 되었다. 위장병을 치료할 목적으로 학교 급식을 끊고 몇 달째 도시락을 싸 와 먹고 있다. 다행히 맘에 맞는 선생님도 도시락을 선호해 같이 먹어 외롭지 않게 먹는 데다 교무실에서 김치 냄새 풀풀 풍기며 오가는 사람들의 시선을 받지 않을 별실에서 조용히 먹을 수 있어 불편한 것은 없다.
　덥거나 춥거나 비가 오거나 눈이 오거나 날씨의 변화에 따라 운동장 너머에 있는 급식실까지 가야 하는 불편함도 없다. 몇 발자국 움직이면 따듯하게 데운 밥을 먹을 수 있으니 이것 또한 나쁠 게 없다.

단지 불편한 게 있다면 매일매일 도시락을 싸야 한다는 수고와 부담감. 평소 집에서 먹는 반찬으로 싸 오긴 하지만 가끔은 신경 쓰일 때가 있다. 반찬이 내 얼굴 같고 우리 집 경제력을 보여주는 것 같은 생각에 신경 쓰이는 일이 아닐 수 없다. 그래서 가끔 좋아하지 않는 고기를 싸가기도 한다. '보여주기식' 반찬이다.

 매일 도시락 다섯 개씩 쌌던 친정엄마에 비하면 아무것도 아닌 것을 달랑 도시락 하나 가지고 이런 말을 한다. 도시락 반찬의 단골 메뉴였던 김치와 콩자반 그리고 집에서 담근 오이지나 고추장에 박은 짜 터진 무장아찌. 엄마의 공을 알아주기보다 질리도록 먹은 시골스런 반찬으로부터 하루빨리 벗어나고 싶은 마음뿐이었다. 매일 다섯 개의 도시락을 싸는 일은 보통 일이 아니었을 것이다. 도시락 싸는 일도 모자라 설거지통에 던져진 다섯 개의 빈 도시락이 더 싫으셨을 것이다. 도시락 세대가 아닌 두 아들이 나를 살렸다.

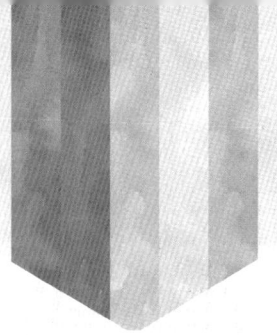

마징가Z와 태권V

어린 시절 TV 만화 시리즈로 방영하던 마징가Z를 놓치지 않고 보았다. 만화에서처럼 인류 평화를 위해 목숨도 바칠 수 있는 영웅이 되고 싶었다. 마징가Z를 보고 자란 세대들은 나와 같은 영웅 심리에 빠져봤을 것이다. 내 맘대로 로봇을 조정하며 하늘을 나는 상상이 즐거웠다. 일본에서 만든 만화라는 사실 따윈 관심 없었다. 동심을 재미있게 해주는 것이라면 다른 이유 따윈 중요치 않았다. 어른들도 굳이 우리에게 애국심 운운하며 "저따위 일본 만화는 보지도 마."라고 애써 말하지 않았다.

'마징가Z'가 저녁 TV 방송 프로였다면 설날이나 추석 등 특별한 날에만 볼 수 있었던 '로봇 태권V'는 태권도의 종주국다운 자랑스러움을 느낄 수 있는 만화였다. 태권 동자 마루치, 아라치의 시원한 발차기를 따라 하며 만화 속에서의 세상을 동경했다. 대한민국에 무슨 일이 생기면 태권V가 무찌를 것만 같았다. 마징가Z와 태권V가 겨루면 당연히 태권V가 이길 거라고 했었다. 만화를 통해 어린이의 마음에 애국심이 자연스럽게 심어졌다.

한일 갈등이 점점 고조되어 가고 있는 지금, 설익은 감을 한입 베어 문 듯 입안이 떫다. 일본 여행 잇단 취소 사태 및 일본 제품 불매 운동에 이어 어린이나 어른 모두에게 사랑받는 '도라에몽' 애니메이션 영화도 개봉이 연기된 상태다. 화이트 리스트가 어떻고 지소미아가 어떻다는 등 복잡한 현안이야 높으신 분들이 지혜롭게 잘 처리하지 않을까. 그들을 믿어보기로 하지만 두 나라의 관계가 쉽게 회복될 것 같지는 않다. 나는 대한민국 사람인지라 우리나라 편에 마음이 갈 수밖에 없다. 지금 나는 일본산 마징가Z가 아닌 한국산 태권V를 타고 아베 엉덩이를 걷어차 주고 싶은 마음이다.

만물 장수 할아버지

 서울 사람 이미지가 짙게 풍기는 하얀 피부에 소싯적에는 한 인물 했을 법한 노인의 나이를 추측할 수 있는 것은 구부정한 허리뿐. 얌전하고 조곤조곤한 말솜씨는 주로 노인의 주 고객이 선생님이라는 사실을 의식해서인지 모르지만 말본새가 점잖다. 1년에 네다섯 번은 꼭 찾아오는 노인의 직업은 만물 장수. 우리는 노인을 만물 장수 할아버지라고 부른다. 손톱깎이, 칫솔, 반짇고리, 수세미부터 현해탄에서 넘어 온 일본제 파스와 독일제 아스피린까지 몇십 가지나 되는 국산, 수입 품목이 그 조그마한 007가방과 작은 배낭에, 그야말로 없는 것 빼고 다 있다. 소싯적에 좋은 대학을 졸업해 대기업에 다녔던 이력을 가지고 있다지만 할아버지의 과거 행적을 정확히 아는 사람은 없을 정도로 증명된 바는 없다.
 당신이 왔음을 소리 내서 들어오는 법이 없다. 항상 교무실 문을 조용히 열고 들어와 테이블에 물건을 진열하고 가만히 앉아 계신다.

간혹 선생님들이 할아버지의 말벗이 되어주기도 한다. 공치는 일은 없다. 필요하지 않아도 몇천 원짜리 물건 하나를 사주는 고객들이 있기 때문이다. 학교를 대상으로 행상을 한 지도 30년이 넘었단다. 학교 측의 배려로 급식까지 드시고 갈 정도로 할아버지는 잡상인이 아닌 학교의 좋은 벗이다.

  만물상 할아버지가 몇 달째 오지 않고 있다. 단골 고객들이 생각하는 할아버지의 대략적인 나이가 80을 넘고도 남으니 무슨 변고가 생겼을지 모를 일이다. 어디 아프신 건 아닌지, 요양원에 들어가 계신 건 아닌지, 아니면 이미? 몇십 년 단골 고객들의 마음은 일심으로 할아버지의 안부가 궁금할 뿐이다. 학교라는 공간에서 그 일부분에 만물상 할아버지는 결코 깃털처럼 가벼운 존재가 아니었나 보다. 문을 열고 들어올 것만 같은 이 기분, 나만 느끼는 걸까?

멋대로 해라

  철학자이자 서강대 교수로 있는 최진석 작가의 책을 여러 권 계속해서 읽고 있다. 철학책답게 딱딱하기는 하지만 인문학을 즐겨 읽는 요즘 최진석 작가의 글은 매력이 있다. 『인간이 그리는 무늬』라는 책은 정형화된 틀에 갇힌 나의 사고를 완전히 깨게 하진 않았지만 깨기 힘들었던 의식에서 벗어나는 데 역할을 해준 책이라고 할 수 있다. 인간이 만든 인위적인 이념에 결국 우리는 고정되어 갇혀 버렸다는 사실을 알게 된다. 소위 배웠다는 지식인에 의해 만들어진 교과서적인 것들에 결국 얽매이게 되는 우리를 보게 된다. 집단의 중요성에 얽매이다 보니 개별적 존재들은 그 집단의 보편성에 묻히고 약화되어 버린 문제점을 말해주고 있다. 집단보다는 개별적 존재로서의 나를 강조하는 가르침은 집단을 우선으로 여긴 내 의식에 문제점을 찾아내게 한다. 도가사상의 전문가답게 작가는 노자의 말을 빌려 멋대로 하라고 일침을 가했다. '바람직한 일, 해야 하는 일, 좋은 일'의 보편적인 것에서 벗어나 개별적 존재의 나로서 '바라는 일, 하고 싶은 일, 좋아하는 일'을 하란다. 멋대로 할 수 있는 그런 삶이 내 속에서도 꿈틀거리고 있다. 나를 위한 삶보다 가족이 우선이었던 삶. 그때를 후회하지 않는다. 강제하지 않는 하고 싶은 것들을 즐기고 싶다. 결코 늦지 않았다고 생각한다. 앞으로 충분히 할 수 있는 것들이다. 난 이 세 가지를 얼마나 진행하고 있나? 윤정수라는 주체적 존재로 살고 싶은 지금, 멋대로 하라는 노자의 말이 가슴을 두드린다.

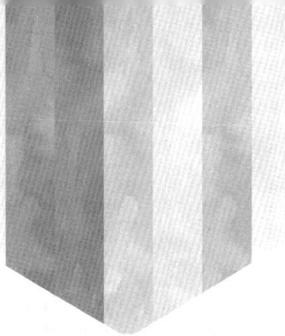

보고 싶은 것만 본다

 빗줄기가 한두 방울 떨어지는가 싶더니 어느새 앞을 분간하기가 어려울 정도로 격하게 차 앞 유리를 때린다. 정신을 쏙 빼놓는 윈도우 브러시도 모자라 서지 않고 밀고 들어오는 저 차는 뭔가. 한 차만 겨우 지나다닐 수 있는 50미터 길이쯤 되는 좁은 길. 고작 몇 미터 남은 3분의 2 이상을 진입한 내 차를 보았을 텐데 후진하기는커녕 막무가내로 밀고 들어온다. 라이트까지 번쩍거리며 소리를 질러대는 상대 운전자. 빗소리에 묻힌 그의 목소리를 비가 쏟아지는 창문을 내려 머리를 내밀고 들어보려 했지만 공허하게 사라질 뿐, 서로 차를 세우고 움직이지 않았다.
 누가 이기나 보자. 부글부글 부아가 날 때쯤 어쩔 수 없다는 듯 뒤로 몇 미터 빼는 상대 운전자를 향해 시뻘게진 얼굴로 차를 몰아 좁은 길을 벗어나자마자 그 앞에 세웠다. 뭐라 떠드는 건지 그는 계속해서 떠들고 있었다. 좀 들어볼까? 일방통행길인데 왜 기어들어 오냐고 반말을 해대며 소리를 지른다. 이봐요, 아저씨. 바닥에 쓴 글씨 안 보여요? 선명하게 흰색으로 크게 쓴 '8시부터 9시까지 일방통행'이라는 글자가 분명히 운전자 차 앞에 떡하니 있는데도 외면을 하고 소리만 지른다. 시간은 7시 15분. 이 길을 10년 넘게 다녔어도 이런 경우는 처음이다. 분명 그는 시간은 안 보고 일방통행이라는 네 글자만 본 것이다. 아저씨 앞에 있는 글자 좀 보세요. 제발 보라니까요. 반복해서 이야기해도 씨도 안 먹힌다. 끝내 내 입에서 막말이 나온다. 저 글자 똑똑히 읽고 지나가, 이 멍충아. 그렇게 서로는 그곳을 벗어났다.

  속이 시원해야 하는데 아침부터 이 무슨 꼴인지. 보복 운전이 판을 치는 요즘, 남의 이야기가 아니라는 생각이 드는 순간이다. 상대 운전자가 만약 차에서 내리기라도 했다면 차 크기나 힘으로나 상대적으로 약한 내가 취할 수 있는 건 줄행랑? 아니면 차 문 잠그고 얼른 SOS요청을 해야겠지. 반대로 똑같은 상황에서 상대 운전자가 나보다 나이가 젊은 여자이거나 어리숙한 사람이었다면 그를 붙들고 이따위로 운전한다고 막말을 했을지 모른다. 사람은 교만하기 때문에 자기보다 약한 사람에겐 강한 척하려는 경향이 있고, 강한 사람에겐 기가 죽기 마련이니까. 나도 잘한 건 없다. 어찌 됐든 그 운전자가 다음날이라도 시간 확인을 꼭 했기 바란다. 보이는 것도 애써 안 보려는 사람들이 많은 세상이다.

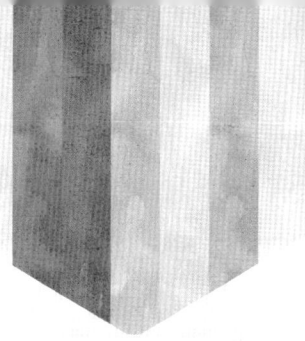

비가 내려야 하는 이유

　검은 먹구름이 몰려오는가 싶더니 금세 후드둑후드둑 굵은 빗줄기가 땅이며 나무를 후려치는 통에 정신이 하나도 없다. 가끔 비가 내리긴 했지만, 오늘처럼 굵은 빗줄기는 올여름 들어 처음이다. 삽시간에 흙과 비가 섞인 흙물이 작은 도랑을 만들며 흘렀다. 밖에서 일하는 누군가에게는 이 소나기가 반가울 리 없겠지만, 더위를 잠시나마 시켜주는 소나기로 인해 속이 다 시원할 정도다. 세차게 내리는 비를 바라보며 잠시 기분 좋아지는 엉뚱한 마음. 내가 생각해도 참 엉뚱하다.

　요즘 저녁이면 가까운 산업단지를 한 바퀴 돌고 온다. 대략 한 시간 십여 분 정도 소모되는데 운동 효과도 있고 무리하지 않고 걸을 수 있는 딱 좋은 거리이다. 그런데 걷다 보면 특정 부분에서 발길을 멈추게 한다. 직선으로 뻗은 저 앞길로 갈 것인가 말 것인가. 편한 코스를 생각하면 어쩔 수 없이 그 길을 가게 되지만 대부분은 시간이 더 걸리더라도 다른 길을 선택하게 된다. 이유는 단 하나. 개똥 때문이다. 사람이건 짐승이건 먹었으면 배설하기 마련인 자연적인 현상이지만 사람이 오가는 길 위에 개의 배설물이 있다는 것 자체가 너무 싫다. 유독 특정 부분에서만 배설물이 많다. 아마도 한 마리의 개가 내지른 배설물을 시작으로 다음번 개 주인이 그곳에 두 번째 흔적을 내지르게 했을 것이다. 그리고 계속해서 싸고 또 싸고, 개와 그 주인들로 인해 길이 아닌 개똥밭을 만들어 버렸다.

　개를 직접 키워 본 경험이 없어 이렇게 당당히 큰소리칠 수 있는 건지 모르겠지만, 제발 데리고 나왔으면 배설물 정도 치울 수 있는 휴지와 비닐봉지 정도는 기본으로 챙겼어야 하는 게 아닌가. 반려견 배설물을 그냥 길에 방치하고 가버리는 그 못된 행동을 이해할 수가 없다. 눈에 띄지 않은 풀숲이나 길 가장자리라면 그나마 덜할 텐데 길 한가운데 떨어진 개 배설물을 볼 때면 개보다 그 주인을 욕하게 된다. 개를 키울 자격까지 운운할 필요는 없지만, 개를 산책시킬 자격은 미달이다.

　오늘처럼 시원한 빗줄기가 내리는 날은 며칠째 말라붙어 있을 개 배설물이 빗물에 씻겨 나갈 것이다. 개똥이 사라진 깨끗한 그 길을 생각하면 기분이 좋다. 다음에 가면 그 길은 잠시지만 깨끗하게 되어 있을 테니까. 가끔씩 비가 내려야 하는 이유다.

빨간약

마음의 상처가 아물 수만 있다면
드라마 속 고두심이 가슴에 발랐던
옥도정기 '빨간약'을 바르고 또 바르고 또 바를 텐데.
마음의 상처는
왜
아물지 않고 가슴 한편에 차곡차곡 쌓이는지.
내 키만큼 쌓인 상처가
드디어 소멸하는 순간
나는 살았을까, 죽었을까?
제기랄, 너 무슨 생각 하는 거니?

아듀(Adieu), 평창 동계올림픽

　찬 바람이 매섭게 불어대던 2월 9일 평창의 하늘을 화려하게 장식했던 2018 동계올림픽이 뜨거운 열기 속에 무사히 끝났다. 역대 96개국이 참여했단다. 재미있는 기사가 눈길을 끌었다. 이 기간에 외국인을 상대로 자국민들이 저지른 범죄는 없지만, 외국 선수를 비롯한 외국인들의 범죄는 여러 건이 발생했단다. 손익계산서를 자세히 따져보면 나오겠지만 뉴스에 나온 바로는 손실은 안 본 듯하다. 매표율도 91%라 하니 나도 직접 평창에 가서 경기를 보고 온 사람 중에 하나니 국익을 위해 애쓴 국민 중 한 사람이 되는 셈이다.
　뭐니 뭐니 해도 올림픽 기간 중 단연 인기를 누렸던 종목은 여자 컬링이 아닐까 싶다. 보통 3시간이라는 긴 경기가 진행되기에 진중하게 처음부터 끝까지 지켜보진 못했지만, 스톤과 브룸(빗자루)을 이용한 아직은 낯선 경기가 인상적이 아닐 수 없다. 유행어 '영미'

를 탄생시키고 수많은 패러디가 만들어져 한층 재미를 준 컬링은 값진 은메달을 획득했을 정도다. 평창올림픽에 참가해 우승을 위해 전력 질주하는 선수들에게 박수를 보낸다. 경기에는 일등이 있으면 꼴등이 있는 법. 많은 나라가 참가한 가운데 일등 하기가 얼마나 어려울 것이며 뼈를 깎고 입에 침이 줄줄 나오는 것도 닦지 못한 채 엔드라인을 향해 들어오는 선수들을 어찌 대단하다고 하지 않을 수 있는가? 엄연히 금·은·동 세 개의 메달이 있기에 순위를 매길 수밖에 없지만, 최선을 다해 꼴찌로 들어온 선수에게도 박수가 전혀 아깝지 않다. 위대한 정신력이 존경스러울 정도다.

　겨울 추위 속에서 열심히 싸운 선수들을 집에서 편하게 시청하며 열심히 응원했다. 아마 대한민국 국민뿐만 아니라 세계 여러 나라 사람들은 넘어지는 선수에게는 안타까움을 우승한 선수에게는 힘찬 박수를 보내며 열심히 응원했으리라. 폐막식이 다가올수록 응원할 수 없다는 생각에 아쉬움과 허전함이 컸다. 16년 전 서울에서 있었던 2002 한일 월드컵 때만 해도 이런 허전함까지는 아니었는데 없던 애국심이라도 생겼는지 더욱 관심 있게 보게 된 올림픽이었다. 대한민국 결승전이 있는 날에는 방에 갇혀 있는 두 아들을 불러내고 싶었지만, 솔직한 한마디, "올림픽 관심 없어." 선수들의 패기와 열정을 많은 국민이 성원해 주지 않는 안타까움을 가까이 있는 내 자식에게서 느끼게 되리라고는 미처 몰랐다. 하긴, 예전에 부모님이 뉴스를 보면서 한숨 쉬고 나라 걱정할 때 나 또한 무관심했고, 나만 열심히 잘살면 될 것을 쓸데없는 정치 나부랭이에 분개하는 부모님을 이해하지 못했었다. 어쨌든 두 아들에게 이 말만은 꼭, "이 녀석들아, 너희들이 응원해 주면 우레와 같은 함성과 기가 선수들에게 전해져 더 힘을 내게 된다는 걸 모르니?"

아줌마

 계란 한 판 사려고 들어간 마트에서 마침 타임 세일을 하고 있었다. 지금 사시는 손님 열 분에게 사과를 반값에 드립니다. 선착순 열 명입니다. 서두르세요. 귀를 솔깃하게 하는 세일이긴 하지만 쫓아가 줄을 서는 것도 귀찮은 데다 공짜 좋아하는 아줌마 소리도 듣기 싫어 무시해 버렸다. 마음은 1등으로 달려가고 싶은 게 솔직한 심정이다. 공짜 싫어하는 사람이 어디 있을까. 이게 웬 떡인가. 간밤에 길몽이라도 꿨을지 모를 사람들이 우르르 사과 매대로 달려갔다. 달리기 경주에서 승리한 열 명의 선택받은 사람들 손에는 사과 봉지와 만면엔 쟁취했다는 흐뭇한 미소가 가득했다. 열한 번째 손님은 인정 없이 잘라버린 마트 아저씨가 야속했으리라. 애초부터 줄 설 생각도 없었지만, 줄을 선다 해도 워낙 뜀박질을 못 해 나까지 차례가 오는 행운을 잡지 못했을 것이다. 게다가 행운권 추첨에서는 번번이 비껴가기 일쑤다. 무엇보다 세일에 무관심한 척했던 이유는 아줌마들 틈에 끼어 아줌마 소리 들어가며 물건을 받아온다는 게 싫다.

아줌마가 맞는데도 난 지금도 아줌마 소리가 왜 그렇게 어색한지 모른다. 마트에 가면 눈치 없는 직원은 '아줌마' 소리가 서슴없다. 특히 나이 드신 분들의 아줌마라는 소리는 혀에 착착 감길 정도다. 나를 가리켜서 하는 소리라는 걸 알면서도 가끔은 외면하고 안 들으려고 한다. 안 들으려 할수록 아줌마 소리를 자꾸 하는 상대방이 예쁘리 없다. 사야 할 물건도 너무 얄미워 그냥 나오고 만다. 쓸데없는 자존심이다.

대형마트나 품위 있어 보이는 상점에 들어가면 그들은 아줌마 호칭을 안 쓴다. 고객을 잡기 위한 전략이라고 생각하는데 이유가 어떻든 아줌마 소리보단 사모님이나 차라리 고객님이라는 호칭이 고객 입장에서는 대우를 받는 것 같아 기분이 좋다. 센스 만점의 그들이 예뻐 안 사도 될 것까지 사게 되는 경우도 종종 있다. 비록 외모에서 사모님다운 품위나 분위기는 없지만 들어도 들어도 좋은 말이다. 그렇지만 부정할 수 없는 아줌마라는 사실.

어느 비정규직 노동자의 죽음을 애도하며

'열 길 물속은 알아도 한 길 사람 속은 모른다'는 옛말처럼 도통 알 수 없는 게 사람 마음이다. 슬프지만 어제의 동지가 오늘은 적이 될 수 있다는 사실도 사회생활에서 터득하게 된 일이다. 어떻게 된 게 이 사회는 껍질을 벗기면 벗길수록 정당하지 않은 것투성이고, 오만을 뒤집어쓰고 사는 잘난 인간들이 왜 이렇게 많은지 모르겠다. 얼어 죽을, 노블레스 오블리주? 개나 물어가 버려라.

일을 마다하지 않고 열정을 가지고 열심히 일하는 사람이 있다. 칭찬을 듣기 위해서도 아니고 할 일이 없어서도 아니다. 그가 맡은 업무량은 넘친다. 하지만 군소리 없이 일을 즐긴다. 흠이 하나 있다면 늘 그에게 따라붙는 꼬리표, '비정규직.' 주위에서 비정규직 그를 쳐다보는 눈은 곱지 않다. 그가 비정규직이기 때문이다.

어느 날 비정규직 그에게 한 정규직 동료가 넌지시 자기 업무를 넘긴다. 정규직 동료가 바쁜 것 같아 대신 처리해준다. 또 다른 정규직 동료가 자기가 너무 바쁘다며 넌지시 일을 떠넘긴다. 사적인 일로 열심히 컴퓨터 자판을 두드리고 있는 그 정규직 동료가 오히려 안돼 보여 대신 일 처리를 해준다. 한 사람에게서 시작한 '떠넘기식 업무'는 이제 사무실 전체로 번졌다. 습관처럼 자기 업무를 떠넘긴 정규직 동료가 또 일을 맡겼을 때 비정규직 그는 바쁜 자기 업무부터 처리하는 게 우선이라는 생각에 끝내놓고 처리해주겠다고 한다. 괘씸죄로 걸린 비정규직 그를 뒤에서 수군거리기 시작한다. 지가 잘나면 얼마나 잘났다고, 저 아니면 안 돌아갈 줄 아나?

한 번 거절의 파장이 이렇게 무서울 줄이야. 어디서부터 잘못된 것일까. 심적 고통이 컸던 비정규직 그가 최종 꺼낸 병기는 자살. 가족이 눈에 밟혔지만, 현실을 이겨낼 힘은 이미 소진되고 없었다. 늘어나는 업무가 무섭지도 않았고 꼬리표로 따라다니는 비정규직이라는 소리도 얼마든지 이겨낼 수 있었다. 하지만 이기적인 집단에서의 정규직 동료들이 내뱉는 수군거리는 뒷담화가 치 떨리도록 견디기 힘든 고통이었다. 평소 정규직 그들을 위해 희생한 시간이 너무 아깝고 허무했다.

지금 당신의 위치에서 갑질 아닌 갑질을 하고 있지는 않은지. 열심히 일하고 있는 비정규직 누군가를 업신여기며 그래도 되는 양 눈 아래로 내려다보고 있지는 않은지. 공공기관에서 일어난 비정규직의 허무한 죽음 앞에 나는 비분강개한다.

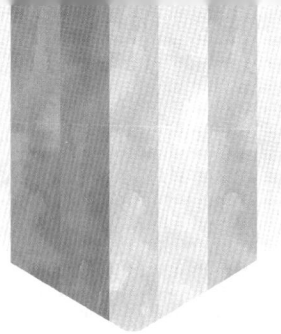

어느 행려자의 흔적

 북데기같이 정신없이 헝클어진 머리, 다듬지 않은 콧수염과 턱수염, 계절이 바뀌는 것에 대해서는 신경 쓰고 싶지 않은지 여름에도 벗어버리지 못하는 두꺼운 외투. 그의 모습 자체는 남루하기 이를 데 없고, 어림짐작으로 60은 되어 보이는데 그의 행색만으로도 영락없는 행려자라는 것을 알 수 있다. 그는 늘 걷는다. 아파트 베란다에서 내려다보면 걷는 그가 자주 목격된다. 운동을 나가거나 시내에 볼일이 있어 나가면 걷고 있는 그가 또 눈에 띈다. 가끔 앉아 있는 모습도 목격된다. 공원 벤치에 앉아서 어디서 샀는지 아니면 얻었을지 모를 인스턴트식품을 먹는다. 행려자라도 먹고는 살아야겠지. 그에게도 집이라는 곳이 있을까. 그의 행선지도 궁금하다.
 다듬지 않았지만 콧수염이 유독 매력적으로 보이는 그를 깨끗하게 씻기고 새 옷으로 갈아입힌다면 인물도 멀끔할 것 같다. 오랜 시간 아무 상관없는 그를 곁눈질하면서 그의 습관 하나를 발견했다. 어느 정도 걷다가 갑자기 서서 고개를 치켜들고 하늘을 바라본다는 사실. 뜨겁게 내리꽂는 햇빛을 피하지도 않은 채 움직임 없이 한참을 그렇게 한다. 그 사람의 주위를 걷던 개중의 사람은 그를 따라 하늘을 쳐다보다 다시 그를 한 번 훑은 뒤 지나간다. 나도 몇 번 그의 행동에 속았다. 하늘을 올려다보며 그는 무슨 생각을 했을까? 자신의 기구한 운명을 탓하는 팔자타령? 아니면 사회에 대한 불만? 그는 분명 보통 사람과는 다르다는 사실이다.

얼마 전부터 그가 보이지 않는다. 그가 누구인지 몇 살인지 왜 평범한 삶을 선택하지 않고 걸인 행세를 하는지, 이 좁은 동네에서 그에 대해 아는 사람은 아무도 없다. 평범하지 않은 그의 삶까지 신경 쓰고 싶지 않은, 우리의 관심 밖의 인물인지도. 말 한마디 건넨 적이 없고 그의 걷는 모습만 봐 왔을 뿐인데, 자꾸 그의 행적이 신경 쓰이는지 모르겠다. 이 추위에 어디서 얼어 죽은 건 아닌지. 우리가 모르는 그 나름대로 목적지가 분명 있을 텐데.

위계질서

2019년 1월 21일 자 기사 하나가 눈을 멈추게 했다. 군대 상관에게 반말한 병사에게 무죄 판결이 내려졌다는 기사였다. 기사 내용을 요약해 보면 모 대위가 외출·외박자 정신교육을 이유로 병사를 부르자 세 번에 걸쳐 반말하게 되어 재판에 넘겨진 사건이었다. 이번 기사를 통해 새로 알게 된 군형법 64조에 따르면 상관을 면전에서 모욕한 경우 2년 이하의 징역이나 금고에 처한다는 법 규정이 있단다. 이대로라면 상관 모욕죄로 유죄 판결을 받아야 하지만 재판부는 피고인의 언사가 사람의 사회적 평가를 저하할 만한 표현이 아니라는 점을 들어 무죄 판결을 내렸단다.

사회적 평가라는 말이 의심스럽게 들린다. 사회적 평가를 말하기에 앞서 사회적 관계에 대해 이야기해보자. 된장찌개 하나에 숟가락을 같이 담가 먹는 가족부터 해서 이웃 그리고 범위를 크게 해서 학교나 기업 그리고 정부와 군대 등이 사회적 관계 속에 있다. 우리는 사회적 관계 안에서 상호 간에 이해심을 바탕으로 맺어진 관계라는 말이다. 관계 형성 및 지속적인 관계 유지를 위해서는 기본적으로 예의를 지킨다거나 많은 노력이 필요하다는 것쯤은 알고 있을 것이다.

따라서 군대라는 조직이 일반인들에게는 밀폐된 공간으로 느끼기도 하지만 사회적 관계임은 분명한데 이번 판결이 너무 쉽게 생각하고 사회적 관계를 무시한 건 아닌가 하는 씁쓸한 생각이 든다. 이번 판결 기사에 대해 모든 사람이 같은 의견이라고는 생각하지 않는다. 어디까지나 내 개인적인 생각을 이야기하고 싶다. 모 병사의 언사가 단체 조직에 사회적 평가를 저하하지 않았다는 기준은 어디에 두고 판결을 내린 것인지 궁금하다.

윗사람의 명령을 아랫사람이 따르는 상명하복이라는 표현은 여기서 적절한 이야기는 아니겠고, 가정뿐만 아니라 사회적 관계에서 분명히 필요한 것은 위계질서다. 이것을 무시한다면 조직이 무슨 의미가 있고 필요가 있겠는가. 중죄를 내리라는 얘기가 아니다. 어쨌든 계급이 뚜렷하게 있는 군대라는 조직에서 상관에 대한 병사의 언사는 문제가 있다. 둘만 있는 것도 아니었고 주위에 몇십 명이 들었단다. 그들의 생각도 무죄판결을 내린 법관들과 같은 생각일까?

병사의 나이가 22살인 것으로 보았을 때 대위는 적어도 서른 안팎일 터, 형 동생 하기에는 제법 나이 차가 나는 데다 어디까지나 상급자는 상급자. 자유로운 환경에서 근무하는 단체일지라도 위계질서는 무너지지 않아야 한다. 가정이건 단체건 간에 위계질서가 무너졌다면 조직은 오래 지속될 수 없고 건강할 수 없다.

군기 잡는다는 이유로 때리고 기합 주던 예전의 군대가 아니다. 사병 월급도 적금까지 부을 정도로 받는 데다 시대의 흐름에 맞게 휴대폰 지급 및 외출이 완화된 지금 딱딱하고 숨길 게 많았던 예전의 군대에 비하면 자유로워진 건 좋은 현상이다. 하지만 군 기강은 우려할 정도로 많이 풀렸다. 그것도 모자라 장성 진급을 앞두고 청와대 행정관이 육군참모총장을 불러내 군 장성 인사 관련 자료까지 분실하는 웃지 못할 사태까지 일어나고 있는 지금 위계질서까지 무너지지는 말아야 하지 않을까? 예비 장교로서 훈련 중인 작은아들의 몇 년 뒤의 군 생활이 왜 이렇게 답답하게 느껴지는지 모를 일이다.

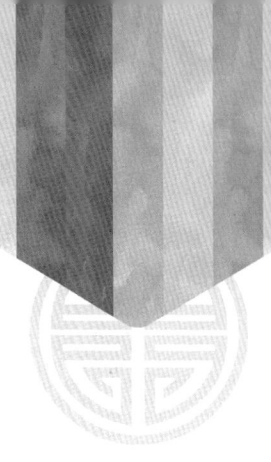

의지의 '빨리빨리' 한국인

　대한민국에서 태어나 살면서 늘 갖는 생각이지만 우리나라 사람들처럼 급할까 싶다. 운전하는 습관만 봐도 알 수 있고, 컴퓨터 사용에서도 잘 알 수 있다. IT 강국답게 인터넷 속도 또한 세계 최고다. 인터넷 속도가 조금만 느려도 안달하고 난리가 난다. 어릴 적부터 컴퓨터와 친해지는 아이들은 누가 가르쳐 주지 않아도 이렇게 '빨리빨리'를 자연적으로 익히게 된다. 속도전을 좋아하는 '글로벌 한국' 답게 대한민국 사람들 성격 급한 건 세상이 다 아는 사실이다. 외국인들이 우리나라에 취업해 빨리 배우는 단어도 '빨리빨리'가 아닌가. 우습지만 속을 훤히 보인 것 같은 창피스러움이 느껴지는 얘기다. 이렇듯 한국 사람들의 전형적인 '빨리빨리 문화'는 우리 일상 속에 깊게 뿌리 박혀 있다.
　요즘 주말이면 여동생이 운영하는 카페에 나가 일을 돕는다. 일한 만큼의 대가를 받고 있으니 아르바이트를 하는 셈인데 얼마 전 카페에 커피콩빵 기계를 들여놨다. 빵 굽는 냄새가 어찌나 좋은지 건물 밖까지 은은하게 퍼지는 냄새를 쫓아오는 손님이 많을 정도로 인기가 좋다. 유원지인 만큼 주말에는 손님이 줄 설 정돈데 20구짜리 기계 하나로는 역부족이라 하나 더 들여놓았는데도 수요를 감당하지 못할 정도다. 여기서 대한민국 사람들의 성미 급한 모습을 직접적으로 보게 된다. 콩빵을 주문할 경우 대기 시간이 10분 이상이 되는데도 너그럽게 기다린다고 한다. 그렇게 얘기해 놓고는 주문표를 낸 지 1분이나 지났을까, 빵 굽는 앞에 서서 안절부절 성화를 하기 시작하는데 빵을 굽는 우리 손까지 불안해지는 것은 물론 어느 정도 뜸이 들어야 예쁘게 구워지는 빵이 제대로 나올 리가 없다. 계산대에서 그렇게 알아듣게 얘기했는데도 화장실 나오면서 달라져 버린 것이다. 급한 것도 모자라 과장법, 일명 '뻥'까지 센 것 또한 한국 사람들의 특징이 아닌가. 어느 날은 커피콩빵을 주문한 남자 손님이 일행과 커피를 마시며 하는 말이 가관이다. 20분 기다리며 빵 사 먹기는 난생처음이라며 빈정거리듯이 큰 소리로 말하는 게 아닌가. 그 말투가 어찌나 밉상이고 진상 같던지 주문표에 찍힌 시간을 보니 고작 5분에 지나지 않음을 확인하고 큰 소리로 "손님, 5분밖에 지나지 않았습니다."라고 무안을 좀 주었다. 충분히 이해를 구했음에도 나이에 상관하지 않고 새파랗게 젊은 사람들도 기다리는 것에는 익숙하지 않다.

급한 한국인의 습성을 잘 알면서도 나 또한 진상을 부리는 일이 있었다. 며칠 전 일이 있어 차를 끌고 나오게 됐는데 몇백 미터 앞에서 한쪽 길을 막고 아스팔트 공사를 하고 있었다. 가는 날이 장날이라고 하필 급할 때 만날 건 뭔지, 안내자의 수신호에 따라 내 차선 쪽 차들이 빠져나가는 걸 다행으로 여기며 지나가려는데 내 앞에서 잘라버리는 것이 아닌가. 여기서 짜증과 함께 꼬이기 시작했다. 어쩔 수 없이 순서가 있으니 여유롭게 기다리자며 안내자의 안내봉만 보고 있는데 꽤 긴 시간이 지났음에도 반대편 차만 연신 이쪽으로 보내줄 뿐 내 뒤로 차들이 꼬리를 물고 길게 늘어 서 있는데도 보내줄 생각을 하지 않았다. 적당히 끊어주지 않는 것에 슬슬 화가 나기 시작했다. 내 앞에 있는 안내자나 저 앞에 있는 안내자나 어찌나 답답하던지 창문을 열고 적당히 끊어줘야 하지 않겠냐며 화를 내고 말았다.

  나 같은 운전자를 많이 봐 왔는지 안내자는 쳐다만 볼 뿐 반응이 없었다. 약속된 시간이 있는 터라 마음은 바빠 오고 안내자의 일 처리는 답답하기만 해 부글부글 속이 끓어오를 무렵 안내봉으로 너 따위는 빨리 가 버리라는 수신호가 떨어져 냅다 밟고 지나가기는 했는데 왜 그렇게 마음이 찜찜하고 무겁던지, 지금도 안내하던 아저씨에게 더할 나위 없이 미안한 마음이다. 약속 시각 조금 늦는다고 큰일이 나는 것도 아니고 손해 볼 일도 없다. 상대방에게 늦어진 이유에 대해 상황 설명하고 사과하면 됐을 것을 뭐가 그렇게 바쁘다고 몇 분을 기다리지 못해 나 자신에게 창피하고 추한 행동을 했을까. 빨리 안 나오냐며 성화를 하는 카페 손님이나 공사하는 길 위에서 안전 수칙을 무시하고 안달복달하던 나 다를 것 없는 조급증 환자이자 손님들 욕할 자격 또한 없다는 생각에 쥐구멍이라도 있으면 들어가 숨고 싶은 심정이다. 평소 차분하다는 주위 사람들의 평이 와르르 무너져 버렸다.

이미 한국 사람들의 생활 속에 조급증이 스며들었기 때문에 정작 우리 자신들은 모르고 있는지 모른다. 시간을 기다리지 못한 어리석은 농부가 벼의 순을 억지로 잡아 뽑아내 농사를 망친 이야기에서 비롯된 '발묘조장'의 사자성어는 급하게 서두르다가는 오히려 일을 그르치게 한다는 뜻이 담겨 있다. 남의 나라 이야기이지만 시사하는 바가 크다. 우리나라 속담에도 '급할수록 돌아가라'라고 했다. 살아가면서 서두르다가 일을 그르치게 하거나 낭패를 본 경험은 여러 번 있을 것이다.

　대한민국 사람들이 천성적으로 게으르지 않은 부지런하고 의지가 강한 민족임은 틀림없다. 급한 성격이 이 좋은 장점을 묻어버리고 말았다. 나부터가 반성할 일이다. 급한 마음 다시 실수하지 않기 위해 조금 늦더라도 돌아간다는 생각으로 '느림의 미학'이 필요하지 않을까. 급하게 먹는 음식은 체하기 마련이다. 느림을 통해 실보다는 득이 된다는 사실을 굳이 토끼와 거북이의 우화를 통하지 않고서도 우리는 알 것이다. 느림의 상징인 거북이나 달팽이의 습성을 배워보는 것은 어떨까. 벌써 답답한 가슴을 치는 그대는 누구신지.

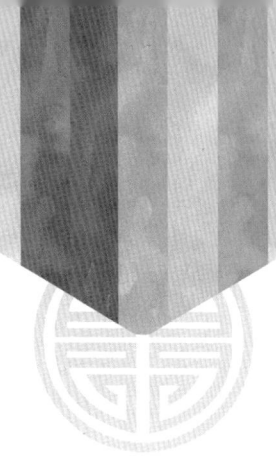

이웃 동네 순이

　소나무가 우거진 산 아래 외따로 떨어진 집에 친구 순이가 살았다. 순이네 집에 놀러 가는 날이면 할머니는 꼭 당부하고는 했다. 순이네 놀러 가거들랑 그 집에서 주는 밥은 먹지 말고 그냥 오거라. 가난 티가 줄줄 났던 순이네 집 앞마당에는 두레박을 내려 먹는 우물이 있었다. 그 애 집에 놀러 가서 두레박으로 장난질을 치다가 줄을 놓쳐버렸다. 양발을 벌리면 서로 닿을 정도의 폭을 순이는 겁도 없이 내려가더니 물에 가라앉는 두레박줄을 냅다 끌어냈다. 그 모습이 어린 내 눈엔 소름 끼치게 놀라운 광경이었다. 가난이 아이를 강하게 했다. 순이는 우리 반 남자애들의 화풀이 대상이었다. 재수 없다고 때리고, 가난하다고 때리고, 촌스러운 이름이라고 때리고, 폐병 엄마를 뒀다고 때리고, 못생겼다고 때리고, 또 때리고. 나를 비롯한 여자애들은 방관했다. 그 애는 울지 않았다. 내성이 생긴 듯 힘쓸 수 없는 현실을 받아들인 듯했다. 순이가 전학을 갔다. 도시에 사는 아버지에게로 간 것이다. 드디어 폐병을 앓고 있는 엄마에게서 벗어났다. 그때 우리는 철없던 열세 살이었다. 순이가 동창 모임에 나타났다. 30년이 흐른 지금의 시간을 기다렸는지 보란 듯이 당당하게 나타났다. 동창 행사에 선물을 돌렸다. 평범한 우리네처럼 결혼해서 아이를 낳고 주부가 되어 있었지만, 그 애는 더욱 강해져 있었다. 과거를 잊었을까?

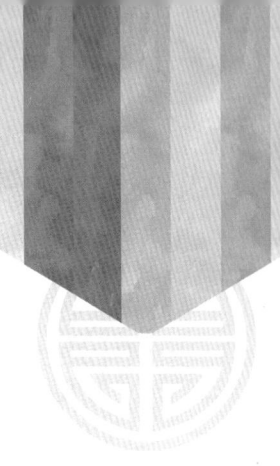

인간이 망가질 수 있는 한계점

   많은 형제 속에서 자라던 유년, 외출했다가 돌아온 아버지의 손에 들린 과자 꾸러미나 친척이 사 온 과자 종합선물세트가 그렇게 반가울 수가 없었다. 제 몫을 할당받은 우리는 형제들에게 빼앗기지 않고 아껴 먹느라 각자의 보물 창고에 몰래 숨겨두고는 했다. 먼저 먹어버린 누군가는 꼭 있기 마련, 내가 됐든 언니나 동생이 됐든 먹는 모습을 쳐다보는 형제 앞에 가혹하리만치 냉정을 보일 수 없어 반을 갈라 나눠 먹고는 했다. 어쩌면 우리는 자연스럽게 양보를 배우고 형제애를 배웠는지 모른다. 풍족하게 자라지 못했던 그 당시 대부분의 아이는 그랬다.

   물질적으로 풍요롭지는 않아도 마음이 넉넉했던 시절은 사라져 버린 것일까? 어쩌면 변한다는 것은 당연한 것인지 모른다. 나도 변했고 너도 변했으니. 개인과 개인이 사회집단을 만들었지만, 개인주의가 강해질수록 인간 대 인간의 싸움 또한 격렬할 수밖에 없다. 총기

사고가 끊이지 않고 일어나고 있는 미국에서 이번에도 총기로 인한 대형 사고가 발생했다는 기사가 헤드라인 뉴스를 장식했다. 미국 총기규제에 대한 비판의 소리가 우리나라 사람들도 우려했다. '묻지마식 살인', 원한 관계의 치정 살인, 조현병 환자의 충동적 살인 등 빈번하게 뉴스를 장식하고 있는 대한민국이 미국과 다를 게 뭐가 있나? 불특정 다수의 우리는 오늘도 안녕한지 묻는다. 국적을 불문하고 인간이 망가질 수 있는 그 한계점은 어디일까?

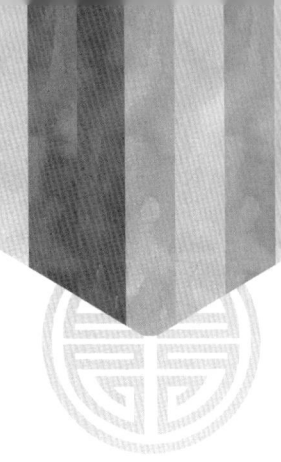

잊는다는 건

잊는다는 건
그건 슬픈 거야
흔적을 없애는 거지
잊는다는 건
그건 슬픈 거야
아름다웠던 추억이 있었다는 거지
잊는다는 건
그건 슬픈 거야
잊기 싫어도 잊어야 하는 강제성이 있다는 거지

초등학교 동창이란

　36년 만에 처음으로 초등학교 동창 모임을 나갔다. 동문회나 동창 모임에 친구들이 계속해서 나와 달라는 부탁에도 불구하고 이유 같지 않은 핑계를 대가며 이리 빼고 저리 빼기만 했다. 일부러 나가지 않은 것이나 다름없다. 나 못지않게 아줌마나 아저씨로 변했을 친구들의 모습도 궁금하고 친구들의 근황도 궁금했지만 변해버린 내 모습을 보여주고 싶지 않았고 모임 자리가 어색할 것만 같았다. 친구의 집요한 회유와 부탁으로 드디어 나간 자리. 어색할 거라는 기우는 금세 사라지고 예전 초등학교 시절로 돌아와 있었다. '야' '너'로 시작한 편한 호칭, 친구들과 함께한 6년이라는 시간이 형식에 불과한 시간이 아니었음을 알았다. 부끄러운 줄도 모르고 속옷만 걸치고 냇가에서 멱을 감고 편 갈라 치고받고 싸우다가 자연스럽게 풀어지기도 했으며 남녀 구분 없이 함께 구슬치기와 딱지치기 심지어는 말뚝박기까지 스스럼없이 했던 친구들. 과거의 시간은 잠시 각자의 생활 속에서 감춰뒀다가 다시 만남으로써 그 과거의 것들을 꺼내 현실에서 풀었다. 시간은 우리의 외모를 변하게 했지만, 초등학교 때 그 애들 각자의 개성은 나이 먹은 지금도 변하지 않았다. 점잖았던 친구는 점잖은 채로 활달했던 친구는 활달한 채로, 낯설지 않은 얼굴과 낯설지 않은 각자의 개성들, '편한 관계'라는 말이 이를 두고 하는 말이 아닐까.

평화로운 날

평화로운 일상
평화로운 오후
무심한 아이들의 재잘거림도
위험천만한 학생들의 장난도
주워 담을 것 없는 어른들의 수다도
평화로움 속에 묻힌다
더불어
나도 평화롭다
방해자가 없기를

● ● ●

현대판 고려장, 요양원

　말기 암 판정을 받은 칠십 대 부인을 살해한 부인의 남편이 체포됐다는 씁쓸한 뉴스. 20여 년의 병시중이 지친 데다 자식들에게 미안해서 그랬다는 것이 살해 이유였다. 심심치 않게 뉴스로 나오는 이런 안타까운 소식을 접할 때마다 남의 일만이 아닌 것 같은 생각이 든다. 내게도 충분히 일어날 수 있는 이야기라는 것. 긴 병에 효자 없다는 옛말이 하나 틀리지 않는다. 내 몸이 아프거나 배우자가 아프거나 하면 갈 데라곤 딱 한 곳밖에 없다는 사실. 현대판 고려장이라고 불리는 요양원이다. 그래 그런지 여기저기 새로 생기는 것마다 요양원이다. 호텔이 망해 나간 자리에 요양원 간판이 대문짝만하게 걸리고, 조용한 시골 동네에도 요양원이 들어설 정도다.
　저출산과 인구는 감소해 학교를 없애는 판국에 노인 인구는 계속 증가하다 보니 노인을 위한 시설이 생길 수밖에 없다. 냉정한 말이지만 요양원이라는 노인시설이라는 게 노인을 회복시키기 위한 것이 아닌 집에 가지 말고 요양원에서 죽으라는 곳이다. 부정하고 싶지만 현실이 그렇다. 자식이 부모의 병시중을 헌신적으로 할 거라는 기대도 하지 않는다. 나도 내 부모에게 그랬으니까. 입이 있어도 양심상 자식들에게 나 좀 살펴달라는 소리는 할 수 없다. 처음에는 배우자에게 기댔다가 결국 지치게 되고 요양원에 누워 하루하루 다가오는 죽음을 맞이할 수밖에 없다. 자식들에게 짐이 되기 싫어 부인의 목을 누를 수밖에 없는 노인의 심정을 충분히 이해할 수 있을 것 같다. 우리는 나이 먹어갈수록 안다. 개인에 따라 들어가는 때는 다르지만, 우리가 눈을 감는 곳이 집이 아닌 요양원이라는 사실을.

문학세계대표작가선 903

신싸롱 칠공주

윤정수 수필집

인쇄 1판 1쇄 2019년 10월 7일
발행 1판 1쇄 2019년 10월 14일

지 은 이 : 윤정수
펴 낸 이 : 김천우
펴 낸 곳 : 도서출판 천우
등   록 : 1992. 2. 15. 제1-1307호
주   소 : 서울시 성동구 무학봉28길 6 금용빌딩 2F
전   화 : 02)2298-7661
팩   스 : 02)2298-7665
http://moonhak.wla.or.kr
E-mail : chunwo@hanmail.net

ⓒ 윤정수, 2019.

값 15,000원

* 도서출판 천우와 저자의 서면 동의 없는 무단 전재 및 복제를 금합니다.
* 저자와의 협의에 따라 인지는 생략합니다.

ISBN 978-89-7954-783-2

이 도서의 국립중앙도서관 출판예정도서목록(CIP)은 서지정보유통지원시스템 홈페이지(http://seoji.nl.go.kr)와 국가자료공동목록시스템(http://www.nl.go.kr/kolisnet)에서 이용하실 수 있습니다. (CIP제어번호: CIP2019040209)